大地出版社

前言

張雲風

外戚又稱外家、外族、戚里、戚畹，特指歷史上帝王的母族或妻族，有時也指帝王姐妹、女兒的夫族。所有帝王幾乎無一例外地實行「一夫多妻制」，由此造成的外戚隊伍是相當龐大的。這支隊伍憑藉裙帶關係登上政治舞臺，具有「高貴」的血統和顯赫的地位，因而給社會生活的諸多方面產生過重大影響。

外戚通常官高爵顯，具有一定的權力。外戚的權力來源於王權和皇權。歷代帝王爲了加強自己的統治，總要任用那些最親近、最信賴的人作爲左膀右臂，總握樞紐。外戚由於是姻親，與帝王的關係相當親密，加上后妃的積極活動，所以他們常被視爲忠實可靠的力量，成爲帝王統治天下，駕馭人民的一種助力。《漢書．外戚傳》說：「自古受命帝王及繼體守文之君，非獨內德茂也，蓋亦有外戚之助焉。」這揭示了外戚最初的作用。但是，外戚中的不少人，一旦掌握了權力，隨之野心勃發，貪欲膨脹，干政專權，遺禍無窮，嚴重者竟廢后爲君甚至篡位自立。誠如《宋史·外戚傳》所說：「一失其馭，猶有肺腑之變。」因此，開明的帝王在利用外戚的同時，也不忘防範外戚，對外戚的權力、職責提出種種限制措施。利用與防範，實際上是殊途同歸，目的只有一個：維護奴隸制社會和封建制社會的「家天下」。

外戚作爲統治階級的一個特殊階層，同朝臣、后妃、宦官等一樣，其思想、品德、才幹、言行千差萬別，不能一概而論。他們當中，有忠謹廉正者，如西漢的衛青、霍去病，東漢的馬援，東晉的褚裒（裒，讀作抔）、王羲之，唐朝的長孫無忌、郭子儀，明朝的徐達等，或以武功或以文治，忠心耿耿地效力於朝廷，建立了豐功偉績，享譽當時，流芳百世。有奸佞不法者，如西漢的呂產、呂祿、田蚡、王鳳、王莽，東漢的竇憲、梁冀，西晉的賈充，北魏的馮熙，唐朝的武承嗣、武三思、楊國忠，北宋的王繼勛，南宋的賈似道，明朝的張鶴齡、鄭國泰，清朝的和珅等，奸詐詭祟，陰險狡猾，擅權越政，招降納叛，貪財好色，專橫殘暴，爲了一己的私利，什麼樣的壞事、惡事都幹得出來。所謂「外戚專權」、「外戚干政」，主要是這些人所爲。每次專權、干政的結果，都給國家和人民造成了深重的災難。另有一部分外戚，屬於平庸孱弱之輩，既無什麼德行，也無什麼惡跡，養尊處優，尸位素餐，坐享榮華富貴而已。

人們常說，外戚與宦官，是專制主義皇權的「左右手」，是寄生在皇權肌體上的一對毒瘤。這種情況，在唐朝以前表現尤爲明顯。如東漢自章帝以後，多數皇帝都是幼童即位，后妃臨朝聽政，外戚乘虛而入，掌握了朝政。皇帝長大，不甘大權旁落，於是就利用宦官來對付外戚，從而導致了外戚與宦官的鬥爭空前殘酷激烈。漢和帝、漢安帝、漢順帝、漢桓帝、漢靈帝時期，相繼有外戚竇氏、鄧氏、閻氏、梁氏、何氏和宦官鄭眾、江京、單超、張讓、趙忠等明爭暗鬥，你誅我殺，形成輪番專權或聯合專權的局面，致使東漢王朝變成一座「虐遍天下，民不堪命」的人間地獄。隋、唐時期，中央集權加強了，防範外戚的措施嚴密了，外戚專權的現象相對少了。但是宦官勢力卻又惡性發展，以致唐朝和明朝，閹亂一代勝過一代，其危害之烈比外戚之禍有過之而無不及。

外戚是依附於后妃而存在的，后妃的得寵與否，決定著外戚的盛衰浮沉。中國后妃從本質上說，是一個受迫害受奴役的階層，她們雖然曾經極受帝王的寵愛，但這種寵愛多是短暫的和脆弱的，隨時隨刻都有被廢黜、被遺棄、被殺戮的可能。一般說來，后妃失寵之時，便是外戚倒楣之日。外戚的顯達，往往具有曇花一樣的命運，絕難持久。縱覽歷史長河，不難發現這樣一個事實：大凡威福自專、禍國殃民的外戚，儘管張狂於一時，但到頭來大多難逃脫身敗名裂、家滅族誅的下場。西漢的呂氏、東漢的竇氏、西晉的賈氏、唐朝的武氏、南宋的賈氏、明朝的鄭氏、清朝的和氏外戚等，無不如此。《舊唐書．外戚傳》指出：「自古后族，能以德行進退，全宗保名者，鮮矣。蓋恃宮掖之寵，接宴私之歡，高爵厚祿驕其內，聲色服玩惑於外，莫知師友之訓，不達危亡之道。」「福盈者敗，勢壓者顛。」這是精闢至論，在一定程度上總結了歷史的經驗教訓。若用一句成語來概括，即謂「多行不義必自斃」，惡貫滿盈，咎由自取。

外戚的爲人及事跡形形色色，豐富多彩。這本《中國外戚事略》，旨在運用歷史唯物主義觀點，通過生動有趣的故事，眞實地、客觀地反映外戚生活的概貌，把通俗讀物與理論專著融爲一體，寓論於史，寓評於述，讓人們從閱讀中受到啓迪，以便更全面、更深刻地認識外戚賴以生存的那個社會那種制度。由於外戚研究是歷史研究領域一項尚待開發和深化的課題，作者的水準和能力有限，因此本書肯定存在不少缺點乃至訛誤，懇請專家和讀者提出嚴正的批評意見。

張雲風　二〇〇三年四月於西安

目錄

舜帝岳父堯帝
仁君典範，擇賢禪讓

中國古代歷史有「三皇五帝」之說。所謂三皇五帝，是指傳說中的最早的幾個帝王。當時還沒有階級，沒有國家。因此，他們只是部族、部落、部落聯盟的首領，並非現代意義上的帝王。

司馬遷的《史記》記述中國的歷史是從五帝開始的。哪五帝？一曰黃帝，一曰顓頊，一曰帝嚳（嚳，讀作庫），一曰唐堯，一曰虞舜。其中，唐堯是虞舜的岳父。他倆的故事，開啓了中國外戚史的先河。

唐堯，一稱帝堯，簡稱堯，姓伊耆（耆，讀作其），名放勛，號陶唐氏。他的父親即帝嚳，母親爲陳鋒氏之女，名慶都。唐堯十三歲時受封於陶（今山東荷澤南陶丘），十五歲時又受封於唐（今今河北唐縣西北），十六歲時被推舉爲部落聯盟首領，遷居平陽（今山西臨汾）。

唐堯歷來被人們視爲仁君的典範。他勤勞，樸素，辦事公正，體恤人民。他召集了許多賢德人士來幫助他治理政事，如以后稷作農師，以倕（倕，讀作垂）作工師，以皋陶（陶，讀作瑤）作法官，以夔（夔，讀作魁）作樂官，以契作司馬掌管軍隊等。同時，命羲、和掌管天文時令，制訂了曆法；以鯀（鯀，讀作滾）掌管水利，負責治理洪水。因此，天下太平，風調雨順，人民安居樂業。唐堯在位期間，一直在考慮接班人的問題。放齊推薦過他的兒子丹朱，讙（讙，讀作歡）兜推薦過水師共工，都因品德惡劣，均被他否定了。他在位七十年的時候，再次讓四岳（四方部落首領）推薦接班人的人選。四岳推薦了虞舜。

唐堯詢問了虞舜的一些情況，說：「吾其試哉。」於是，把兩個女兒娥皇和女英嫁給虞舜爲妻，以檢驗他治家的本領；命九個兒子與虞舜交往，以檢驗他治政的本領。

虞舜，姓姚，一說姓嬀（嬀，讀作歸），名重華，居於虞（今河南虞城北）。他是一個普通農民的兒子，父親叫瞽（瞽，讀作鼓）叟，是個瞎子。母親早死。瞽叟又娶了後妻，後妻名嚚（嚚，讀作銀），凶悍潑辣。嚚生兒子叫象，象粗野凶橫。瞽叟和嚚偏愛象，經常虐待虞舜。虞舜卻一點也不在乎，始終如一地尊敬父母，愛護弟弟，注重孝悌，表現了高尚的品德。因此，虞舜在二十歲的時候，孝名遠播，人們都願接近他和效法他。後來，虞舜在歷山（今山西芮城西北）下搭起茅屋，開荒種地。因爲他性格溫和，樂於助人，深受人民擁戴，所以歷山一帶很快發展成爲一個人口密集的居住中心。

虞舜三十歲的時候，忽然成了唐堯的女婿。唐堯嫁女，順便給虞舜建了一座糧倉，另外送給他一群羊，賜給他一件絺（絺，讀作尺，葛布）衣和一張琴。虞舜一下子變得富貴起來了。但是，他並不因爲富貴而驕忌，仍像以前一樣勤勞和樸實，孝順父母，關愛弟弟，幫助百姓。他的妻子娥皇和女英也很賢慧，家庭和睦而幸福。

虞舜富貴，引起了嚚和象的妒恨。嚚和象慫恿瞽叟，幾次設謀，企圖殺害虞舜。一次，他們讓虞舜修補穀倉，然後在穀倉下面放火，想把虞舜燒死。一次，他們讓虞舜掏井，然後往井裡塡土，想把虞舜悶死。還有一次，他們故意請虞舜吃飯，預先在酒菜中下毒，想把虞舜毒死。虞舜非常聰明，而且很有人緣，運用自己的智慧和別人的幫助，每次都能逢凶化吉，遇難呈祥。

通過長期的觀察和考驗，唐堯確信虞舜是最理想的接班人。因此，唐堯在位九十年的時候，決定讓位於虞舜，舉行盛大的告天儀式，「令舜攝行天子之政」。這種選擇部落首領的方式，歷史上稱爲「禪讓」。

虞舜攝行天子之政期間，顯示出了卓越的才幹。他巡行四方，翦除了鯀、共工、讙兜和三苗這「四凶」；選用各部落的優秀人才來治理天下，如命令禹治洪水，棄管農業，益掌山澤，伯夷主禮，龍主賓客，皋陶主刑罰等。實踐證明，虞舜也是一位仁君，成功地繼承和發展了唐堯的事業。

傳說唐堯活了一百一十八歲而死，葬於濟陰（今山東荷澤境）。人們由衷地熱愛唐堯，「百姓悲哀，如喪父母。三年，四方莫舉樂，以思堯。」唐堯死後，虞舜成爲眞正的天子。

傳說虞舜活了一百歲，死前將天子之位讓給了禹。

唐堯開創了「禪讓」制，歷來受到史學家的稱頌。他將天下「禪讓」給虞舜，不是因爲虞舜是他的女婿，而是因爲虞舜具有天子的品格和能力。這種情況，只有在原始社會，方有可能出現。在奴隸社會和封建社會，國家性質是「家天下」，再要帝王實行什麼「禪讓」，那是不可想像的。

當然，唐堯是否眞的將天子之位禪讓給了虞舜？歷史典籍還有另外的記載。如《古本竹帛紀年》載：「舜囚堯，復偃塞丹朱。」就是說，虞舜囚禁了唐堯，阻止他的兒子丹朱和他見面。表明虞舜是用強力奪取了最高統治地位的。《韓非子．說疑》載：「舜逼堯，禹逼舜，（商）湯放（夏）桀，（周）武王伐紂。此四王者，人臣之爲其君者也。」這等於說，強力、武力在權位更替中起決定的作用，根本不存在所謂「禪讓」的問題。

秦昭王舅父魏冉

從貴極富溢到聲折勢奪

夏、商、周朝，是中國的奴隸社會。奴隸社會雖有外戚，但外戚難以形成強大的勢力。春秋戰國時期，隨著封建化進程的加快，外戚逐漸成爲一支可觀的力量，堂而皇之地登上了歷史舞臺。

西元前三〇六年，秦武王嬴蕩好強逞勇，與大力士孟說比試舉鼎，折斷脛骨，一命嗚呼。秦武王無子，諸兄弟爭奪王位，秦國陷入內亂之中。在這關鍵時刻，秦武王同父異母弟弟嬴則依靠生母芈（芈，讀作米）八子和舅舅魏冉的支持，擊敗其他兄弟，登基即位，成爲新的秦王——秦昭王。芈八子原先只是個王妃，搖身一變，成爲赫赫有名的宣太后。

宣太后有兩個弟弟，一是異父同母弟弟魏冉，封穰侯；一是嫡胞弟弟芈戎，封華陽君。宣太后共有三個兒子，除秦昭王嬴則外，還有嬴顯，封高陵君；嬴悝，封涇陽君。秦武王嬴蕩不是她的親生兒子，其生母叫惠文后，早死。秦昭王奪得王位，魏冉、芈戎、嬴顯、嬴悝均以貴族身分參與國政，握有重權，時人稱之爲「四貴」。其中，數魏冉的資格最老，權勢最大。

魏冉早在秦惠文王時，就以外戚身分任職用事。秦昭王上臺，老臣樗里疾仍任丞相，魏冉任將軍，負責保衛京城咸陽（今陝西咸陽東）的安全。

王位具有極大的誘惑力，秦昭王的其他兄弟不甘臣服於人，蠢蠢欲動，發動叛亂，以秦武王王后的名義，擁立嬴壯爲「季君」，史稱「季君之亂」。魏冉是秦昭王的舅舅，兵權在握，奉宣太后之命，斷然發兵鎭壓，殺了嬴壯及其同謀者和擁護者。秦武王王后是魏國人，也被驅逐回魏國。這樣一來，宣太后和魏冉名聲大振。秦昭王年少，他們姐弟二人實際上掌握了秦國的權力。

秦昭王七年（西元前三〇〇年），樗里疾死，魏冉升任丞相。此後，魏冉在宦海沉浮，幾起幾落，嘗盡了當官的酸甜苦辣。

戰國時期，七國爭雄，局勢瞬息萬變，各種力量不停地組合、離散，難得有一個固定的朋友和敵人。魏冉從秦國的利益考慮，積極主張與楚國結盟。後因在秦國做人質的楚國太子熊橫殺死秦國的一個大夫，秦、楚由此結怨。秦國改與齊國交好，並派涇陽君嬴悝到齊國做人質，共同發兵攻楚。楚國連吃敗仗，轉而與齊國講和。秦昭王不願齊、楚結盟，一面免了魏冉的相位，聘用齊國的孟嘗君田文入秦爲相；一面繼續攻楚，還用計謀騙了楚懷王到秦國，予以扣押。

孟嘗君任秦國丞相不到一年，就被免職。秦昭王繼用趙國人樓緩為相。樓緩任秦國丞相，顯然對趙國不利。趙國於是派人遊說秦昭王，請用魏冉取代樓緩。

秦昭王十二年（西元前二九五年），趙國達到了目的，樓緩被免職，魏冉第二次出任秦相。魏冉仍然奉行親楚的政策，在與楚、齊友好的基礎上，集中力量對付韓國和魏國。秦昭王十四年（西元前二九三年），魏冉推薦著名軍事家白起為統帥，率兵攻韓、魏，大獲全勝，斬首二十四萬級，俘擄了魏將公孫喜。在節節勝利的情況下，秦昭王背信棄義，命令秦軍趁勢攻取楚國的宛（今河南南陽）、葉（今河南葉縣）二城。這樣做，不符合魏冉的主張，魏冉只好藉口有病，要求辭職。秦昭王也不強留，免其相職，改以客卿壽燭為丞相。

壽燭為相不到一年，因不稱職被免官，魏冉於是第三次出任秦相。秦昭王大概感到有負於舅舅，增加了陶邑（今山東定陶西北）為魏冉的封地。魏冉為秦相，一如既往，集中力量進攻韓國和魏國，為秦國向東方發展勢力掃清障礙。秦昭王十八年（西元前二八九年），魏冉率領秦軍攻魏，一舉攻陷魏國的河內（今河南沁陽），奪取大小城池六十餘座，還迫使魏國獻河東（今山西夏縣西北）方圓四百里的土地給秦國。這時，秦昭王有點飄飄然，與齊湣王東、西呼應，一個稱西帝，一個稱東帝，激起了各國諸侯的反對。魏冉因與秦昭王意見不合，所以又被免了丞相職務。秦昭王稱西帝僅一個月，迫於形勢，就去了帝號，仍用王號。魏冉得以第四次出任秦相。後來，魏冉又被免職，閒居二年，接著第五次出任秦相。在這期間，魏冉堅定地任用白起，東征西討，立下了赫赫戰功。

鑒於秦、楚關係發生了變化，魏冉命白起攻楚，一舉攻佔楚都郢（今湖北江陵西北），其地併入秦國，秦置南郡。由於魏冉擁立秦昭王，身爲國舅和丞相，功勛卓著，所以秦昭王給予他無數封賞。據說穰侯之富，富於王室。如此巨富，無疑是秦昭王賞賜的結果。魏冉又一次被免相。秦昭王三十二年（西元前二七五年），他第六次，也是最後一次出任秦國的丞相。這次任期長達十年，歷時最長。魏冉再次率兵攻魏，包圍了大梁（今河南開封）。魏國割地請和，魏冉罷兵回秦。第二年，魏國背秦，魏冉再攻魏，斬首四萬級，奪得三個縣。第三年，魏冉、白起、胡陽統率秦軍，對韓、趙、魏三國發動更大規模的進攻，攻佔了許多地方。隨後，魏冉把攻佔趙國的土地退還給趙國，鼓動趙國攻打齊國。齊襄王畏懼秦國，命蘇代致書於魏冉，陳說五個方面的利害關係，終使魏冉改變了主意，引兵還秦。

魏冉內倚宣太后，外輔秦昭王，六次出任丞相，掌握朝政四十餘年，對秦國的發展、擴張作出了一定的貢獻。但是，他貪婪權力和私利，重用華陽君、高陵君、涇陽君等權貴，形成了一股炙手可熱的集團勢力。他們佔有大量的土地和財富，專權霸道，有時也不把國王放在眼裡，以致引起了秦昭王和其他人的不滿與不安。客卿范睢一次毫不隱晦地對秦昭王說：「臣聞秦之有太后、穰侯、華陽、高陵、涇陽，不聞其有王也。夫擅國之謂王，能利害之謂王，制殺生之威之謂王。今太后擅行不顧，穰侯出使不報，華陽、涇陽等擊斷無諱，高陵進退不請。四貴備而國不危者，未之有也。爲此四貴者下，乃所謂無王也。然則權安得不傾、令安得從王出乎？」秦昭王聽了這些話，不禁「大懼」，深感宣太后、魏冉等人的權勢太大，嚴重威脅王權，因而決心除掉這個禍根。

恰在這時，魏冉爲了擴大陶邑的封地，不惜「越三晉以攻齊」。范雎抓住這個機會，在秦昭王跟前大肆攻擊宣太后專制，魏冉擅權，華陽君、涇陽君、高陵君奢侈，最後說：「臣竊爲王恐，萬世之後，有秦國者非王子孫也。」秦昭王於是下令，廢宣太后，逐魏冉，流放華陽君、高陵君、涇陽君，拜范雎爲丞相。

魏冉攜帶家眷前往陶邑，各種車輛達一千多乘。魏冉到了陶邑，深居簡出，回想自己的一生，既爲貴極富溢而驕傲，又爲身折勢奪而悲傷，不久憂憤而死。

漢高祖妻侄呂產、呂祿

呂雉精心造就的呂氏集團

秦朝滅亡，劉邦與項羽爭奪天下。經過數年苦戰，劉邦打敗項羽，建立漢朝，定都長安（今陝西西安）。劉邦當了皇帝，史稱漢高祖。漢高祖的外戚主要是妻族成員，尤其是皇后呂雉的父親、兄弟、侄兒等，一度勢力非常強大，險些取代了劉漢的天下。

呂雉的父親叫呂公，單父（今山東單縣）人。此人會相面，當初劉邦沒有發跡，身分微賤的時候，呂公見他相貌堂堂，氣度不凡，斷定其將來必有大出息，所以執意要把女兒呂雉嫁給他。劉邦與呂雉結婚，生了兒子劉盈和女兒劉媛，然後便參加秦末農民大起義，於西元前二〇六年率先攻進關中，接受了秦王子嬰的投降，不久被項羽封為漢王。女婿飛黃騰達，呂公搖身一變，受封為臨泗侯，高車大馬，華衣玉食。呂公享受了三年多的榮華富貴，於西元前二〇三年去世。次年，劉邦即皇帝位，呂公的兩個兒子呂澤、呂釋之分別封周呂侯，建成侯。

漢高祖在位期間，皇后呂雉手中無權，呂澤、呂釋之作爲皇親國戚，並沒有對皇權構成威脅。西元前一九五年，漢高祖死，其子劉盈繼位，是爲漢惠帝。呂雉從皇后升爲皇太后，開始干預朝政。她對漢高祖寵幸的嬪妃進行了慘無人道的打擊和迫害，發明了所謂「人彘」的刑罰。漢惠帝憎恨母親的殘暴和狠毒，在位七年，憂憤而死。漢惠帝無子，呂雉相繼立了兩個幼童皇帝，臨朝稱制，肆無忌憚地發展外戚勢力，造就了一個權勢薰灼的呂氏集團。當漢惠帝的靈柩停放在朝堂的時候，呂雉爲兒子辦理喪事。這時她心裡想著捉摸不定的時局，雖然嗚嗚地哭泣著，卻沒有眼淚，一點也不悲傷。眾人不解其故，唯張良的兒子、侍中張辟強看出了門道。

張辟強拜訪丞相陳平，詢問說：「太后只有皇帝一個兒子，如今她哭而不悲，丞相知道其中的原因嗎？」

陳平回答說：「不知道。」

張辟強說：「這是因爲皇帝無子，太后害怕你們這些功臣宿將啊！現在，你們可請求拜呂台、呂產爲將，統領南北軍，居中用事。呂氏掌權，太后心安。這樣，你們才能消災免禍！」

陳平想了想，覺得似乎是這麼個理。爲了自保，陳平聽從了張辟強的建議，懇請拜呂台、呂產爲將，統領南北軍。呂雉聽了陳平的話，果然大喜，這時再哭死去的漢惠帝，竟然有眼淚了，而且顯得很沉痛。葬畢漢惠帝，呂雉以太皇太后身分臨朝稱制，一面大肆殺戮劉氏宗室，一面違背漢高祖關於「非劉氏不得封王」的禁令，大封諸呂爲王：呂台爲呂王，呂產爲梁王，呂祿爲趙王，呂通爲燕王。同時封另外六人爲列侯，就連死去的呂公、呂澤也追封爲呂宣王和悼武王。

呂台、呂產是呂澤的兒子，呂祿是呂釋之的兒子，呂通又是呂台的兒子，他們四人算是呂雉的侄兒和侄孫。呂雉依靠侄兒、侄孫們的支持，統治地位相當穩固。爲了監視劉氏諸王的行動，她還通過聯姻方式，把呂氏女子嫁給劉氏諸王或兒孫爲妻妾，充當密探和奸細。一有風吹草動，立即報告，以防患於未然。

呂雉臨朝稱制八年，大權在握，發號施令，威風無比。西元前一八〇年，她患了重病，臥床不起。這時她著手安排後事，以呂產爲相國，統領南軍；呂祿爲上將軍，統領北軍。七月，她即將斷氣，鄭重地告誡呂產、呂祿說：「高皇帝生前與大臣們有約，非劉氏封王者，天下共誅之。我封呂氏爲王，文臣武將多有不平。我死後，你們要防止發生政變，一定要用重兵守衛京城和皇宮，不必爲我送喪，謹防遭人暗算。」交代了這些話，她就離開了人世。

呂產、呂祿顓兵秉政，失掉了呂雉這個主心骨，茫然不知所措。他們知道朝臣對於外戚專權切齒痛恨，呂氏集團隨時都有可能被誅滅，因此決定先發制人，發動叛亂，奪取劉漢江山。但是，他們的謀劃早被劉氏諸王獲悉，劉氏諸王立即聯絡元老勛臣，嚴陣以待，準備全殲呂氏集團。丞相陳平、太尉周勃老謀深算，看準呂產、呂祿庸碌無能的弱點，決定先奪其兵權。他們派與呂祿私交密切的酈寄充當說客，遊說呂祿說：「高皇帝與呂后共定天下，劉氏所立九王，呂氏所立四王，都是大臣同意的，並已布告天下，各諸侯王均無異議。現在太后崩逝，皇帝年少，足下身爲大將軍，不考慮邊境安全，反而率重兵守衛京城和皇宮，這樣難免會使朝臣疑忌。爲足下著想，何不交出上將軍印信，歸兵權於太尉？並勸梁王交出相國大印，然後與大臣們結盟，共同治理國家。這樣，各方面的人都會心安，足下便可高枕無憂，安安穩穩地當趙王。這實是萬世之利啊！」

呂祿是個沒有主見的人，對酈寄的話半信半疑。他去和呂產商量，呂產表示反對。他把情況告訴姑母即呂雉的妹妹呂嬃，呂嬃惱怒地說：「你身爲大將軍而丟棄兵權，呂氏死無葬身之地矣！」說罷，她把自家的珠寶玉器等取出來，並撒於堂下，說：「何必爲他人保存這些東西？」

形勢越來越緊張。周勃急欲控制北軍，一面假傳聖旨，說皇帝已任命自己爲北軍統帥；一面又派酈寄加緊遊說，威脅呂祿說：「皇帝已任命周太尉統領北軍，讓你到封國去，我勸你趕快交出將軍大印離開京城，不然，大禍就要臨頭了。」

呂祿平庸少識，在關鍵時刻經不起恫嚇，只得把兵權交給了周勃。周勃昂然進入軍門，傳出號令說：「凡願爲呂氏效力的，請袒露右臂；凡願爲劉氏效力的，請袒露左臂。」北軍將士痛恨外戚，不約而同地把左臂袒露出來，表示願聽周勃指揮，爲劉氏效力。周勃掌握了北軍，轉而對付呂產控制的南軍。陳平及時派朱虛侯劉章幫助周勃。周勃急令劉章嚴厲監視軍門，同時派平陽侯曹窋（窋，讀作濁）去察看呂產的動靜。呂產在南軍，不知呂祿的情況，按照原定計劃，準備佔領未央宮，控制皇帝。但他又有所疑慮，在宮門前徘徊不定。曹窋把呂產的動靜報告周勃。周勃急令劉章：「趕快入宮保衛皇帝！」劉章奉命，帶領士兵千餘人，直撲未央宮。在宮門前，劉章遇到呂產，不待分說，指揮士兵上前肅殺。呂產慌忙逃跑，侍從大亂。劉章窮追不捨，呂產逃進一處茅屋。劉章追至，手起刀落，砍了呂產的腦袋。

劉章殺了呂產，又殺了長樂衛尉呂更始，還報周勃。周勃起身，恭敬地對劉章施禮，說：「呂氏集團中，我擔心的就是這個呂產，現在呂產已死，天下定矣！」接著下令，逮捕呂氏家族的所有成員，不論男女老少，一律處斬。呂祿、呂產等盡被誅殺。

呂雉精心培植的外戚勢力遭到毀滅性的打擊。這時距呂雉死日還不到一個月！

呂嬃是呂雉的妹妹，嫁給名將樊噲爲妻。因此，樊噲與漢高祖是連襟關係，也算一位皇親國戚。樊噲與漢高祖同鄉，發跡前以屠狗賣肉謀生。劉邦參加農民起義後，樊噲一直追隨著他，成爲其心腹大將。樊噲性格魯莽，豪爽果斷，作戰非常英勇。在劍拔弩張的鴻門宴上，是他中途闖入營帳，大碗飲酒，大塊吃肉，斥責項羽聽小人之言，欲殺劉邦。項羽對他十分賞識，稱讚他爲「壯士」，因此無意殺害劉邦。劉邦成爲漢王後，樊噲封臨武侯，遷郎中，進將軍，在楚漢戰爭中衝鋒陷陣，出生入死，功勛卓著。因此，劉邦稱帝後，封他爲舞陽侯，遷左丞相。

樊噲在漢高祖跟前，心直口快，敢於講眞語，毫無顧忌。劉邦進入咸陽以後，迷戀秦朝宮廷的珍奇和美女，連續多日，自顧在宮中快活，不與部下見面。樊噲闖進宮去，責問說：「姐夫是想得天下，還是只想當個富家翁？秦帝之所以滅亡，就在於窮奢極欲，貪圖享樂。姐夫難道欲步其後塵不成？爲了今後的大計，我勸姐夫速回軍霸上（今陝西西安東南）。」鯨布發動叛亂時，漢高祖正在生病，臥於禁中，不見任何人，就連周勃、灌嬰也被拒於門外。樊噲性急，不管皇帝禁令，一次竟排闥而入，直闖至皇帝的臥榻前。這時漢高祖正頭枕一個宦官的大腿，閉目養神。樊噲向前，流著淚說：「當初陛下與臣等共舉事，定天下，多麼豪壯！現在得了天下，坐了江山，卻又多麼鬆懈！陛下雖然有病，大臣震恐，但怎能不見朝臣議事，而獨與一宦官在這理消遣呢？難道陛下忘了趙高的教訓嗎？」劉邦聽了這番話，不僅沒有生氣，反而笑著坐起來，並立即上朝決事。樊噲受妻子呂嬃的影響，忠於呂雉及呂氏集團，這使漢高祖深感不快。漢高祖曾命陳平和周勃將樊噲斬於軍中，但陳平、周勃擔心呂雉不會答應，所以就把樊噲囚禁，護送到長安。西元前一九五年，漢高祖死，呂雉立即釋放了樊噲，並恢復其爵邑。漢惠帝四年（西元前一九一年），樊噲病死於長安。

呂氏外戚覆滅，陳平、周勃等迎立漢高祖的中子劉恆爲帝，就是漢文帝。漢朝進入「文景之治」的新時期。

漢文帝妻侄竇嬰

不知時變，棄市渭城

西元前一八〇年，漢文帝劉恆登上皇帝寶座。他在位二十三年，實行與民休息政策，注重發展生產，講究恭儉的社會風尚，使漢朝開始走上振興之路。

漢文帝即位，尊生母薄氏爲皇太后，封舅舅薄昭爲軹（軹，讀作只）侯。

漢文帝的弟弟劉長封淮南王，以皇弟自居，驕縱不法，誰也奈何他不得，就連薄太后也怕他幾分。他在藩國自作法律，出入警蹕，作威作福，儼若一個土皇帝。漢文帝拿他實在沒有辦法，就搬出薄昭來，請舅舅寫信指責劉長。薄昭奉旨，以長輩身分寫信給劉長，列舉劉長八個方面的過錯：不孝、不賢、不義、不仁、無知、無禮等。最後勸劉長說：「宜急改操易行，上書謝罪，否則，禍如發矢，不可追已。」劉長驕恣放縱，根本不理睬薄昭的忠告，積極聚集力量，企圖謀反。事情敗露，他被召到長安，絕食而死。

漢文帝的皇后竇氏有個哥哥叫竇長君，有個弟弟叫竇少君。竇氏自小家貧，以致竇少君四五歲的時候，就被賣給別人家當傭人。此後，他多次被轉手倒賣，最後被賣到宜陽（今河南宜陽），給主人在山中燒木炭。燒木炭的活兒又苦又累，夜晚只能在山崖下露宿。這天，突然發生山崩，露宿的一百多人都被壓死，唯獨竇少君死裡逃生，僥倖活命，後來流落到長安。這時，他聽說漢文帝新立的皇后姓竇，且與自己籍貫相同，馬上意識到她有可能是自己的姐姐。他懷著試一試的心理，太膽給皇后寫了一信，自我介紹情況，特別提到一個細節：他小時曾與姐姐一起採摘桑葉，不小心從樹上摔了下來，姐姐心疼地把他摟在懷裡。竇皇后把信交給漢文帝。漢文帝立即召見竇少君，問他還記得什麼事情。竇少君說：「姐姐與我分別時，是在一家傳舍中，她給我洗了澡，還餵我吃飯，後來她就走了。」這些情況，竇皇后也記得清清楚楚，於是她走出來拉著竇少君的手，姐弟相認，大哭一場。漢文帝非常高興，給予竇少君很多賞賜，讓他在長安定居。

竇長君已在長安享受榮華富貴，竇少君又見到了哥哥，格外欣喜。大臣周勃、灌嬰對外戚專權心有餘悸，怏怏不樂地說：「怎麼會又冒出兩個國舅來呢？我輩不死，老命怕要繫在他倆手裡了。」又說：「這兩個人出身微賤，應當選擇賢長者同他們住在一起。不然，難免還要出現呂氏專權那樣的事情。」其實，周勃、灌嬰的擔心是多餘的。因爲竇長君、竇少君忠厚老實，閱歷有限，滿足於皇親國戚的優裕生活，在政治上並無什麼奢望和企求，「退讓君子」，不敢以富貴驕人，難以形成擅權的局面。

相比之下，竇皇后的侄兒竇嬰倒是個有意思的人物。竇嬰，字王孫，喜好結交賓客、俠士，漢文帝時任吳王府相，漢景帝劉啓時任詹事。他的活動，主要在漢景帝和漢武帝時期。

漢景帝有個弟弟叫劉武，封梁王，深受其母竇太后的鍾愛，年年入朝，每次都受到隆重的接待。一次宴會，漢景帝多飲了幾杯酒，信口說：「朕去世後，即傳位於你梁王。」竇太后、劉武聽了，樂得眉開眼笑，盛讚漢景帝寬宏大度。

誰知陪宴的竇嬰突然站了起來，敬一杯酒給漢景帝，從容地說：「天下者，高祖之天下。皇位歷來父子相傳，已成定制，皇上怎能輕言傳位給梁王？」

漢景帝自知失言，頗不自在。竇太后嫌竇嬰多管閒事，又氣又恨，利用權勢，很快貶了他的官職。竇嬰由此稱病。竇太后索性除了他的門籍，不准他上朝謁見漢景帝。

轉眼到了西元前一五四年，爆發了震動天下的吳楚「七國之亂」。中原告警。漢景帝派大將周亞夫率兵平亂，同時想在外戚中選一人爲將，統領兵馬出征。選來選去選中了竇嬰，因爲竇嬰智勇雙全，在皇室、外戚中算是最能幹的人。

漢景帝召見竇嬰，說明了自己的態度。誰知竇嬰卻故意擺譜，以身體有病、不堪委任爲由，拒絕領兵打仗。沒有辦法，漢景帝只好搬動竇太后，竇太后出面，向竇嬰表示了歉意，說自己不該貶他的官職，更不該除他的門籍。漢景帝又使激將法，說：「天下正處於危急之時，王孫難道可以袖手旁觀嗎？」竇嬰見自己的面子已經挽回，遂同意掛帥出征。漢景帝很高興，拜他爲大將軍，賜黃金一千斤，令立即起程，救援周亞夫。竇嬰精通爲將之道，把皇帝賜給的黃金置放於眾人看得見的地方，聽任軍吏取用。隨後他開赴滎陽（今河南滎陽），與周亞夫一起英勇戰鬥，迅速平定了「七國之亂」。

竇嬰班師，因功封魏其侯。這時，他與周亞夫齊名，位尊權重，各方人士爭向趨附。朝廷議決大事，竇、周二人一言九鼎，其他列侯不敢與之爭辯。第二年，漢景帝立栗姬生的兒子劉榮爲太子，竇嬰出任太子的老師。但是幾年後，漢景帝又廢了劉榮的太子名號，竇嬰力諫，無濟於事。竇嬰見自己的意見不被重視，乾脆，又裝起病來，屏居到藍田（今陝西藍田）的終南山下。幾個月裡，許多賓客前往勸說，要他回到朝廷輔佐漢景帝，均被拒絕。後來有個叫高遂的賓客，不客氣地對他說：「使將軍顯貴的，只有皇帝；與將軍親近的，只有太后。你作爲劉榮太子的老師，太子廢，爭也無用，死也無用。現在你裝病隱居，拒不謁見皇帝，只能增加太后、皇帝的憤恨。這樣，你不是自己給自己惹禍嗎？」

這一番話使竇嬰茅塞大開，他立即返回朝廷，朝請如故。

竇嬰雖然回到朝廷，但是漢景帝對他已抱成見。當桃侯劉舍被免相時，竇太后主張拜竇嬰爲丞相。然而漢景帝不同意，說：「太后怎會以爲朕要拜竇嬰爲丞相呢？竇嬰略有小功，沾沾自喜，且反覆無常，輕薄多變，難以成爲老成持重的丞相。」

竇嬰沒有被重用，直到漢武帝劉徹時，經王太后說話，才當上丞相。這時有人勸他說：「君侯資性喜善疾惡，如今善人稱譽你，所以當了丞相；然而惡人也詆毀你，不可不防。君侯若能相容，不招人怨，方能長久受到寵信；若不能相容，不如激流湧退，以免遭禍。」但是，竇嬰正春風得意，根本聽不進別人的忠告。不久，以漢武帝舅父田蚡爲首的一批「惡人」，群起攻擊竇氏外戚的諸多不是，甚至連竇太后也被牽扯在內。竇太后大怒，一下子逮捕、罷免了許多重要官員，竇嬰也被免去丞相職務，閒居在家。

竇嬰失勢，與中郎將灌夫結爲至交。其時田蚡復任丞相，竇嬰又巴結田蚡，田蚡趁機想侵奪竇嬰家城南的良田。竇嬰埋怨說：「老僕雖然失勢，丞相雖然顯貴，難道這樣就可以強奪我家的田地嗎？」田蚡見竇嬰附己並不誠心，非常不悅。在一次宴會上，田蚡故意使竇嬰、灌夫難堪，並把灌夫綁縛起來，欲棄市處死。竇嬰多方奔走，援救灌夫，最後驚動漢武帝，進行了一次朝廷辯論，總算保住了灌夫的性命。當然，灌夫後來還是被殺了。

田蚡對竇嬰恨得要死，暗裡找置他於死地的機會。景帝時，竇嬰因功，景帝曾賜給他一份詔書，准他遇到急事，可隨時入朝面奏意見。他援救灌夫，就是利用這個特權。田蚡用心險惡，詭稱漢景帝根本就沒有賜給竇嬰什麼詔書，所謂「先帝遺詔」完全是竇嬰假造的。漢武帝不知情，命人查證。田蚡買通大行官，大行官一口咬定漢景帝沒有那份詔書。這下子，竇嬰傻眼了，罪當棄市，有口難辯。他假裝有病，絕食欲死。這時有人傳話說，武帝無意殺害竇嬰。竇嬰一聽，馬上高興起來，趕快進食和治病。田蚡可不會放過他，命人寫了幾封匿名信，誣告竇嬰怨恨皇帝。漢武帝不問青紅皀白，下令把竇嬰棄市渭城（今陝西咸陽）。

司馬遷在《史記．魏其武安侯列傳》裡評論說：「魏其誠不知時變，灌夫無術而不遜，兩人相翼，乃成禍亂。」所謂「不知時變」是指竇嬰不知到了漢武帝的時候，田蚡更受寵信，外戚與外戚勢利相雄，釀成了他的滅身之禍。

漢武帝舅父、姑父、妻兄、妻弟

忠奸善惡，各顯其能

西元前一四一年，漢武帝劉徹即帝位，到西元前八十七年去世，共做了五十四年皇帝。這段時間約佔整個西漢王朝的四分之一，是西漢王朝的鼎盛時期，各項事業蓬勃發展，「煥然可述」。

漢武帝的外戚，人數眾多，其中有傑出人物，也有奸佞之輩，忠奸並存，善惡同在。他們在當時那個政治舞臺上，各以其品格、氣質、才幹，進行了最充分的表演，有的令人肅然起敬，有的令人忍俊不禁。

這裡先說漢武帝的母族。漢武帝的生母王氏是漢景帝劉啓的皇后，其父叫王仲，其母叫臧兒，槐里（今陝西興平）人。王仲早死，臧兒改嫁給一個姓田的男人，生子田蚡和田勝。王氏十幾歲時便嫁人，丈夫叫金王孫，生了女兒叫金俗。臧兒通過卜筮，卜得女兒「當大富貴」。她於是胡攪蠻纏，並逼女兒和金王孫離婚。金王孫氣憤不過，同意離婚。臧兒使出手段，將離了婚的女兒送進皇宮當了宮女。漢景帝當時是太子，看中王氏的姿色，將她納為夫人。王氏連生三女一兒，兒子便是漢武帝劉徹。漢武帝即皇帝位，王氏被尊為太后。臧兒跟著沾光，被封為平原君。就連死去的王仲，也被追尊為共侯。

一人得道，雞犬升天。隨著王太后的平步青雲，眞正撈得好處的是她的三個哥哥：王信、田蚡、田勝，分別被封為蓋侯、武安侯、周陽侯。王信是王太后的嫡胞兄長，封侯後只知道飲美酒，納愛妾，其樂悠悠。田蚡、田勝是王太后的同母異父兄弟，他們追求的不僅是物質上的享受，而且還要在政治上有所表現，以榮耀田家的門庭。

田蚡是個奸詐狡猾的陰謀家，封侯以後，在門下收羅了一大批賓客，充當出謀劃策的「智囊」。賓客們有了什麼好的主張和建議，他立即進諫給漢武帝，因此甚得皇帝的歡心。此人野心很大，一心嚮往當丞相和將軍。可是當時朝中最有資望的是魏其侯竇嬰，他是漢武帝祖母竇太后的侄兒，位尊權重，氣焰薰灼。恰逢漢武帝改革朝廷官制，擬將丞相、太尉二職分設。賓客藉福認為這是個機會，鼓動田蚡去說服王太后，請她出面對漢武帝施加壓力和影響，讓竇嬰當丞相，田蚡當太尉。王太后正想利用田蚡、田勝來壯大王氏外戚的勢力，以抗衡竇氏外戚。所以她聽了田蚡的話，示意漢武帝，很快讓竇嬰當了丞相，田蚡當了太尉。太尉為全國軍事首長，與丞相、御史大夫統稱「三公」。田蚡輕而易舉地就獲得了這一高位，樂得心花怒放，神采飛揚。

俗話說，一山容不得二虎。竇太后、竇嬰與王太后、田蚡，分別代表竇氏外戚和王氏外戚的利益，二者利害衝突，水火不容，由此展開了爭權奪勢的角逐。

田蚡是新權貴的代表，得勢以後千方百計偵察竇氏外戚的醜聞，公諸於世，以致竇太后也經常受到嘲笑和攻擊。竇太后由忍氣吞聲而變得橫眉怒目，倚老賣老，加緊了對朝廷政事的控制。御史大夫趙綰、郎中令王臧慫恿漢武帝不要受制於人，凡事不必徵求竇太后的意見。這話被人彙報給竇太后，竇太后不由大發雷霆，逼著漢武帝下令逮捕趙綰和王臧，連帶著也罷免了竇嬰丞相和田蚡太尉的職務。

竇太后專權期間，竇嬰得不到信任和支持，不能有任何作爲。相反，田蚡卻有王太后作靠山，正在暗中積蓄力量，以便東山再起。竇嬰門下賓客見風使舵，紛紛前去逢迎田蚡。這樣，竇氏外戚的權勢就不得不讓位於王氏外戚了。

建元六年（西元前一三五年），竇太后命歸西天，漢武帝眞正掌握了權力。田蚡因是漢武帝舅舅，背後又有王太后支持，所以復出任丞相。這時的田蚡已非昔日的田蚡，不僅天下的郡守豪傑要巴結他，而且就連各地的諸侯王也要依託他了。

田蚡身材矮小，卻總愛裝腔作勢，擺出一副尊貴高崇的樣子，以顯示威嚴。他背著漢武帝，利用職權，賣官鬻爵，出錢少者可當縣吏，出錢多者甚至可當二千石的大官。漢武帝對這位國舅爺越來越反感，一次生氣地告訴他說：「你任命官員有完沒有？朕自己還想任命幾名官員呢！」又有一次，田蚡想擴建自家的府第，要求撥地。漢武帝沒好氣地說：「行呀！你把御林軍的軍械庫拆了吧！」田蚡靠賣官鬻爵，聚斂了巨額財富。他的府第好比皇宮，田園極其膏腴，前堂擺著鐘鼓，插著旗幟，後房妻妾成群，花枝招展。他派人到全國各地收買奇珍異玩，轉手進獻給漢武帝，其價不可勝計。

田蚡對於竇嬰及其好友灌夫，極盡戲弄、侮辱之能事，近似惡作劇。比如一次他對灌夫說：「我想與你一起去拜訪魏其侯。」灌夫信以爲眞，趕快告訴竇嬰。竇嬰正失勢在家閒居，聽說丞相要來拜訪，受寵若驚。他與妻子連夜打掃庭院，買酒買菜，張羅著恭迎貴客。

在約定的這一天，竇嬰從清早就站在大門口等待田蚡到來，可是望眼欲穿，直到中午也未見人影。沒有辦法，竇嬰只好請灌夫前去看個究竟。誰知灌夫到了田蚡家，田蚡正蒙頭睡覺哩！原來田蚡所說到竇嬰家拜訪不過是句戲言，其本意根本就不想前往。灌夫忍著性子，對田蚡說：「丞相前日說要到魏其侯家去，他們夫妻具酒備菜，恭候尊駕光臨，直到現在還沒敢吃飯呢！」

田蚡故意裝出吃驚的樣子，拍著腦門說：「啊呀！我貪杯醉酒，完全忘了這件事。」接著，他慢吞吞、懶洋洋地穿衣、洗漱、喝茶，白磨了兩個時辰，才起身前往竇嬰家。

灌夫一肚子火，直想發作。在酒宴上，灌夫給田蚡敬酒。田蚡妄自尊大，理也不理。灌夫於是借著醉意，挖苦諷刺，把田蚡祖宗三代臭罵了一頓。

此後，田蚡與竇嬰、灌夫又發生了幾起衝突。田蚡心腸歹毒，千方百計捏造罪名，終使竇嬰、灌夫死於非命。害人者心虛，自竇嬰、灌夫死後，田蚡猶如鬼魂附體，渾身疼痛，就像遭受鞭笞一樣，口中念念有詞，大呼小叫說：「我有罪，我有罪！」漢武帝派人前往察看，還報說：「丞相懷疑竇嬰、灌夫鞭笞他，向他索命。」沒多久，田蚡竟也一命嗚呼。後來，淮南王劉安謀反事敗。有人揭發田蚡曾當面許諾要立劉安為皇帝。漢武帝感慨不已，說：「假如田蚡還活著的話，罪當滅族了。」

漢武帝生母王太后早年不是生了女兒金俗嗎？這個金俗算起來應是漢武帝的姐姐。她長大後一直隱姓埋名，流落在民間。漢武帝即位後，方知有這麼一個姐姐，打聽到她在咸陽一帶居住，於是便親自前往迎接。皇帝的車駕何等豪華和氣派！金俗沒有見過這樣的場面，嚇得躲了起來，不敢露面。漢武帝的侍衛好不容易找到她，引她拜見皇帝。漢武帝開玩笑地說：「大姐，何藏之深也？」

漢武帝把金俗帶回長樂宮謁見王太后，王太后與金俗失散多年，重新見面，母女抱頭痛哭，又驚又喜。漢武帝封金俗為修成君，賜錢千萬緡，奴婢三百人，公田一百頃，又賜府第，賜湯沐邑。金俗已有一兒一女，兒封修成子仲，女嫁諸侯。這對兄妹依仗王太后和漢武帝的權勢，橫行於京師，無人敢惹。

再說漢武帝的妻族。漢武帝好色，后妃充塞後宮，由此產生的外戚有陳、衛、李三家。

漢武帝第一個皇后姓陳名阿嬌，是他姑母劉嫖的女兒。劉嫖早先嫁堂邑侯陳午，生女兒陳阿嬌。劉徹四歲為膠東王的時候，劉嫖巴結其生母王夫人，主動提議劉、陳聯姻，把陳阿嬌嫁劉徹。劉徹不大懂事，樂得拍手直叫，說：「阿嬌好，若得阿嬌為婦，當作金屋藏之。」由此產生了一句成語，叫做「金屋藏嬌」。

劉徹即位，陳阿嬌便成爲皇后。劉嫖既是漢武帝的姑母，又是漢武帝的岳母，人稱館陶長公主，榮華富貴，顯赫一時。後來她的丈夫陳午死了，她難耐寡居寂寞，便與家僮董偃長期私通，形若夫妻。二個年齡懸殊過大，不便公開張揚，只在暗中來往。漢武帝知道了這件事，一次登門拜訪劉嫖，笑著說：「願謁主人翁！」「主人翁」指董偃。漢武帝這樣稱呼他，等於承認他與劉嫖的夫妻關係。從此，董偃以漢武帝姑父、岳父身分出入朝廷，交結權貴，很是威風。後來，董偃薄情寡義，冷落劉嫖，外出尋花問柳。漢武帝大怒，將他賜死。

漢武帝是個風流天子，不久又寵愛上了年輕貌美的衛子夫。衛子夫原是漢武帝姐姐平陽公主家的歌伎，其母叫衛媪。衛媪生有一兒三女。兒子叫衛長君，三個女兒分別叫衛君孺、衛子夫、衛少兒。後來，衛媪與一個叫鄭季的男人私通，又生了兒子衛青。衛子夫天生一副好身段，一副好喉嚨，能歌善舞，色藝俱佳。漢武帝一次路過平陽公主家，被衛子夫的美色征服，就把她帶回皇宮，納爲妃子。

此舉引起了陳阿嬌的強烈醋意，她不擇手段地詆毀、迫害衛子夫及其家人。漢武帝這時已忘記「金屋藏嬌」的諾言，不僅寵愛衛子夫，還把其兄衛長君、其弟衛青安排到宮內供職。陳阿嬌又氣又恨，出於妒忌，命一批打手抓了衛青，準備加以殺害。衛青的好友公孫敖路見不平，拔刀相助，約集幾名壯士，硬是把衛青從虎口裡救了出來。漢武帝聽說此事，對陳阿嬌的無理行徑非常生氣，專門把衛長君、衛青提拔爲建章監，升任侍中。而且把衛君孺嫁太僕公孫賀，把衛少兒嫁陳平的曾孫陳掌，使衛氏一家滿門生輝。

不久，漢武帝正式立衛子夫為夫人，封衛青為太中大夫。這些做法都是衝著陳阿嬌的，直把這個嬌生慣養的皇后氣了個半死。她恨漢武帝，恨衛子夫，於是便找了幾個巫婆施行「法術」，詛咒漢武帝和衛子夫不得好死。不料這事又被漢武帝發現了，他勃然大怒，立即下令廢掉陳阿嬌的皇后名號，把她打入冷宮去「閉門思過」。劉嫖後來也死了，她的兒子陳須襲封堂邑侯，因淫亂、爭財獲罪自殺。陳氏外戚至此宣告結束。

衛氏外戚正在崛起。衛青由於出身貧苦，勇壯多力，很受漢武帝的賞識。元光六年（西元前一二九年），漢武帝破格提拔衛青為車騎將軍，與公孫賀、公孫敖、李廣一起征伐匈奴。衛青不負所望，一舉斬殺匈奴七百多人。這是西漢對匈奴作戰以來取得的首次勝利，所以漢武帝封衛青為關內侯。

元朔元年（西元前一二八年），衛子夫生子劉據，因此被立為皇后，衛青就更受重用了。秋天，漢武帝命衛青為將軍，統領三萬精銳騎兵，從雁門出塞，攻擊匈奴。這一仗取得了巨大的勝利，共消滅敵兵數千人，俘獲牲畜一百多萬頭。漢武帝異常興奮，詔令嘉獎衛青及其副將，封衛青為長平侯，增加封邑三千八百戶。

元朔五年（西元前一二四年），漢武帝把「防胡」的戰略部署改為「滅胡」，又派三路大軍攻擊匈奴。衛青統領三萬騎兵出高闕（今內蒙古烏拉特中後旗西南），日夜兼行，直搗匈奴右賢王的營帳駐地。匈奴右賢王萬沒料到漢軍如此神速，嚇得魂不守舍，只帶著一名愛妾、數百名騎兵，連夜逃跑。衛青指揮士兵奮力衝殺，共俘擄匈奴副王十餘人，男女一萬五千餘人，牛羊百萬餘頭。

捷報傳至長安，漢武帝笑逐顏開，馬上派出使節，持大將軍印信，到軍中拜衛青爲大將軍，又增加封邑八萬七千戶。衛青凱旋，漢武帝爲之舉行了盛大隆重的儀式，並宣布封衛青的兒子衛伉爲宜春侯，衛不疑爲陰安侯，衛登爲發干侯。

朝臣山呼萬歲，衛青反而不自在起來，說：「臣賴陛下聖明，出師大捷，這是眾將士的功勞。陛下重封於臣，臣感激不盡，只是臣的兒子尙在襁褓中，沒有絲毫功勞，受封列侯，恐怕怠慢了眾將士。」漢武帝說：「朕並沒有忘記他們。」於是詔令，把所有從征的將領皆封爲侯，對士兵則一律給予重賞。

元朔六年（西元前一二三年），衛青再次率兵征伐匈奴，其外甥霍去病出盡了鋒頭。霍去病，其父霍仲孺，私通衛青的姐姐衛少兒，生了他。霍去病因是衛皇后、衛青的外甥，十八歲時便升任侍中，跟隨衛青出征。在戰鬥中，他英勇善戰，率領八百名騎兵脫離大部隊，追逐匈奴兵數百里，殺死和俘獲敵軍二千餘人，其中包括匈奴單于的兩個長輩。由於他驍勇異常，功勛卓著，漢武帝破例封他爲冠軍侯，食邑二千五百戶。

漢武帝敏銳地覺察到霍去病是個將帥之才，決定予以重用。元狩二年（西元前一二一年），他果斷地任命霍去病爲驃騎將軍，率一萬騎兵，從隴西（今甘肅西部）出發，孤軍深入沙漠，尋找匈奴主力。霍去病可謂初生牛犢不怕虎，身當重任，無所畏懼，越過焉耆山（今甘肅山丹東南）千餘里，與匈奴大軍短兵相接，鏖戰於皋蘭山（今甘肅臨夏附近）下，殺了匈奴的兩個親王，活捉了渾邪王的太子、相國、都尉，殲滅敵軍一萬八千餘人，還繳獲了休屠王的祭天金人。接著，霍去病連續作戰，再次出師，孤軍直抵祁連山（今甘肅張掖西南），會戰匈奴大軍。這一仗，又俘擄匈奴親王、王母、王后、王子五十九人，相國、都尉六十三人，共殲敵三萬餘人。

這兩次戰役所取得的輝煌勝利，使霍去病威名大振。朝臣、國人盛讚霍去病的豐功偉績，漢武帝更是興高采烈，視霍去病爲又一個衛青。

匈奴屢戰屢敗，上層頭腦人物發生分化，渾邪王殺了休屠王，率部投降漢朝。漢武帝恐其有詐，命霍去病率兵去邊境迎接，相機行事。霍去病做好了兩手準備，當部分匈奴士兵發生騷動的時候，他立命發起攻擊，斬殺八千人。渾邪王懾於漢軍的勇猛，帶領十萬餘眾，乖乖地投降了漢朝。

匈奴元氣大傷。漢武帝決定不給敵人喘息的機會，又發起對東部匈奴的攻擊。元狩四年（西元前一一九年），他調集騎兵十餘萬人，民夫五十萬人，牛馬十四萬頭，由衛青和霍去病分別統領，兩路出擊，意在全殲匈奴，永絕後患。

衛青一路軍與匈奴單于遭遇，殲敵一萬九千餘人，匈奴單于兵敗逃竄。

霍去病一路軍與匈奴左賢王遭遇，經過激戰，殲敵七萬餘人，活捉親王、將軍、相國等八十六人。

這次戰役使匈奴主力遭到了毀滅性的打擊，此後多年，匈奴不敢南渡大漠，漢朝的邊境變得和平和安寧了。

但是，漢朝方面付出的代價也是極其慘重的。僅元狩四年這一仗，就死了一萬多名士兵，十一萬匹戰馬，耗去的物資、錢財難以數計。衛青性仁，尚能體恤士兵。霍去病則不然，脾氣暴躁，性格剛烈，根本不關心士兵的疾苦。霍去病顯貴以後，武帝曾想給他建造府第，他說：「匈奴不滅，無以家爲也。」其豪情壯志可讚可嘆。然而在戰場上，他驕縱任性，只知道猛打猛衝，從沒想過改善士兵的生活。漢武帝犒勞將士的酒肉，普通士兵難得享用，軍中經常斷糧，士兵面有饑色，屢發怨言。而他視而不見，聽而不聞，跑馬擊鞠，只顧自己玩得開心和快樂。

衛青、霍去病班師歸來。漢武帝專門設置大司馬的職位，尊封二人，並決定霍去病的秩祿與衛青相等。

元狩六年（西元前一一七年），正當霍去病春風得意、前途無量的時候，他突然患病死了。漢武帝非常痛心，命全體將士爲之送葬，軍陣從長安一直排到茂陵（今陝西興平茂陵）。爲了紀念這位傑出的將領，漢武帝還命把霍去病的陵墓鑿成祁連山的形狀，以象徵他征伐匈取的功績，猶如巍巍高山，永存世間。

衛青自任大將軍大司馬後，位高權重，顯赫無比。這時平陽公主死了丈夫，經人說合，平陽公主嫁了衛青。這樣一來，衛青就成了武帝的小舅子加姐夫，越發親貴。衛青爲人忠厚正直，可是他的三個兒子衛伉、衛不疑、衛登都不爭氣，恃貴不法，相繼被削了侯爵。元封五年（西元前一〇六年），衛青病死，衛氏外戚由此走上下坡路。

漢武帝雄才大略，卻很迷信神仙，奢望返老還童，長生不死。爲此，他多次上當受騙，仍執迷不悟，寵信方士一類江湖騙子，自欺欺人。一次，方士欒大聲稱能夠尋求仙人，拿到「不死藥方」。漢武帝信以爲眞，就封欒大爲五利將軍，還賞給他天士將軍、地士將軍、大通將軍的金印。如此還不夠，漢武帝又封他爲樂通侯，食邑二千戶，還給他一處上等府第，車馬帷帳、日用家俱、金銀器皿等一應俱全，另加一千名奴僕。最後，漢武帝又把自己的女兒、衛皇后生的大公主嫁給欒大。欒大搖身一變，成了漢武帝的女婿，顯貴的皇親。欒大帶著金銀、珠寶和嬌妻，奉命到東海尋找神仙，誰知一去不返，無聲無息。漢武帝眼巴巴地盼著女婿歸來，等了一年卻無音訊。後來有人報告，欒大根本就沒去海上，而是在泰山一帶，逍遙自在地過著神仙一樣的生活。漢武帝氣壞了，立刻派人把欒大抓回長安腰斬，使自己的女兒年紀輕輕的便成了寡婦。

漢武帝晚年越發迷信神仙，簡直到了如癡如狂的程度，從而導致了「巫蠱之禍」。在這場禍亂中，漢武帝的家人和外戚死亡很多，包括皇后衛子夫、太子劉據、女兒陽石公主、孫子史皇孫、連襟公孫賀、外甥公孫敬聲等。

公孫賀，字子叔，從軍有功，任太僕。他的妻子就是衛子夫的姐姐衛君孺，他由是得寵，封車騎將軍。多次隨衛青征伐匈奴，封南窌（窌，讀作叫）侯、葛繹侯。漢武帝大權獨攬，歷任丞相如公孫弘、李蔡、嚴青翟、趙周、石慶等均沒有好結果。石慶被罷相後，漢武帝任命公孫賀爲丞相。公孫賀誠惶誠恐，不受印綬，頓首涕泣說：「臣出身邊鄙，以鞍馬騎射爲官，才能不堪任丞相。」漢武帝不許推辭，分咐左右說：「扶起丞相。」公孫賀伏地不起來，漢武帝甩手而去。公孫賀無可奈何，只得拜謝。別人不解緣由，問其爲何不願當丞相。公孫賀說：「聖上賢明，我實在不稱職啊！從此以後，我難免要遭受重責，大禍就要臨頭了。」

這話叫公孫賀說著了。公孫賀當了丞相以後，其子公孫敬聲爲太僕。公孫敬聲以爲自己是皇帝、皇后的外甥，丞相的兒子，所以驕奢不法，貪污受賄，作惡多端。征和三年（西元前九〇年），他濫用職權，擅自動用北軍軍餉錢一千九百萬緡，事發，被捕下獄。公孫賀救子心切，提出要捕捉京師大俠朱安世，用來替公孫敬聲贖罪。朱安世神通廣大，知道許多宮廷醜聞和秘事。他見公孫賀不懷好心，便悄悄上書，告發公孫敬聲與陽石公主私通，並搞「巫蠱」，詛咒漢武帝去見閻王。漢武帝見書大怒，委派奸佞小人江充追查其事。江充用心險惡，借題發揮，大做文章，一下子把公孫賀父子定了死罪，並滅族。

事情到此並沒有結束。江充因與太子劉據有隙，擔心太子即位對己不利，所以又栽贓陷害，誣衊劉據也搞「巫蠱」。劉據忍無可忍，調動皇后和東宮的士兵，捕殺了江充。有人趁機誣告劉據謀反。漢武帝命丞相劉屈氂（氂，讀作毛）率兵鎮壓。雙方戰於長安，死者達數萬人。最後，劉據兵敗，與妻子、兒子一起自殺。衛皇后被收去皇后印綬，也自殺而死。榮寵一時的衛氏外戚，至此也就徹底敗亡了。

繼王氏、陳氏、衛氏外戚之後，李氏外戚又受到漢武帝的寵信。漢武帝的嬪妃中，有一個李夫人，出身音樂世家，能歌善舞。她進入宮廷，得力於哥哥李延年。李延年，祖籍中山（今河北定縣），從小受到音樂的薰陶，加之勤學苦練，具有很高的音樂造詣，得以進入宮廷音樂機構──樂府。後來，因觸犯法律，被施以宮刑，淪爲宦官，負責給漢武帝養狗。儘管如此，他仍然醉心於音樂的創作和研究，譜寫了許多歌曲。這些歌曲廣泛流傳，漢武帝聞其名，把他召進宮中演唱。李延年這次爲漢武帝唱了一首《麗人曲》，邊歌邊舞，其詞曰：

北方有佳人，
絕世而獨立。
一顧傾人城，
再顧傾人國。
寧不知傾城與傾國，
佳人難再得！

李延年優美的舞姿，動聽的歌曲，把漢武帝帶進一個迷幻朦朧的境界。他想入非非，嘆息說：「眞美啊！可是，世界上眞有這樣的佳人嗎？」

漢武帝的姐姐平陽公主也在場，揣摩皇帝的心思，說：「李延年的妹妹就是他所唱的佳人。」

漢武帝非常高興，立命召李延年之妹入宮，但見其鮮艷妙麗，絕世無雙。經詢問，又知她能歌善舞，色藝俱佳。不禁龍顏大悅，立即封她為夫人。李延年由此得寵，重新回到樂府供職。那段時間內，漢武帝非常器重李延年，隨時隨刻都讓他陪伴自己，二人常在一起吃飯，甚至在一起寢息。漢武帝篤信神祇，祭祀不斷，祭祀時所用的歌詞多出自大文學家司馬相如等人的筆下，而樂曲則全由李延年譜寫。李延年身為皇親國戚，但從不恃寵弄權。漢武帝欣賞他的品德和才幹，提拔他為協律都尉，佩二千石印綬，主管樂府的音樂創作和演奏。

李延年還有兩個弟弟：李季，李廣利。李季與李延年氣質相反，他依仗是皇帝的小舅子，驕恣無狀，多次夥同宦官為非作歹，幹了不少壞事。李廣利更是一個花花公子，文不文，武不武，金玉其外，敗絮其中。

太初元年（西元前一〇四年），匈奴在沉靜了多年以後，又向漢朝發起進攻。

漢武帝昏庸糊塗，竟任命李廣利為貳將軍，率兵七萬迎擊。李廣利離開長安之時，丞相劉屈氂為之送行。李廣利此時想的不是領兵打仗，而是宮廷鬥爭。他悄悄地對劉屈氂說：「希望你早日奏請皇上，立昌邑王為太子。」劉屈氂滿口答應。昌邑王叫劉髆（髆，讀作博），是李夫人所生，也就是李廣利的外甥，而李廣利的女兒又是劉屈氂的兒媳。自從太子劉據死後，漢武帝一直未立太子，李廣利便想讓外甥做皇位的繼承人，以使自己長保富貴。

李廣利出師以後，膽小怕死，畏敵怯戰，歷時兩年，毫無建樹，反使自己的士兵損失了十分之八九。他藉口「道遠」、「乏食」，滯留於敦煌（今甘肅敦煌）一帶，並上書漢武帝，請求罷兵回師。漢武帝大怒，派使節到玉門關宣布：「軍有敢入關者，斬之。」

李廣利不知所措，駐於敦煌猶疑不決。其時，長安城中的「巫蠱之禍」還沒有結束，三查兩查，查到丞相劉屈氂的頭上，說劉屈氂的夫人常搞「巫蠱」，詛咒漢武帝，就連李廣利對劉屈氂所說的立昌邑王爲太子的悄悄話也被揭露出來。漢武帝怒不可遏，命把劉屈氂全家處死，並把李廣利的妻子兒女下獄拷問。

李廣利聽了這消息，猶如晴天霹靂，驚訝，擔心，害怕。他想回師請罪，但又不敢造次；想來想去，決定深入敵境，打敗匈奴，只有建立奇功，才能挽回罪過。這一次，他基本上是孤軍作戰，地理不熟，軍糧不濟，指揮失當，調度有誤，所以面對剽悍的匈奴軍，漢軍慘敗，潰不成軍。李廣利走投無路，只好投降匈奴，以保全性命。匈奴單于歷來鄙視、憎恨變節者，很快把李廣利殺死。

消息傳到長安，漢武帝異常難堪，怎麼也沒有想到堂堂皇親、一軍統帥竟這樣不堪一擊，最後還叛國投敵，失盡了漢朝的體面。而且，李季驕恣不法，公然淫亂宮廷。漢武帝怒火中燒，果斷地命令誅滅李廣利全族。李延年、李季等均被斬首。

漢武帝時期，王、陳、衛、李四家外戚，相繼登臺表演，都曾高官勛爵，顯赫一時，但並沒有形成外戚專權的局面。究其原因，主要是漢武帝雄才大略，精明強幹，重用外戚而不放縱外戚。外戚成員在不危害中央集權和國家利益的條件下，可以放開手腳，施展才幹和抱負，而一旦超出這個條件，斷然不能容忍，誅殺滅族，在所不惜。

漢昭帝岳父上官安

「逐麋之狗，還顧兔邪」

西元前八十七年，漢武帝劉徹病死。其子劉弗陵繼位，是爲漢昭帝，當時只有八歲。漢武帝不放心這個幼小的兒子，死前留下遺詔，命大司馬大將軍霍光輔政，領尚書事；車騎將軍金日磾（磾，讀作低）、左將軍上官桀協助霍光，充當副手。這個上官桀後來成爲漢昭帝的岳父。

上官桀，隴西上邽（今甘肅天水）人。年輕時爲羽林期門郎，勇猛有力。一次，漢武帝巡幸甘泉（今陝西甘泉），上官桀隨從。途中遇到大風，御車動彈不得。上官桀身強力壯，手持一柄巨大的傘蓋，逆風而行，御車跟在傘蓋後面，緩緩前進。繼又下起大雨，上官桀又舉著傘蓋，爲御車擋雨。他的舉動引起了漢武帝的注意，因而升任未央廄令，負責給皇帝餵養馬匹。

一次，漢武帝患病，病癒後想騎馬，但見馬匹瘦弱，不禁大怒，斥責上官桀說：「你是不想讓朕再見到這些馬匹了？」斥罷，準備把他下獄治罪。上官桀趕緊跪地叩頭，痛哭流涕地說：「臣聞聖體不安，日夜憂懼，心思不在馬上，所以馬匹瘦弱了，請皇上恕罪。」

漢武帝見他爲人誠實，忠心可鑒，不僅原諒了他，而且還以他爲親信，任爲侍中，繼遷太僕。漢武帝病危，又提拔他爲左將軍，封安陽侯，受詔共輔漢昭帝。

上官桀與霍光又是兒女親家，上官桀的兒子上官安娶的就是霍光的女兒。由於有這層關係，所以上官桀與霍光配合默契，如同一家人。霍光每外出或休假時，上官桀常代替他斷決朝政大事。

漢昭帝年幼，生活無人照料，其大姐鄂邑蓋長公主入居禁中，照看其生活起居。這位長公主生性淫蕩，與兒子的賓客丁外人私通。漢昭帝、霍光樂於給她提供方便，乾脆詔令丁外人搬進宮中居住，侍候長公主，滿足其私欲。兩三年後，長公主決定爲漢昭帝娶皇后，並已看中了周陽氏的女兒。其時，上官安有個女兒，即上官桀的孫女、霍光的外孫女。上官父子一心想當皇親國戚，便極力慫恿霍光，要他利用權力，把上官女立爲皇后。霍光認爲，自己的外孫女年方六歲，不宜爲皇后，所以沒有答應。上官安急於要當皇帝的岳父，就去找丁外人，請他幫忙，要他對鄂邑蓋長公主施加影響。上官安直言不諱地說：「我的女兒容貌端正，若長公主能把她立爲皇后，那麼我父子在朝，兼有椒房之事，一定不虧待足下。漢朝祖制，常由列侯聘娶公主，憑足下的地位、身分，難道還愁不封侯嗎？」

丁外人見上官安如此看重自己，非常高興，立即在長公主耳邊吹風。長公主事事都聽情夫的，丁外人說話，她立即照辦。於是頒布詔令，召上官女入宮爲婕妤，提拔上官安爲騎都尉。一月後，上官婕妤成爲皇后。

上官安如願以償，果眞當上了皇帝的岳父。不久，他又升官晉爵了，遷車騎將軍，封桑樂侯，食邑一千五百戶。隨著權勢的擴張，他變得驕奢淫逸，飛揚跋扈。一次，他在宮中飲了酒，回家後得意洋洋地對賓客們吹噓說：「我與女婿皇帝共飲，眞是快樂無比啊！」說罷，脫掉衣服，赤裸著身體，進入內庭，同自己的後母及上官桀的小妾、侍女等肆意淫亂，污穢不堪。

上官安先前答應，待女兒成爲皇后後，就設法讓丁外人封侯。爲此，他多次懇請霍光予以關照，把丁外人封侯。上官桀也積極活動，爲丁外人封侯事多方奔走。誰知霍光爲人剛毅正直，認爲丁外人無德無才，封侯不夠資格，拒絕向漢昭帝建議。上官桀、上官安因此非常痛恨霍光。

接著又發生了一件事。上官桀的岳父與太醫監充國關係親暱，充國一天晚上偷入皇宮，被抓獲，論罪當死。上官桀請求霍光寬免充國，霍光不允。上官桀轉而去求鄂邑蓋長公主幫忙。長公主向漢昭帝貢獻二十匹名馬，騙得詔令，免了充國的死罪。這樣，上官父女就更加痛恨霍光，傾心悉力地巴結長公主，漸漸形成了一個逆謀集團。

上官桀、上官安用心險惡，又與漢昭帝的哥哥、燕王劉旦勾結上了。劉旦在活著的兄弟中論排行居長，因爲沒能當上皇帝，正心懷怨恨。上官父子利用劉旦的心理，把霍光的過失開列了一張清單，專函送給劉旦，鼓動他上書漢昭帝貶斥霍光，封丁外人侯爵。

劉旦受了上官父子的鼓動，心中大喜，果然上書漢昭帝，攻擊霍光，吹捧長公主，並要求封丁外人爵號。

漢昭帝接書，不僅沒有斥責霍光，反而更加信用他，對上官父子的居心產生了懷疑。上官桀、上官安搬起石頭砸了自己的腳，惱羞成怒，便招降納叛，結黨營私，密謀發動叛亂，殺霍光，廢漢昭帝，而立上官桀爲皇帝。

有人問上官安說：「那麼拿上官皇后怎麼辦呢？」

上官安窮凶極惡地回答說：「逐麋（麋，讀做迷，麋鹿）之狗，還顧兔邪！況且，她現在雖是皇后，一旦皇帝另有新歡，她即使想當一個平民百姓，恐怕也做不到。如今篡權是千載難逢的好機會，千萬不可錯過。」

在上官安看來，他就是一條「狗」，正在追逐皇位之「麋」，至於女兒的命運，根本不在考慮之列，因爲她只是一隻無關緊要的「兔」，因小失大，那是划不來的。

就在上官父子秘密謀劃的時候，霍光早發覺了他們的陰謀。霍光辦事果斷，搶先下手，盡誅上官桀、丁外人家族。劉旦、鄂邑蓋長公主擔心受辱，畏罪自殺。上官皇后沒有參與祖父、父親的逆謀，安然無恙。不過，她十五歲就成了寡婦，並成了皇太后、太皇太后，充當了封建專制制度下的犧牲品。

漢宣帝岳父霍光

黨親聯體，專權秉政二十年

西元前七十四年，漢昭帝劉弗陵死，無子，霍光主持立昌邑王劉賀爲帝。劉賀荒淫無恥，穢亂後宮，半年後被廢。霍光在劉氏宗室裡找來找去，發現了漢武帝的曾孫劉詢，遂把他擁上帝位，他就是漢宣帝。

漢宣帝的身世相當複雜。漢武帝的長子劉據，曾被立爲太子。劉據娶妻史良娣，生子劉進，號稱史皇孫。史皇孫娶妻王氏，生了劉詢。劉詢出生數月，「巫蠱之禍」起，劉據夫婦、史皇孫夫婦俱死，劉詢成了孤兒，進了監獄。監獄頭目邴吉見劉詢可憐，派兩名女犯人餵養他。其間，漢武帝聽說長安獄中有一道「天子氣」，派人前往察看。邴吉閉門相拒，不讓外人進入，總算保住了劉詢的性命。

漢昭帝時，劉詢長大成人，朝廷發現他是皇室後裔，供給衣食。他與宦者丞許廣漢住在一起，並娶了許廣漢的女兒爲妻。他做夢也沒有想到，自己突然時來運轉，由一個落拓王孫變成了至高無上的皇帝。

漢宣帝登基，立嫡妻許氏爲皇后，許廣漢成了皇帝的岳父。許廣漢，昌邑（今山東昌邑）人。年輕時當過郎官，隨漢武帝出巡，誤取別人的馬鞍，被視爲「偷盜」，獲罪，漢武帝將其處以宮刑，成爲宦官，後任宦者丞。上官桀謀反，許廣漢搜索罪犯不力，又獲罪，被貶爲暴室嗇夫。其時，劉詢尚未發跡，與許廣漢住在一起。許廣漢有個女兒叫平君，經人說合，便成了劉詢的妻子。婚後一年，許平君生了兒子劉奭（奭，讀作示），他就是後來的漢元帝。

許平君平步青雲，由宦官之女一躍而爲皇后。許廣漢本當封高官晉勛爵，但是霍光嫌他是個「刑餘之人」，所以只封他爲昌成君。

霍光有個女兒叫霍成君，年輕貌美。霍光妻子一心想讓自家女兒成爲皇后，便視許皇后爲眼中釘、肉中刺，陰謀除之。恰逢許皇后懷孕期間生病，霍妻收買女醫淳于衍，許以榮華富貴，託她在藥中下毒，神不知鬼不覺地害死了許皇后。霍光夫婦隨即將霍成君嫁給漢宣帝，霍成君成了皇后，霍光便成了皇帝的岳父，霍妻便成了皇帝的岳母。

霍光，字子孟，是漢武帝時名將霍去病的弟弟。霍去病攻擊匈奴有功，封驃騎將軍。霍光跟著沾光，先任郎官，繼遷諸曹侍中。霍去病英年早逝。漢武帝把對霍去病的感情轉移到霍光身上，封他爲奉車都尉光祿大夫，出則奉車，入侍左右，甚見親信。漢武帝晚年決定立小兒子劉弗陵爲太子，由霍光輔政。爲此，他特命人畫了一幅畫，賜給霍光，內容是西周周公背負侄兒周成王朝會諸侯的場景。

不久，漢武帝病危，霍光垂淚問道：「請問皇上百年以後，誰可繼位？」漢武帝說：「你難道不明白那幅畫的意思嗎？朕死後當立小兒子劉弗陵，你行周公之事。」

霍光謙遜地推辭道：「臣的德行不如金日磾。」武帝即刻下令，拜霍光爲大司馬大將軍，金日磾爲車騎將軍，上官桀爲左將軍，桑弘羊爲御史大夫，同受遺詔輔佐幼主。西元前八十七年，漢武帝駕崩，劉弗陵即位。霍光作爲朝廷首輔，掌握了朝政大權。

漢昭帝時，霍光封博陸侯，位尊權重。他身材高大，面色白皙，爲人沉靜，資性端正，辦事公允。一次，朝殿裡據說有妖怪作祟，弄得群臣人心惶惶。霍光命尙符璽郎取來皇帝玉璽，鎭妖驅邪。尙符璽郎忠於職守，拒絕把玉璽交給霍光。霍光非常生氣，上前欲奪玉璽。尙符璽郎按劍喝道：「臣頭可得，璽不可得也！」

事後，霍光十分欣賞尙符璽郎的忠心，奏請漢昭帝，破格將其官秩提升了兩級。霍光的做法，贏得了眾人的尊敬。

後來，上官桀、上官安父子勾結漢昭帝的哥哥劉旦、姐姐鄂邑蓋長公主及其情夫丁外人，合力詆毀霍光，並陰謀發動叛亂，殺霍光，廢皇帝，擁立上官桀登基。在關鍵時刻，霍光利用手中掌握的權力，堅決鎭壓，粉碎了上官父子的叛亂陰謀，將叛亂集團的成員一網打盡。此後，霍光威震海內，百姓敬仰，四夷臣服。

漢昭帝在位十三年死去。霍光主持立了昌邑王劉賀爲皇帝。可是劉賀淫亂後宮，不成體統，使霍光非常難堪。因爲劉賀是他親手擁立的，劉賀荒淫，等於在他的臉上抹黑。他徵求大司農田延年的意見，田延年說：「將軍是國家的柱石，如果認爲劉賀不宜爲帝，何不奏請太后，更選賢者立之？」

霍光說：「我也想這樣做，可是古時有此先例嗎？」

田延年給他舉了許多例子，從而堅定了他廢立皇帝的決心。他把田延年提升爲給事中，然後召集文武百官議事，宣布了劉賀行爲淫亂、恐危社稷的罪行。眾人聽說其事，驚愕失色，相顧無言。田延年離席按劍，厲聲對霍光說：「先帝把幼孤託付給將軍，是把天下託付給將軍，因爲先帝認爲你忠賢無私，能夠保住劉氏江山。現在群下鼎沸，社稷將傾，如果漢家絕祀，那麼將軍縱然一死，又有何面目見先帝於地下？今日議事，不能拖延，誰若遲疑，臣請以劍斬之！」

田延年的舉動是事先約定了的。霍光趕緊起身，對眾人說：「王公大臣責備霍光，應該，應該！如今天下洶洶不安，我理當受到責難。」

文武百官見了這陣勢，都跪在地上叩頭，說：「天下百姓的命運全在於將軍，唯將軍之令是聽。」

霍光統一了群臣的意見，隨後去見皇太后，陳述了廢立皇帝的主張。皇太后沒有異議，於是召集劉賀及大臣，由尚書令宣讀霍光等人的奏疏，請求廢劉賀，另立賢者爲帝。皇太后點頭說：「可以。」就這樣，劉賀便失去了皇位，繼續當他的昌邑王。霍光對於這個廢帝倒還客氣，親自把他送歸王邸，說：「王爺的行爲自絕於天，臣等駑怯，不能殺身報德。臣寧負王，不敢負社稷。願王自愛，臣不可能再侍候左右了。」

霍光安頓了劉賀，然後把引導劉賀荒淫縱欲的奸佞小人二百餘人全部斬首。這些奸佞小人死前呼號市中，說：「爲斷不斷，反受其亂。」意謂應當早日殺死霍光，否則不會遭此劫難。

劉賀被廢，還是霍光主持，擁立了漢宣帝劉詢。漢宣帝即位，專門頒詔，盛讚霍光「宿衛忠正，宣德明恩，守節秉誼，以安宗廟」的品德，將其封邑增加到二萬戶，先後賞賜黃金七千斤，錢六千萬緡，雜繒三萬疋，奴婢一百七十人，名馬二千匹，豪華府第一處。霍光成爲漢宣帝的岳父以後，地位、權勢更加煊赫。霍光的兒子霍禹、侄孫霍雲和霍山，分別官中郎將、奉車都尉侍中。他的兩個女婿爲東、西宮衛尉，其他親屬分任諸曹大夫、騎都尉、給事中等要職。史稱：「黨親連體，根據於朝廷。」具體地說明了霍氏外戚當時的盛況。

漢宣帝劉詢對首輔加岳父的霍光非常敬重，規定朝廷所有大事，必先告霍光，然後才奏報宣帝。霍光每次朝見漢宣帝，漢宣帝總是虛己斂容，畢恭畢敬。地節二年（西元前六十八年），前後秉政二十年的霍光患了重病，漢宣帝親臨病榻前探視，問長問短。霍光請求把兒子霍禹封爲右將軍，把侄孫霍山封爲列侯，漢宣帝一一恩准。接著，霍光病死，漢宣帝非常痛惜，爲之舉行了隆重的葬禮，送葬隊伍從長安直排至茂陵。並賜謚曰宣成侯。

霍光死後，霍禹襲封博陸侯，霍山、霍雲分別封樂平侯和冠陽侯。這三人均爲公子王孫，紈袴子弟，熱衷於修建府第，騎馬射獵，遊樂無度。霍光的妻子難耐寡居寂寞，公然與家奴馮子都私通，又以皇帝岳母身分，隨意出入禁中。此後不久，霍妻毒殺許皇后的事漸有洩露，漢宣帝對霍氏外戚產生疑心，改用許氏、史氏外戚子弟掌握禁軍。這損害了霍禹、霍山、霍雲等人的利益，他們便沆瀣一氣，密謀作亂。這時又發生了一件事，促成了霍氏外戚的毀滅。

原來，漢宣帝與前皇后許平君生有兒子劉奭，被立爲皇太子，許平君之父許廣漢升封平恩侯。此舉使霍光妻子大爲惱火，她氣得吃不下飯，以致吐血，說：「劉奭是皇帝與許氏在民間時生的兒子，怎能嗣襲皇位？如果這樣，我女兒成君生了兒子怎麼辦？難道皇后的兒子反而封王嗎？」鑒於此，她故技重演，又唆使女兒霍皇后設計毒殺劉奭。

霍皇后幾次召劉奭賜食。無奈太子的飲食必先經人品嘗，以防發生意外。所以霍皇后的陰謀不能得逞。這件事逐漸叫漢宣帝知道了，他異常憤怒，揚言要認眞調查，嚴厲處治。

霍氏外戚心慌意亂，一個個像是熱鍋上的螞蟻，不知所措。他們經過密商，決定先發制人，由霍皇后舉辦一次宴會，召丞相、許廣漢等王侯大臣入宮，誘而殺之，廢漢宣帝，擁立霍禹爲帝。漢宣帝提前掌握了霍氏外戚的行動計劃，立即調兵遣將，予以鎭壓。結果，霍雲，霍山等畏罪自殺，霍禹被腰斬，霍光妻及女兒、女婿等均被棄市，霍皇后被打入冷宮，

與霍氏有牽連而被誅滅的達數千家。

許皇后死，霍皇后廢，漢宣帝又立了個王皇后。王皇后的父親叫王奉光，原封關內侯，喜好鬥雞。漢宣帝即位以前，在鬥雞場經常與王奉光打交道，關係親密。漢宣帝即位後，便把他的女兒召入後宮，封爲婕妤。王婕妤忠厚謹愼，漢宣帝要爲太子劉奭找一個賢慧的養母，所以她得以成爲皇后。王奉光因此被封爲鄧成侯。王奉光的兩個兒子即王皇后的兄弟王舜、王駿，在漢元帝時分別封安平侯、關內侯。王氏外戚雖有三人封侯，但並未形成擅權的局面。

漢宣帝生母王氏，名翁須。王翁須有兩個兄弟，一名無故，一名武。漢宣帝登基以前，王無故、王武都是無名之輩。漢宣帝當了皇帝，他們跟著發跡，賜爵關內侯，旬月之間，賞賜以巨萬計。不久，漢宣帝又封他的外祖母爲博平君，封王無故爲平昌侯，王武爲樂昌侯，各食邑六千戶。王無故的兒子王接後來官大司馬車騎將軍，王武的兒子王商後來位至丞相。

漢宣帝的祖母史良娣有個哥哥叫史恭，早死。史恭有三個兒子，漢宣帝時他們均封爲侯，史高封樂陵侯，史曾封將陵侯，史玄封平臺侯。史高官至大司馬車騎將軍，其子史丹封武陽侯。漢元帝時，史氏外戚一度很有勢力，官至卿大夫、二千石以上的有十餘人。隨著以王莽爲代表的王氏外戚的崛起，史氏外戚漸漸消亡。

漢元帝妻兄王鳳
一門十侯，威勢無比

西元前四十九年，漢宣帝劉詢駕崩，太子劉奭繼位，是為漢元帝。漢元帝皇后王政君兄弟姐妹眾多，由此形成一個龐大的王氏外戚集團，專權亂政近半個世紀，最後導致王莽篡奪了劉漢江山。

王政君的父親叫王禁，魏郡元城（今河北大名東）人。母親叫李親，因嫉妒王禁好色，中途改嫁他人。王禁年輕時在長安學習法律，官至廷尉使。此人貪財好酒，不修廉隅，娶了多房妻妾，共有八個兒子、四個女兒：王鳳、王曼、王譚、王崇、王商、王立、王根、王逢時，以及王君俠、王政君、王君力、王君弟。其中，王鳳、王崇與王政君是嫡胞兄妹，均為李親所生。

王政君成人後，長得端莊秀麗，相面人為之相面，說：「當大貴，不可言。」王禁因此在女兒身上下了大本錢，聘請老師教她琴棋書畫。當她年滿十八歲時，王禁將之送進皇宮。

不久，太子劉奭死了愛妃司馬良娣，王政君以美貌多藝成爲太子妃。

一年後，王政君生子劉驁，地位大大提高。劉奭即帝位，王政君先封婕妤，繼爲皇后。王禁搖身一變，成了皇帝的岳父，封陽平侯，官特進。王禁的弟弟王弘官長樂衛尉。永光二年（西元前四十二年），王禁死，其長子王鳳嗣襲陽平侯，官衛尉侍中。

漢元帝劉奭在位時，王氏外戚尚未形成氣候。西元前三三年，漢元帝死，劉驁繼位，就是漢成帝。這時，王政君升爲皇太后，王鳳升任大司馬大將軍，領尚書事，食邑一萬五千戶。王鳳的弟弟王崇封安成侯，食邑萬戶。王譚等均賜爵關內侯，食邑多少不等。王鳳獨攬朝政大權，標誌著以此爲發端，王氏外戚成爲西漢後期舉足輕重的強大勢力。

王氏外戚威勢顯赫，引起朝臣的不安。恰逢災異屢現，諫大夫楊興等趁機上疏，說：「高祖劉邦曾有規定，非功臣不能封侯。現在太后諸弟並無什麼功勞，卻都封侯，有違祖制，所以天象不和，災異頻生。」

楊興的觀點，得到許多人的支持。王鳳畏懼人言，請求解除自己的官爵。可是漢成帝不同意，堅持要王鳳留任。幾年以後，安成侯王崇病死，由遺腹子王奉時襲其爵位。接著，漢成帝悉封諸舅爲侯：王譚爲平阿侯，王商爲成都侯，王立爲紅陽侯，王根爲曲陽侯，王逢時爲高平侯。由於這五人同日封侯，所以時人謂之「五侯」。至於王氏其他子弟，皆官卿大夫、侍中等，把持了朝廷的各重要部門。

王鳳專權用事，漢成帝諸事由他擺布。京兆尹王章看不慣王鳳的行徑，多次向漢成帝進言，建議疏遠王鳳，重用中山孝王劉興的舅舅馮野王。漢成帝也有這個意思，不想王政君叔父王弘的兒子王音偷聽了王章與漢成帝的談話，立即飛告王鳳。王鳳由此擺起譜來，稱病居家，請求辭職。他這一手相當厲害，迫使漢成帝不得不向他賠罪道歉，千方百計地予以挽留。王鳳重新視事，王章可就倒了楣，被逮捕下獄，很快死於獄中。

這樣一來，王鳳的權勢更大了，眾公卿見他，人人側目，各郡國的大官小吏，皆出其門。那個王音因此升爲御史大夫，位列「三公」之一。王氏諸侯爭相驕奢淫逸，賂遺珍寶，四面而至；後庭姬妾，各有數十人；至於家役奴僕，則以千計。各家大興土木，修建豪華的府第，倡優歌舞，狗馬馳逐，花費無數。

陽朔五年（西元前二〇年），王鳳患了重病。漢成帝多次臨問，親執其手，流著淚說：「將軍死後，我將用平阿侯王譚接替你的位置。」王鳳說：「王譚是我自家兄弟，與其用他，不如用御史大夫王音。」

王鳳爲什麼要這樣呢？因爲王譚生性傲慢，平時對王鳳很不恭敬，而王音對王鳳非常敬重，卑恭如同兒子。所以王鳳寧肯把高位讓給王音，而不讓給王譚。王鳳死，漢成帝爲之舉行了隆重的葬禮，贈謚號曰敬成侯，並由其子王襄嗣襲陽平侯。王音代替王鳳，當上了大司馬車騎將軍。王譚位特進，領城門兵。

王音實是漢成帝的從舅，越親用事，小心謹慎。漢成帝尊重王音，曾頒詔稱讚他「宿衛忠正，勤勞國家」，冊封他爲安陽侯，食邑三千戶，與王譚等五侯相等。

這時，王譚等五侯正追求享樂，爲所欲爲。尤其是王商、王根、王立三人，依仗國舅身分，橫行不法，飛揚跋扈。成都侯王商一次患病，爲了避暑，竟向漢成帝借了光明宮居住。又擅自作主，挖斷城牆，把灃河水引進自家的後園，貯水行舟，立羽蓋，張帷幔，命人在船上唱歌跳舞。漢成帝臨幸王商家中，見其生活如此奢靡，敢怒而不敢言。漢成帝還到過曲陽侯王根家，見其家花園假山，樓閣聳立，猶如皇宮的白虎殿，心中越發惱怒。他讓王音出面，指斥王商、王根尋歡作樂，毫無節制。王商、王根心裡不服，威脅說要黥（黥，讀作擎，以刀刺面後塗墨）面劓（劓，讀作藝，割）鼻向太后「謝罪」。漢成帝更加氣憤，派人責問司隸校尉和京兆尹說：「你們明知王商穿城引水，王根驕奢僭上，王立父子藏匿奸猾亡命之徒，爲何阿縱不舉，以正其法？」同時賜書王音，說：「外戚甘樂禍敗，勢在必然。王商、王根要黥面劓鼻，相辱於太后面前，傷慈母之心，以危亂國！他們一向恃強凌弱，你可以召集群臣，待命府舍，朕將親自主持行刑。」

王商、王根、王立一見漢成帝要動眞格的，嚇得心驚肉跳。爲了蒙混過關，他們假意負斧請罪，懇求漢成帝寬恕。漢成帝所說不過是氣話，見王商等軟下來了，也就不再追究。

王氏外戚繼續爲非作歹，橫行霸道。不久，平阿侯王譚病死，其子王仁嗣襲侯爵。王政君的嫡胞兄弟王曼早死，留下兒子王莽。漢成帝遵從太后旨意，追封王曼爲新都哀侯，並由王莽嗣襲新都侯。王政君姐姐有兒子淳于長，漢成帝討好太后，索性封淳于長爲定陵侯。至此，王氏一家共有十人封侯，即王禁陽平侯、王鳳敬成侯，王崇安成侯，王譚平阿侯，王商成都侯，王立紅陽侯、王根曲陽侯、王逢時高平侯，王音安陽侯，王莽新都侯。加上淳于長，實際上是十一侯。這在中國外戚史上是絕無僅有的。

漢成帝是個非常平庸的皇帝，一方面痛恨外戚專權，一方面卻極力賦予外戚各種權力。王譚生前沒能輔政，漢成帝心甚不安，作爲補償，他把王商提拔爲特進，領城門兵，置幕府，視如大將軍。有人充當說客，勸大司馬車騎將軍王音依附於王商。王音比較耿介正直，不願趨炎附勢，心情抑鬱，當政八年以後去世。漢成帝崇敬這個從舅，追贈大將軍，謚曰敬侯，並由其子王舜嗣爵，官太僕侍中。王商得到機遇，取代王音，成了大司車騎馬將軍。王立又任王商原來的職務，位特進，領城門兵。

王商當政，並無什麼建樹。四年後因病辭官。漢成帝封他爲上將軍，增加食邑二千戶，賜錢百萬緡。王商死，謚曰景成侯。其子王況嗣襲成都侯。接下來，本應由王立接替王商的職位，但王立屢犯過失，不得人心，所以漢成帝起用王根爲大司馬驃騎將軍。是年，無德無才的高平侯王逢時死，謚曰戴侯，其子王買之嗣襲高平侯。

王根當政期間，王根、王立、淳于長三人之間產生了尖銳的矛盾，互相傾軋，導致淳于長下獄死。王根年老致仕，推薦新都侯王莽以自代，於是王莽一下子由侍中騎都尉光祿大夫升任大司馬。此舉加速了西漢的滅亡。

西元前七年，漢成帝死，漢哀帝劉欣立。紅陽侯王立被召還京師，意欲委以重任。司隸校尉解光斷然上疏，揭露王氏外戚的種種罪惡，指名道姓斥責曲陽侯王根「宗重身尊，三世據權，五將秉政，天下輻輳自效」，且「貪邪，贓累巨萬，縱橫恣意」，「內懷奸詐，欲管朝政」；斥責王根侄兒王況「無人臣禮，大不敬不道」。漢哀帝閱疏，非常傷感，說：「先帝對待王根、王況父子，非他人可比。他們怎能背忘恩義呢？」

其時，傅氏、丁氏外戚已分享一定的權力，所以漢哀帝詔令：王根到封國去，王況免爲庶人，王根、王商推薦爲官者，全部罷職。但是他對王氏外戚又有所留戀，重新把王商的兒子王邑封爲成都侯。王莽爲避傅氏、丁氏外戚的鋒芒，一度退居家中，但很快又被召還京師。平阿侯王仁也在朝中樹立了威信。

漢哀帝在位僅六年，於西元前一年病死。漢平帝劉衎（衎，讀作看）登上皇位，時年九歲。王政君於是讓王莽任大司馬，專斷朝政。王莽對王立、王仁相當忌恨，暗中派人上疏陳述二人的罪惡，迫使二人自殺。從此，王莽成爲王氏外戚中最顯赫的人物，掌握了朝政大權，並積極謀劃，加快篡權步伐，劉漢的天下很快就將歸他所有了。

從漢元帝開始，王氏外戚登上政治舞臺，史稱「家幾十侯，五大司馬，外戚莫盛焉」。這中間，王政君是個關鍵人物。此人成爲漢元帝的皇后後，畢生爲娘家爭權，用盡了心力。西漢末年的幾個皇帝都是她擁立的。她利用皇權，又使兄弟、侄兒們飛黃騰達，官高爵顯。結果怎樣呢？王莽篡權，便是對這個女人最大的嘲笑和諷刺。

漢元帝的嬪妃中有個馮昭儀，性格剛烈。一次漢元帝觀看鬥獸，一隻黑熊竄出圈欄，直撲漢元帝座位。其他嬪妃嚇得驚叫逃跑，唯獨馮昭儀臨危不懼，挺身而出，伸開雙臂，當熊而立，保護漢元帝。因此，漢元帝對她非常敬重，視她爲女中豪傑。

馮昭儀的父親叫馮奉世，出身官宦世家。漢宣帝時，他官光祿大夫、水衡都尉。漢元帝時，他官執金吾、右將軍、光祿勛。曾率兵西擊羌人，斬首數千級，因功賜關內侯，受賞黃金六十斤。馮奉世是當時著名的將領，其功名僅次於大將趙充國。

馮奉世有五個兒子：馮譚、馮野王、馮逡、馮立、馮參。其中馮野王很有才幹，按說應當當御史大夫。但是漢元帝以他是妻兄爲由，不予重用。以致馮野王感慨萬端，說：「人皆以女寵貴，我兄弟獨以賤！」漢成帝時，同樣不重用馮野王，只拜他爲上郡太守、琅玡太守。京兆尹王章極力舉薦馮野王，遭到大司馬大將軍王鳳的激烈反對。王章遇害，馮野王被免官，幾年後死於家中。

馮氏外戚雖然人數不少，但始終沒有得勢。馮參還捲入了殘酷的外戚鬥爭之中，被迫自殺。死前痛心疾首地說：「我馮參父子兄弟皆備大位，身至封侯，今被惡名而死，姐弟不敢自惜，傷無以見先人於地下！」

漢成帝表兄、表爺

驕奢淫逸，一朝覆滅

西元前三十三年，漢成帝劉驁登基。漢成帝的外戚除王氏外，還有許氏、趙氏等。他們受王氏外戚的排擠，沒有形成氣候，命運隨著時局的動盪時沉時浮。

漢成帝所立的第一個皇后許氏，其父叫許嘉，是漢元帝時的勛臣，官大司馬車騎將軍，受命輔政。他成爲漢成帝的岳父後，與大司馬大將軍王鳳官位並列，權勢相當。但是漢成帝受生母王政君的影響，尊寵舅舅，輕視岳父。大臣杜欽提醒王鳳說：「車騎將軍至貴，將軍宜尊之敬之，無失其意。蓋輕細微眇之漸，必生乖忤之患，不可不愼。」王鳳是新崛起的權貴，根本不把杜欽的忠告當回事。

而漢成帝偏心，一心要專委任於王鳳，所以耍了個花招，賜書許嘉，說：「將軍家重身尊，不宜以吏職自累。賜黃金二百斤，以特進侯就朝位。」許嘉丟掉了官職，心甚怏怏，很快憂死，謚曰恭侯。

許皇后開始非常得寵，因此不爲王氏外戚所容。恰逢發生日蝕，有人便歸罪於許皇后，漢成帝漸漸地疏遠了她。許皇后不甘失寵，其姐許謁積極爲之出謀劃策，並用「巫蠱」詛咒王鳳等人。事情暴露，太后王政君大怒，把許皇后廢掉，打入冷宮。許氏外戚皆令回歸故里，許皇后的侄兒平恩侯許旦被趕到封國去。

許皇后還有一個姐姐許嬺（嬺，讀作迷），丈夫死，寡居，先與定陵侯淳于長私通，後被淳于長娶爲小妾。淳于長也算是漢成帝的外戚，是王政君姐姐王君俠的兒子，與漢成帝屬姨表兄弟。因這層關係，他得以入宮當了黃門郎。王鳳生病，淳于長日夜侍侯，十分盡心，表現了外甥對於舅舅的深厚感情。因此，王鳳臨死的時候，專門把淳于長託付給王太后和漢成帝。漢成帝也認爲淳于長爲人義氣，予以重用，拜爲列校尉諸曹，遷水衡都尉侍中，至衛尉九卿之列。許皇后被廢，漢成帝想立趙飛燕爲皇后。王太后不願意，淳于長往來奔走，從中斡旋調解，使趙飛燕得以成爲皇后。漢成帝感激淳于長，封他爲關內侯，改封定陵侯，大見信用，貴傾公卿。各地官員競相巴結他，賂遺金錢以巨萬計。淳于長得勢，極力追求享受，多納妻妾，淫於聲色，根本不把法制放在眼裡。

淳于長娶了許嬺以後，頭腦發熱，又要幫助被廢處冷宮的許皇后復出。許廢后信以爲眞，通過許嬺給淳于長送了大量禮物，價值千餘萬。淳于長大言不慚，聲稱能說服漢成帝，重新立許皇后爲左皇后。其時，大司馬驃騎將軍王根輔政多年，要求退職致仕。按說其職務應由淳于長代替，但新都侯王莽擔心淳于長專權，對王氏外戚不利。王莽打聽到淳于長娶了許嬚，又接受許廢后的賄賂，立即向王根報告，說淳于長野心很大，意欲取代王根。

王根聽了王莽的話，火冒三丈，說：「這麼重要的情況，爲何早不報告？」

王莽說：「我不知你的心意，故不敢說長道短。」

王根立即驅車去見王政君，王莽則去見漢成帝，三說兩說，淳于長被免了官職，去了封國。淳于長不甘就此失勢，用重金賄賂紅陽侯王立的兒子王融。漢成帝發覺此事，疑有大奸，命逮捕淳于長下獄拷問，掌握了淳于長的大量罪狀。於是下旨，將他處死於獄中。

趙飛燕成爲漢成帝的皇后後，其妹趙合德也成爲漢成帝的昭儀。趙氏姐妹雙雙得寵，她們的父親趙臨封成陽侯，弟弟趙欽娶皇家公主，官侍中、駙馬都尉。

西元前七年，漢成帝莫名其妙地暴死，王政君、王莽等懷疑趙合德暗中做了手腳，趙合德畏懼自殺。漢哀帝劉欣立，尊趙飛燕爲皇太后，封趙欽爲新成侯。後來，趙飛燕也受到王氏外戚的迫害，自殺身亡。趙欽及其子趙訢被免爲庶人，遠徙邊地。

漢成帝還有一家外戚，便是史丹。史丹，字君仲，其祖父史恭的妹妹史良娣是漢武帝劉徹的兒媳，漢宣帝劉詢的祖母。漢成帝又是宣帝的孫子，應稱史丹爲表爺。漢元帝劉奭時，史丹官駙馬都尉侍中，出常驂乘，甚得寵信。漢元帝晚年在立太子問題上一再動搖，史丹據理力爭，保住了漢成帝的太子地位。漢成帝即位，提拔史丹當了長樂衛尉，遷右將軍，賜爵關內侯。又升任給事中，徙左將軍、光祿大夫。鴻嘉元年（西元前二〇年），漢成帝頒詔，稱讚史丹「秉義醇一，舊德茂焉」，封他爲武陽侯。

史丹其貌不揚，行爲不檢，然辦事謹密，深得漢成帝信任。他繼承了一大筆家產，又多次得到豐厚的賞賜，所以是有名的豪富，家中奴僕數百人，後房妻妾數十人，驕奢淫逸，好酒好樂，追求聲色犬馬沒有節制。他當將軍十六年，因年老請求致仕。漢成帝恩准，賜予黃金五十斤和上將軍印綬。不久，史丹病死，諡曰頃侯。九個兒子並任侍中諸曹，直到王莽漢篡後才家敗族滅。

漢哀帝舅父、妻兄

進不由道，位過其任

西元前七年，漢成帝劉驁死，無子。太皇太后王政君做主，立了漢元帝劉奭的庶孫劉欣為皇帝，是為漢哀帝。漢哀帝是漢元帝之子、定陶恭王劉康的兒子，祖母是漢元帝的傅昭儀，母親叫丁姬。漢哀帝即位，尊祖母為太皇太后，尊母親為皇太后。傅氏、丁氏外戚由此登上政治舞臺，與盤根錯節的王氏外戚唱起了對臺戲。

傅太后的父親傅溫早死，其母改嫁鄭翁，生子鄭惲。傅溫有四個弟弟：傅子孟、傅中叔、傅子元、傅幼君。漢哀帝時，他們的兒子均沾姑母傅太后的光，傅子孟之子傅喜官大司馬，封高武侯；傅中叔之子傅晏亦官大司馬，封孔鄉侯；傅幼君之子傅高封汝昌侯。傅溫，則被追封為汝昌哀侯。鄭惲死得較早，追封陽信節侯，其子鄭業封陽信侯。傅氏、鄭氏封侯者六人，官大司馬者二人，另有近二十人位至九卿、二千石、侍中諸曹。

傅氏外戚得勢，傅太后非常驕忌，與太皇太后王政君談話，竟公然稱對方為「嫗」，即老婆子的意思，差一點沒把王政君氣死。而且她又誣陷漢元帝的馮昭儀，迫使其自殺。

傅氏外戚爲了擴大勢力，對付王氏外戚，很快與丁氏外戚勾結在一起。漢哀帝生母丁姬，其父當過廬江太守，叔父丁憲、丁望分別官太僕、左將軍。她的兩個兄弟，一叫丁忠，一叫丁明。丁忠早死，其子丁滿封平周侯。丁明作爲漢哀帝的母舅，封陽安侯，並爲大司馬驃騎將軍，輔佐漢哀帝。丁氏封侯者二人，官大司馬者一人，另有十餘人官將軍、九卿、二千石、侍中諸曹。傅氏、丁氏外戚在一、二年間暴發顯貴，盛氣凌人，大有與王氏外戚相抗衡之勢。王政君老謀深算，不惜令侄兒王莽辭官回家，以避傅氏、丁氏外戚的鋒芒。

但是，漢哀帝知道王太后及王氏外戚不是好惹的，說什麼也不敢得罪他們，拿自己的皇位開玩笑。一次，朝廷在未央宮舉行宴會，內侍把傅太后、丁太后與王太后的座位安排在一起，同等看待。王莽大怒，指斥內侍說：「傅太后只不過個是個藩妾，怎能與王太后並列？」說完，命重新設座，把傅太后、丁太后的座位安排在不顯眼的位置。傅太后、丁太后見王莽怠慢自己，非常生氣，拒絕參加宴會，弄得不歡而散。事後，漢哀帝極力調解幾家外戚的關係，避免發生尖銳的衝突。

漢哀帝的皇后也姓傅，是傅太后的侄女。傅氏外戚中，以孔鄉侯傅晏最爲尊崇。但與王氏外戚相比，傅氏外戚也好，丁氏外戚也好，均難能並論。建平二年（西元前五年），漢哀帝生母病死，丁明負責送葬於定陶（今山東定陶），葬禮至爲隆重。不久，傅太后也死去。

西元前一年，漢哀帝駕崩，王政君立漢元帝另一個庶孫劉衎爲帝，王莽秉政。王莽早對傅氏、丁氏外戚刻骨仇恨，秉政後立即指使親信舉奏兩家外戚的罪惡，把他們全部免官罷爵，並廢了傅太后和丁太后的尊號，稱前者爲定陶共王母，後者爲丁姬。對此，王莽還覺得不解恨，鼓動十餘萬人前去挖掘傅太后和丁太后的陵墓，暴露其屍骨，焚燒其棺槨。兩家外戚中，除高武侯傅喜外，其他人全部被徙歸故里。漢哀帝的傅皇后也被廢爲庶人，令其自殺。

傅喜，字稚游，在激烈的外戚鬥爭中，注重潔身自好，恭儉謹慎。傅太后對他很不滿意，一次假託漢哀帝名義，指責他說：「君輔政出入三年，未有昭然匡聯不逮，而本朝大臣遂其奸心，咎由君焉。」傅太后又自詔丞相、御史，攻擊傅喜「無功而封，內懷不忠，附下罔上，背叛朝廷，虧損德化」，主張罷其職，免其侯。但是漢哀帝讚賞傅喜忠誠，保留了他的官爵，只是命他到封國去。正因爲如此，王莽對傅喜也沒有什麼惡感，在消除傅氏、丁氏外戚的時候，破例優待傅喜。他通過太皇太后王政君頒詔說：「高武侯傅喜姿性端愨（愨，讀作確，樸實謹慎），論議忠直，雖與傅太后同宗，但不順指從邪，介然守節，眞可謂『歲寒然後知松柏之後凋也』。」他徵傅喜還長安，進位特進。然而，傅喜是個有頭腦的精明人，雖然受到王莽的誇獎，終覺孤立無援，且憂且懼，不願與王莽同流合污。不久，他仍然回到封國去，並死在那裡，謚曰貞侯。

說到漢哀帝的外戚，不能不說董賢，因爲董賢的妹妹是漢哀帝的昭儀，其地位僅次於皇后。董賢，字聖卿，雲陽（今陝西淳化西北）人，只因長得眉清目秀，姿色柔媚，所以受到漢哀帝的寵幸，成爲弄臣。起初他只是個郎官，後升爲黃門郎，其父董恭也當上了光祿大夫。漢哀帝荒淫腐朽，貪戀男色，毫無節制，致使董賢「寵愛日甚，爲駙馬都尉侍中，出則以參乘，入御左右，旬月間賞賜累巨萬，貴震朝廷」。

一次，漢哀帝與董賢同床午睡，董賢的身子壓住了漢哀帝的衣服。漢哀帝醒來欲起床，卻又擔心驚動董賢，便取刀割斷衣袖，繼續讓董賢做他的美夢。漢哀帝極寵董賢，董賢也善隨帝意，憑一套阿諛逢迎的本領，極盡獻媚之能事。即使公休之日，也留在宮中侍奉皇帝。漢哀帝過意不去，破例准許董賢把妻子接進宮中居住。董賢投桃報李，將妹妹獻給漢哀帝，封昭儀。董賢夫婦加上董昭儀，整天陪伴漢哀帝尋歡作樂，形影不離。漢哀帝非常大方，賞賜他們錢財各以千萬計。董賢父親董恭升官爲少府，賜爵關內侯。董賢妻子的父親也官將作大匠，弟弟官執金吾。漢哀帝還爲董賢修建了豪華的府第，「重殿洞門，木土之功窮極技巧，柱檻衣以綈錦」。董賢家的奴僕、器物、珍寶等，盡是漢哀帝所賜，無不具備。董賢年紀輕輕，漢哀帝爲替他修建富麗堂皇的陵墓，周垣數里，就座落在自己陵墓義陵的旁邊。

接著，漢哀帝又封董賢爲高安侯，食邑三千戶。進而罷去舅舅丁明大司馬驃騎將軍的職務，讓董賢爲大司馬衛將軍，領尚書，專斷朝政。董賢時年只有二十二歲，其弟董寬信又爲駙馬都尉。董氏外戚的勢力一時超過了傅氏外戚和丁氏外戚。

匈奴單于一次朝見漢哀帝，見朝臣中有一青年大官，詢問其姓名。別人告訴他說：「他就是大司馬董賢，以大賢居位。」匈奴單于沒想到漢朝的大司馬竟然如此年輕，非常驚訝，一再起拜，祝賀漢得賢臣。董賢位列三公之首，就是丞相孔光也不敢得罪於他。史稱他的權力「與人主侔矣」，即權力與皇帝相等的意思。更有甚者，漢哀帝在一次宴會上，竟信口雌黃地說：「吾欲效法堯禪位於舜的故事，把皇位讓給董賢，怎麼樣？」

大臣們聽了無不驚愕。中常侍王閎大聲說：「天下乃高皇帝之天下，非陛下之有也。陛下承宗廟，當傳子孫於無窮。統業至重，天子口中無戲言！」

漢哀帝聽了此話，默然不悅。隨後下令把王閎趕出宴殿，從此再不讓參加宴會。

董賢金玉其外，敗絮其中，雖然位高權重，卻無一技之長，充其量只是個巧言令色的白面相公而已。西元前一年，漢哀帝病死。太皇太后王政君召見董賢，問以喪事調度，他全然不懂，根本回答不上來。王政君非常生氣，轉而命王莽負責辦理喪事。繼下令，罷去董賢的官爵，居家聽候處理。董賢知道事情不妙，當天與妻子一起自殺。家人惶恐，連夜將其草草埋葬。王莽懷疑董賢詐死，派人開棺審驗，又指使孔光上疏奏稱：「董賢質性巧佞，翼奸以獲封侯，父子專朝，兄弟並寵，多受賞賜，治第宅，造冢壙，放效無極，不異王制，費以萬萬計，國家為空虛……」

結果，董恭、董寬信及其親屬均遭放逐。抄沒董賢的家產，價值四十三億緡錢。這筆巨款，在「穀石三萬，人多餓死」的西漢末年，仍可買穀一千四百多萬石！《漢書》的作者班固評價說：「柔曼之傾意，非獨女德，蓋亦有男色焉。……董賢之寵尤盛，父子並為公卿，可謂貴重人臣無二矣。然進不由道，位過其任，莫能有終，所謂受之適足以害之者也。」這是對漢成帝寵信董氏外戚的辛辣嘲諷。

漢平帝岳父王莽
外戚擅權亂政直至篡位的典型

西元前一年，漢哀帝劉欣死，無子，皇位出現空缺。太皇太后王政君一言敲定，立漢元帝劉奭的另一個庶孫劉衎爲皇帝，是爲漢平帝。

漢平帝的父親是漢元帝的兒子、中山孝王劉興，母親叫衛姬。衛姬生父衛子豪，官至衛尉。衛子豪妹妹、長女分別是漢宣帝、漢元帝的婕妤，衛氏可謂是外戚世家。所以衛姬嫁劉興，完全是門當戶對，屬於親上加親。

漢平帝即位時年僅九歲，王政君臨朝，王莽秉政，總攬大權。按理說，漢平帝登基，應尊母親衛姬爲皇太后。但是王莽從中作梗，只拜衛姬中山孝王后，賜其兄弟衛寶、衛玄爲關內侯，並發布命令禁止衛姬及衛氏外戚到京師居住。衛姬思念兒子，日夜啼哭。王莽的長子王宇不滿父親的做法，慫恿衛姬以上書謝恩爲名，鼓動她前往長安。王莽大怒，竟殺了王宇，並盡誅衛氏外戚。他篡權以後，又把衛姬廢爲庶人。對於衛氏說來，當外戚並非什麼榮

耀，而是一場災難。

王莽誅滅衛氏外戚，自己搖身一變，成了漢平帝的岳父。王莽是一個集虛僞、奸詐、陰險、狠毒於一身的大野心家和大陰謀家，是歷朝外戚擅權亂政直至篡位的典型。

王莽，字巨君，是太皇太后王政君的侄兒。他的生父王曼早死，因此當王氏外戚封侯顯貴之時，唯獨他孤貧受窘，沒沒無聞。逆境使他養成一種折節恭謹、含而不露的本領，一面勤身博學，一面極力巴結王政君及顯達的伯父、叔父、兄弟們。大司馬大將軍王鳳患病，王莽衣不解帶，端湯端藥，日夜侍候。他的忠心贏得了王鳳的好感，所以王鳳死時，特地把他託付給王政君及漢成帝。王莽因此升任黃門郎，遷射聲校尉。叔父王商也說他的好話，使他得以封新都侯，食邑一千五百戶，繼遷騎都尉光祿大夫侍中。

王莽官高爵顯，依然僞裝謙恭。他廣交朝廷權貴及當世名士，騙取名聲，以致「虛譽隆洽，傾其諸父」。王政君的外甥淳于長封定陵侯，居九卿之位。王莽暗中搜羅淳于長的罪過，密告王根，致使淳于長伏誅。王莽因此又獲「忠直」的美名。王根辭職，舉王莽自代。漢成帝於是任命王莽爲大司馬，爲王莽篡漢開闢了道路。

其時，王莽仍不敢撕破「克己」、「儉約」的畫皮。一次，他的母親生病，公卿列侯前往探視，他的妻子出來迎接客人。人們但見王妻穿著粗布衣服，很短很舊，連膝蓋都遮擋不住，都以爲她是王莽家的奴僕。經詢問，方知她是王莽夫人，無不爲之心驚，由衷地欽佩王莽的爲人。

王莽任大司馬時，已經三十八歲。接著，漢成帝死，漢哀帝立，傅氏、丁氏外戚上臺，其勢咄咄逼人。王政君決意積蓄力量，避免與傅氏、丁氏外戚發生直接對抗，採取韜晦之策，勸王莽辭官居家，以靜待變。幾年裡，王莽杜門自守，深居簡出，不動聲色。他的第二個兒子王獲無故殺死一個家奴，王莽切責王獲不遵法度，令其自殺，裝出一副「大義滅親」的樣子。正因爲如此，許多人上書稱頌王莽，要求朝廷重用功德無比的「忠臣」。這樣，元壽元年（西元前二年），王莽又回到京師，官復原職。

王莽重新上臺，立即暴露出凶惡的嘴臉。適逢漢哀帝死，王政君賦予王莽極大的權力，讓他處理軍政大事。接著王莽出任大司馬，他又薦舉從弟王舜爲車騎將軍。漢哀帝死後，王氏外戚決定立九歲的劉衎爲帝，王政君以太皇太后身分臨朝，委政於王莽。王莽抓住機會，一舉鏟除了傅氏、丁氏、董氏外戚的勢力。就連漢成帝趙皇后、漢哀帝傅皇后，也被迫令自殺。

王莽懲治了異姓外戚，轉手對付異己朝臣。前將軍何武、後將軍公孫祿等相繼被罷官。紅陽侯王立是王莽的叔父，王莽畏憚他干涉自己專權，千方百計慫恿王政君，把他趕出朝廷。這樣一來，「附順者拔擢，忤恨者誅滅」，王莽在各重要部門安插了自己的親信、爪牙，朝廷內外，成了王莽的一統天下。

王莽生性狡猾，許多事情常不直接出面，而是鼓動心腹上書王政君，假姑母之手達到目的。元始元年（西元一年），他先令益州令向朝廷貢獻白雉，祭於宗廟；然後指使黨羽上書王政君，盛讚王莽「定策安宗廟」，功績可比漢初丞相蕭何。

王政君不解地問公卿說：「大司馬果眞有大功嗎？恐怕他是我的侄兒，所以你們才故意吹捧吧？」

眾公卿中不乏逢迎之徒，異口同聲地說：「王莽有定國安漢之功，宜賜號爲安漢公，上應古制，下准行事，以順天心。」

王政君稀里糊塗，同意封王莽爲安漢公。誰知王莽卻很「謙遜」，幾次上書推辭，拒絕受封。王政君迫不得已，專門頒詔歌頌王莽的「功德」，硬行封他爲太傅、安漢公，食邑三萬戶，並宣布：「定著於市，傳之無窮。」

王莽見時機成熟，這才「勉強」受策。他受策以後，既要取悅於眾庶，又要專斷朝政。爲此，他揣摩王政君的心理，意識到她年事已高，漸漸厭倦政事，於是又唆使爪牙，勸其不要「親省小事」，一切放手讓王莽去做。王政君不辨眞僞，准奏，說自己今後只過問封爵之事，其他事情均由王莽斷決。王政君一再遷就，使王莽的權力越來越大，「權與人主侔矣」。

王莽深懂「吃小虧佔大便宜」的處世之道。他爲了討得王政君的歡心與信任，曾上書表示，願意出錢百萬，獻田三十頃，以助貧民。遇到水災和旱災，他還裝模做樣地只吃素菜，不動葷酒。他的心腹把這件事彙報給王政君。王政君大受感動，專門派人給王莽傳話，說：「聞公菜食，憂民深矣。今秋幸熟，公勤於職，以時食肉，愛身爲國。」

王莽爲了鞏固自己的地位，又想把自己的女兒嫁給漢平帝爲皇后，嘗嘗當皇帝岳父的滋味。爲此，他假裝關心漢平帝，下令在全國爲漢平帝選后。一時間，各地送上成千上萬的美女名單，其中包括許多王氏外戚的女兒。

王莽擔心自己的女兒競爭不過別人，於是向王政君奏稱：「王氏外戚的女兒大多無德無才，不宜列爲皇后的候選人。」

王政君見王莽態度「誠懇」，信以爲眞，特地頒詔說：「王氏女子，朕之外家，一律勿採。」

「一律勿採」，等於王莽的女兒也當不成皇后。王莽這下子急壞了，趕緊組織千人，輪流給朝廷上書，又集體請願，說：「安漢公盛勛堂堂，其女自當立爲皇后，爲何把她排除在外？這樣做天下怎能歸命？因此，我等強烈要求安漢公女爲國母！」

王莽裝模作樣，派人出面制止，誰知越制止，上書、請願的人越多。王政君不明白是怎麼回事，準備聽憑公卿去辦。王莽卻假惺惺地說：「還是博選眾女爲好。」公卿們堅持說：「眾女不宜當皇后。」王莽又裝出無可奈何的樣子，說：「那好！不過請公卿先見見我女兒再說。」王政君點頭稱是，派人前去察看。所派的人都與王莽串通好了的，誰敢說王莽女兒的壞話？回報說：「安漢公女兒漸漬德化，有窈窕之容，宜承天序，奉祭祀。」

如此這般，這般如此，王莽的女兒終於成爲漢平帝的皇后，聘禮用了黃金二萬斤，相當於錢二億緡。王莽表現「慷慨」，僅收一小部分，而把大部分分給其他媵家及貧者。

王莽成爲皇帝的岳父，權勢更大了，爲之歌功頌德的人更多了，其媚言諛詞令人肉麻。就在這時，發生了呂寬爲衛氏外戚打抱不平，深夜持血灑於王莽府第的事件。王莽借此大做文章，誅滅異己，殺了數百人，天下震驚。接著，王莽又鼓動黨羽上書，吹捧他是商朝的伊尹、周朝的周公，請求加封。王政君、漢平帝聽他擺布，果眞加封他爲宰衡，位上公。他的妻子封功顯君，其第三子王安、幼子王臨，分別封褒新侯和賞都侯。此外還命令，所有官吏不得與王莽同名。王莽外出有特殊的儀仗，僅大車就有二十乘。不久，王莽又自請授予他「宰衡太傅大司馬印」，受九錫之命，入有門衛，出有騎士。這期間，他爲了彰揚自己的功績，派人到各地「觀風俗」，僞作民間歌謠，粉飾太平盛世，胡吹什麼「市無二價，官司無獄訟，邑無盜賊，野無饑民，道不拾遺，男女異路之制，犯者象刑」。其實，這純是無稽之談，在綠林、赤眉軍起義的前夕，哪有什麼「太平」可言呢？

西元六年，漢平帝劉衎患病。陰險的王莽一面虛情假意，祭天祭地，戴璧秉圭，表示願意替代漢平帝生病；一面認爲這是加速篡權步伐的極好機會，千萬不可錯過。於是，他凶狠地在酒中下毒，殺害了漢平帝。是年，漢平帝只有十四歲，王莽的女兒王皇后尙未成年便成了寡婦。

漢平帝死，劉氏宗室中有五十多人均有資格當皇帝。但是王莽嫌他們年長，不好駕馭和控制，所以專門挑選了年僅二歲的劉嬰即帝位，他便是孺子皇帝。

劉嬰剛立，王莽略施小計，命人從井中撈出一塊石頭，石頭刻有文字，曰：「告安漢公王莽爲皇帝。」王莽立即讓人把石頭呈獻給王政君，聲稱這是「符命」，體現了上天的意志。王政君不信，說：「此誣罔天下，不可施行！」但是，舉朝都是王莽的狐群狗黨，人人都幫王莽說話。王政君難違眾議，姑且先封王莽爲「假皇帝」，民臣謂之「攝皇帝」，改元曰「居攝」。

王莽篡漢又向前邁進了一大步。其時，王莽斷事的地方叫「攝省」，其府叫「攝殿」，其第叫「攝宮」，距「眞皇帝」的寶座僅有一步之遙了。

劉氏宗室及忠於漢朝的大臣見王莽野心勃發，行將篡漢，非常氣憤。他們有的起兵造反，有的謀劫王莽，但都沒有成功。王莽可不願處於被動挨打的處境，篡位步驟更加緊鑼密鼓地進行。西元八年，他策動上千人奏呈所謂的「符命」，都是「攝皇帝當爲眞」之類的謊言。王莽本人也一改常態，不再「謙遜」，公開要王政君讓他當「眞皇帝」。王政君尚存猶疑。王莽迫不急待，不管王政君同意與否，公然於西元九年廢掉劉嬰，自稱皇帝，把國號漢改爲新，建立了新莽政權。

王政君眼睜睜地看著劉漢江山被侄兒王莽奪走，心裡很不是滋味。接著，王莽派人向她索要傳國玉璽。這玉璽是秦始皇用稀世珍寶和氏璧雕刻而成，象徵著國家權力，漢朝皇帝世世相傳，王莽做夢都想得到它。前往索要玉璽的是王莽的從兄王舜，封安陽侯。王舜畏畏縮縮地去見王政君，拐彎抹角地說明來意。王政君直氣得渾身哆嗦，指著王舜的鼻子罵道：「你們王家父子宗族靠劉漢家的力量，富貴累世，不思圖報，卻趁便利時，奪取其國，眞是豬狗不如！天下還有你們這樣的兄弟嗎？王莽既然廢漢立新，就應當自製玉璽，爲什麼向我要這不祥之物？我是劉漢家的一個老寡婦，早晚就死，想將這玉璽帶進棺材，竟然不能！眞是……」她罵著罵著，早已泣不成聲，左右皆垂淚。

王舜相當圓滑，不以「豬狗」爲恥，軟中帶硬地說：「臣等無話可說，只是王莽他一定要得到這傳國玉璽，太后能不給嗎？」

王政君情知玉璽保不住，遂取出使勁摔到地上，說：「我老了，很快就要死了，你們兄弟，怕是要滅族的。」由於用力過猛，璽鈕上的蟠龍被摔去了一角。

王莽得到了傳國玉璽，樂得眉開眼笑，當即下令在未央宮置酒，犒勞他的文臣武將。他立妻子王氏爲皇后，王臨爲皇太子，王安爲新嘉侯；長子王宇的六個兒子俱封公爵：王千爲功隆公，王壽爲功明公，王吉爲功成公，王宗爲功崇公，王世爲功昭公，王利爲功著公。

王莽稱帝，姑母王政君爲了表明自己是「漢家老寡婦」，仍然佩戴漢家太皇太后的印綬。這使王莽感到難堪。恰有王諫善拍馬屁，上書王莽說：「皇天廢去漢而命立新室，太皇太后不宜稱尊號，當隨漢廢，以奉天命。」

王莽把王諫的奏書送給王政君。王政君看後，板著面孔冷笑說：「此言是也！」言外之意是，你愛怎麼辦就怎麼辦吧！

王莽察言觀色，聽出了王政君話裡帶刺，趕忙討好地說：「這是逆臣之言，罪當誅！」結果，那個王諫因爲拍馬屁，白白地斷送了性命。

不久，冠軍侯張永替王莽出了個主意，假造一枚銅璧，上刻「太皇太后當為新室文母太皇太后」的字樣，謊稱這是新發現的「符命」。王莽大喜，立命照辦，而且採取「先斬後奏」的策略，先用詔書頒告天下，造成既成事實，然後選擇吉日，強行給王政君奉上新的印綬。這樣，「漢家老寡婦」又獲得一個新頭銜：「新室文母太皇太后」。

王政君當了新室文母太皇太后，心情鬱結，悒悒寡歡。因為她每想到歷時二百多年的劉漢王朝斷送在自己手中，內心常有一種負罪之感。

王莽為了討她的歡心，想了不少辦法，其中一條是拆毀漢元帝的陵廟，新建一座長壽宮，以便日後作為新室文母太皇太后的陵廟。王政君做夢也沒有想到，王莽竟敢把自己丈夫的陵廟拆毀！她很傷感，流著淚說：「這漢家宗廟，皆有神靈，怎能毀壞呢？」她由此想到王莽的為人，悄聲地對左右侍從說：「此人對神靈大不敬，在位還能長久嗎？」然而她可曾想過：王莽從外戚起家，一步一步地篡漢自立，不正是她苦心提攜的結果嗎？

王莽建立新朝，所做的主要事情是復古改制：將全國土地改稱「公田」，奴婢改稱「私屬」，都不得買賣，宣稱一家不滿八個男子而佔田超過一井（九百畝）的，餘田須分與親族鄰里，無田的按一夫一妻受田百畝的規定分配，企圖實現古代的井田制。並推行五均六筦（筦，讀作管），以控制和壟斷工商業，增加稅收。

屢次改變幣制，鑄造「錯刀」、「契刀」、「大泉五十」等貨幣，大量掠奪財富。還恢復古代的五等爵，經常改變官制。所有這些，史稱「王莽改制」。王莽改制，進一步激化了社會矛盾和階級矛盾，加深了人怕苦難，終於爆發了綠林、赤眉軍大起義。

地皇四年（西元二三年）十月，綠林、赤眉軍領袖王鳳、王匡、樊崇等擁立更始皇帝劉玄，率領浩蕩蕩的起義軍攻入長安城，攻打皇宮。王莽死到臨頭，還愚蠢地身披青紅色袞服，佩帶璽綬，手持匕首，祈求上天護佑，說什麼「天生德於予，漢兵其如予何？」起義軍火燒未央宮，王莽倉皇逃至建章宮太液池的漸台，負隅頑抗。雄赳赳，氣昂昂的起義軍重重包圍了漸台，雙方先以弓弩互射，繼而短兵相接，展開了肉搏戰。這時，王莽手下一個叫杜吳的人出於對王莽倒行逆施的憎恨，憤而殺死王莽，取其印綬。起義軍趁勢擁入，割下王莽的腦袋，肢解其屍身。歷時十五年的新莽政權覆滅，大野心家和大陰謀家王莽落得個身敗名裂的下場。

王莽始起外戚，靠姑母王政君的庇護及自己的僞裝，爬上了高位，直至篡奪了漢朝天下。篡位之後，「乃始恣睢，奮進威詐，滔天虐民，窮凶極惡，毒流諸夏，亂延蠻貉，猶未足逞其欲也。」「是以四海之內，囂然喪其樂生之心，中外憤怨，遠近俱發，城池不守，肢體分裂，遂令天下城邑爲墟，丘壟發掘，害遍生民，辜及白骨，自書傳所載亂臣賊子無道之人，考其禍敗，未有如莽之甚者也。」班固在《漢書》裡的這段評論，是比較實在的，用「亂臣賊子無道之人」來概括王莽的一生，那是再恰當不過了。

東漢光武帝妻兄、妻弟

榮華富貴，別無所求

西元二十五年，劉漢宗室、南陽豪強劉秀從綠林、赤眉起義軍手中奪取了勝利果實，即位稱帝，定都洛陽，建立了東漢王朝。劉秀就是東漢光武帝。

光武帝先後立過兩個皇后：郭聖通和陰麗華。自然，郭氏、陰氏外戚便是其主要皇親。

郭聖通，眞定稾縣（稾，讀作稿，今河北柏鄉）人，出生於豪門望族。其父郭昌，在西漢時任郡功曹，娶眞定恭王劉普（漢景帝第七代孫）的女兒，號郭主。這個郭主便是郭聖通的生母。郭主雖然生於王侯之家，但好禮節儉，有母儀之德。更始二年（西元二十三年）春，劉秀打仗路過稾縣，見郭聖通美貌，納爲妻。及即位，先封她爲貴人，繼立她爲皇后。

郭昌早死，郭聖通的胞弟郭況蒙受皇恩，十六歲時拜黃門侍郎，繼封綿蠻侯。郭況因是皇帝的小舅子，加之爲人謹愼，謙恭下士，所以頗得聲譽，賓客輻輳。建武十四年（西元三十八年），官遷城門校尉。

隨著歲月的流逝，光武帝對郭皇后的感情漸漸冷淡，另有所寵。這使郭皇后非常傷心，難免要發怨恨之言。建武十七年（西元四十一年），光武帝終於頒布詔書，說：「皇后懷執怨懟（懟，讀作對，怨恨），數違教令，不能撫循他子，訓長異室。宮闈之內，若見鷹鸇（鸇，讀作沾，鳥名）。既無關雎之德，而有呂霍（指呂雉和霍光女兒）之風，豈可託以幼孤，恭承明祀？」詔書宣布廢郭皇后，改立陰麗華爲皇后。

郭聖通被廢，並未影響郭氏外戚享受榮華富貴。光武帝把郭況徙封爲陽安侯。郭聖通的從兄郭竟官騎都尉，封新郪侯。從弟郭匡官太中大夫，封發干侯。

就連其叔父郭梁的女婿陳茂，也以恩澤封爵爲侯。接著，郭況又升任大鴻臚，光武帝多次率領公卿大臣至其家飲宴，賞賜金錢絹帛，豐盛莫比。因此郭況家財極多，京師稱其家爲「金穴」。

建武二十六年（西元五〇年），郭主死，光武帝親自臨喪送葬，並遷來郭昌的靈柩，與之合葬，追贈郭昌陽安侯印綬，謚曰思侯。郭況的兒子郭璜，尚光武帝的女兒淯陽公主，授郎官。

西元五十七年，光武帝駕崩，皇太子劉莊繼位，是爲東漢明帝。漢明帝同樣尊寵郭氏外戚，郭況升任特進。不久，郭況死，漢明帝親自臨喪，贈賜甚厚，謚曰節侯。漢明帝時，郭竟初爲騎將，又拜東海王相。漢章帝劉炟時，郭竟的孫子郭勤封伊亭侯，郭匡的孫子郭駿封觀都侯。漢和帝劉肇時，郭璜升任長樂少府，其子郭舉任侍中，兼射聲校尉。郭舉參與了竇憲的謀逆活動，事發，與郭璜俱下獄死。郭勤、郭駿無子，國除，郭氏外戚遂從政治舞臺上消失。

陰麗華，南陽新野（今河南新野）人。劉秀當初到過新野，聽說她長得非常美麗，欽慕不已。後來，劉秀又到長安，見皇帝的執金吾車騎豪華氣派，同樣欽慕不已。因此，他由衷地發出慨嘆說：「仕宦當作執金吾，娶妻當得陰麗華。」

更始元年（西元二三年），他如願以償，娶了陰麗華為妻。光武帝稱帝後，封陰麗華為貴人。

陰麗華雅性寬仁，本當立為皇后，但考慮到郭聖通已生子劉莊，母以子貴，她便禮讓郭聖通，讓其成為皇后。正因為如此，光武帝對於陰麗華非常敬重，對於陰氏外戚也格外有感情。建武九年（西元三三年），陰麗華的母親鄧氏、弟弟陰欣被盜匪劫殺。光武帝極其悲傷，頒詔大司空說：「吾微賤之時，娶於陰氏，因將兵征伐，遂各別離。幸得安全，俱脫虎口。以貴人有母儀之美，宜立為后，而固辭弗敢當，列於媵妾。朕嘉其義讓，許封諸弟。未及爵土，而遭患逢禍，母子同命，愍傷於懷。」為此，他追謚陰麗華的父親陰陸為宣恩哀侯，其弟陰欣為宣義恭侯，另一個弟弟陰就嗣襲宣恩侯。

陰氏外戚中有兩個人事蹟突出：一是陰麗華的同父異母兄長陰識，一是她的胞弟陰興。

陰識，字次伯，其先祖可以追溯到春秋時期齊國的大政治家管仲。管仲的第七代孫管修從齊國遷居楚國，做了陰縣（今湖北光化）的大夫，改姓陰。秦漢之際，陰氏家族搬住新野。王莽篡漢以後，實行「改制」，民不聊生，爆發了綠林、赤眉軍起義。劉氏宗室劉縯、劉秀也趁機起兵，力圖恢復劉漢帝業。其時，陰識正在長安求學，聽說劉縯起兵，迅速棄學而歸，率陰氏子弟、宗族、賓客千餘人，投奔了劉縯。劉縯以陰識爲校尉，繼遷偏將軍。在對王莽的戰爭中，陰識領兵有方，作戰勇敢，屢建功勛，因此於更始二年（西元二四年）被封爲陰德侯，行大將軍事。

這時，劉秀已娶了陰麗華，陰識就是劉秀的妻兄。劉縯死，劉秀成了軍隊的統帥。不久，劉秀在鄗縣稱帝，陰識陪著陰麗華到了新定的國都洛陽。光武帝賞識陰識的才幹，拜他爲騎都尉，改封爲陰鄉侯。次年，光武帝因陰識的征伐軍功，決定給他增封。陰識卻叩頭推辭，說：「天下初定，將帥有功者很多，臣乃陛下親戚，增封爵邑，不可以示天下。」

陰識居功不驕、謙恭辭封的品德，使光武帝深受感動。光武帝隨後任命他爲關都尉，鎮守函谷關。繼遷侍中。但陰識以母病爲由，很快辭去了這一職務。建武十五年（西元三九年），陰識定封爲原鹿侯。劉莊被立爲皇太子，陰識任執金吾，輔導東宮。光武帝每次外出巡幸，都留陰識鎮守京師，委以統領禁軍的重任。

陰識眾人正派，在皇帝面前敢於直言，而在賓客面前絕不談國事。光武帝多次指著陰識，訓誡皇親國戚，激勵左右隨從，要他們以陰識爲榜樣，嚴於律己，顧全大局，努力效忠於朝廷。

漢明帝劉莊時，陰識官拜執金吾，位特進。永平二年（西元五十九年）去世，贈以本官印綬，謚曰貞侯。

陰識的兒子叫陰躬，孫子叫陰璜。漢安帝劉祜時，陰璜被家奴殺害。陰躬的侄兒陰綱，後來是漢和帝劉肇的岳父，封吳房侯。陰綱有三個兒子：陰軼、陰輔、陰敞，都官黃門侍郎。陰綱父子捲入了宮闈內部爭寵奪愛的鬥爭，結果陰綱自殺，陰輔下獄死，陰軼、陰敞被處以流放。

陰興，字君陵，身材高大，很有勇力。光武帝即位後，他為黃門侍郎，守期門僕射，典將武騎，跟隨光武帝南征北戰，出力頗多。他處處注意保護皇帝的安全，皇帝外出，他必手持傘蓋，為之遮風擋雨。皇帝下榻之處，也要先經過他檢查，確信萬無一失時方才進住。他待人處事，比較誠實，好就是好，壞就是壞，絕不感情用事，所以時人都稱讚他「忠平」。

建武九年（西元三十三年），陰興遷侍中，賜爵關內侯。後來，光武帝因他是小舅子，要予以加封，並把印綬放到他的面前。陰興同陰識一樣，也堅決推辭，說：「臣未有先登陷陣之功，而一家數人並蒙爵土，令天下觖（觖，讀作為，不滿足）望，誠為盈溢。臣蒙陛下、貴人（指陰麗華）恩澤至厚，富貴已極，不可復加，至誠不願。」

光武帝對於他的謙讓，很是欣賞，也就不予加封。陰麗華不解，問弟弟這是為什麼？陰興說：「姐姐沒聽說過『亢龍有悔』這句古話嗎？外戚之家若不知謙退，嫁女欲配侯王，娶婦眄睨（眄睨，讀作勉膩，斜視的樣子）公主，愚心實不安也。富貴有極，人當知足，誇奢競侈，必為世人譏笑。」陰麗華聽了弟弟的話，覺得很合情理，所以深自降挹，始終不為宗親謀取私利。

建武十九年（西元四十三年），陰興官拜衛尉，並輔導皇太子。次年，光武帝患病，爲了防止發生意外，命陰興爲侍中，受顧命。不久，光武帝病癒，專門召見陰興，要拜他爲大司馬。陰興貴有自知之明，叩頭流涕，推辭說：「臣不敢惜身，誠虧損聖德，不可苟冒。」光武帝見其態度誠懇，也就作罷，不再勉強。

建武二十三年（西元四十七年），陰興病故，時年只有三十九歲。漢明帝劉莊即位後，頒詔盛讚陰興的爲人，誇他「輔導聯躬，有周昌（西漢初期大臣，以正直聞名）之直；在家仁孝，有曾閔（指孔子學生曾參和閔損，以孝道聞名）之風」。封其子陰慶爲鮦（鮦，讀作同）陽侯，陰博爲隱強侯，陰員、陰丹爲郎官。

陰就也是陰麗華的胞弟，嗣封宣恩侯後又改封新陽侯。此人極善談論，朝臣莫及，然性格剛傲，不得眾譽。漢明帝時，陰就官少府，位特進，其子陰豐尚漢明帝之妹酈邑公主。酈邑公主又嬌又妒，陰豐也很狷急，夫妻不和，陰豐竟殺了酈邑公主。漢明帝大怒，處死陰豐，陰就受株連，畏懼自殺。

光武帝劉秀的外戚，郭況也好，陰識、陰興也好，從總體上看都是不錯的，不居功，不自傲，不專權，不亂政，實屬難得。然而他們的兒孫不肖，長久的榮華富貴使之養成種種惡習，或貪婪權勢，或凶狠殘暴，最後導致身敗名裂，全沒有好的結果。

東漢明帝岳父馬援

一代名將，死後蒙冤

西元五十七年，東漢光武帝駕崩，皇太子劉莊順理成章地繼承皇位，就是東漢明帝。漢明帝皇后馬氏美貌賢慧，婉靜沉穩，通情達理，堪稱后妃典範。這與她的出身、經歷有關。馬氏外戚得以成爲東漢重要的外戚之一，受人敬仰。

馬皇后的父親叫馬援，字文淵，扶風茂陵（今陝西興平）人。馬援的先祖是戰國時期趙國的名將趙奢，趙奢號曰馬服君，其後裔遂以馬爲姓。馬援的曾祖父馬通，在西漢武帝時，因功封重合侯。他的三個哥哥馬況、馬餘、馬員，並有才能。馬援生於西漢成帝永始三年（西元前十四年），十二歲的時候就死了父親，「少有大志，諸兄奇之」。好心的哥哥希望他走飽讀詩書、白首窮經的道路。然而時值亂世，民不聊生，馬援不願坐在書齋裡尋章摘句，浪費光陰。他經過考慮，決定「就邊郡田牧」。馬況了解這個弟弟，表示支持，說：「汝大才，當晚成。良工不示人以樸，且從所好。」可惜，馬況不久病死，馬援爲兄長守喪，日夜不離陵墓。喪滿，他爲郡督郵，一次押送囚犯，感到囚犯可哀可悲，產生憐憫之心，把囚犯放了，自己逃亡北地（今甘肅慶陽西北）。朝廷實行大赦，他遇赦不歸，留於邊郡畜牧。賓客爭相歸附，下屬達到數百家。他帶領這支游牧的群眾，過著遊蕩無定的生活，致有牛馬羊數千頭、穀數萬斛。但是，頗有大志的馬援並不以此爲滿足，常對賓客們說：「丈夫爲志，窮當益堅，老當益壯。」繼而嘆道：「凡殖貨財產，貴其能施賑也，否則守錢虜耳。」爲了匡時濟世，施展抱負，他毅然散盡錢財，廣交英雄豪傑，自己身衣羊裘皮悉，粗茶淡飯足矣。

王莽篡漢，以馬援爲新城大尹，即今陝西漢中的太守。王莽敗亡，馬援與其兄馬員避難於隴西。隴西豪閥隗（隗，讀作委）囂稱霸一方，擅自稱帝，建立了割據政權。隗囂敬重馬援，任命他爲綏德將軍，參決籌策，倚爲心腹。

蜀地豪閥公孫述見隗囂當了皇帝，不甘落後，也在地險眾附、物華天寶的蜀地稱帝。隗囂不明公孫述的底細和志向，特派馬援前去察看情況。

馬援和公孫述既是同鄉，又是好友，關係密切。馬援赴蜀，沒料想公孫述趾高氣揚，擺出皇帝接見臣僚的架勢，會見馬援，顯示威風。他要封馬援爲列侯，官大將軍。馬援笑了笑，沒有答應，事後對隨行的賓客說：「天下雌雄未定，公孫述不吐哺走迎國士，與圖成敗，反修飾邊幅，如偶人形。此子促足久稽天下士乎？」

馬援回歸隴西，告訴隗囂說：「公孫述不過是井底的青蛙，而妄自尊大，不如專意東方。」「專意東方」，就是要隗囂結交、歸附東方的光武帝劉秀。

建武四年（西元二十八年），馬援奉隗囂之命來到洛陽。光武帝盛情接待，笑著說：「卿遨遊於隗囂、公孫述兩個土皇帝之間，今見卿，使人大慚。」

馬援實話實說，也笑著說：「當今之世，非獨君擇臣，臣亦擇君矣。臣前至蜀，公孫述手下持刀荷戟，然後才予接見。臣今遠來，陛下何知非刺客奸人，而簡易輕率如此？」

光武帝聽了，哈哈大笑說：「卿非刺客，怕是說客吧？」

馬援見光武帝詼諧幽默，平易近人，誠懇地說：「天下反覆，盜名字者不可勝數。今見陛下，恢廓大度，同符高祖（指劉邦），乃知帝王自有眞也。」

光武帝聽了這番話，很覺受用。他領著馬援參觀瀏覽了洛陽的一些地方，然後派太中大夫來歙（歙，讀作舍）持節護送馬援回隴西。

馬援與隗囂非常親近，二人經常「共臥起」。隗囂詢問洛陽的情況，馬援如實彙報，說：「前到朝廷，皇上數十次接見，每接宴語，自夕至旦，才明勇略，非人敵也。且開心見誠，無所隱伏，闊達豪放，經學博覽，政事文辯，前世無比。」

隗囂對於馬援極力推崇東漢皇帝，心中不悅，但還是非常信任馬援，決定歸附「東方」。爲此，他派馬援護送自己的長子隗恂到洛陽充當人質，以示歸附的誠意。

馬援再次前往洛陽，從此就算歸附東漢了。但是，光武帝並沒有重用馬援。馬援全不計較，自請到關中一帶屯田。他的請求得到許可，於是便遷居長安，專心負責屯田事宜。

隗囂聽信小人讒言，認爲馬援的行爲是一種背叛，所以在歸附問題上產生了動搖，轉而想和公孫述聯手。馬援致書隗囂，曉以利害關係。隗囂不聽，反而大怒，盲目地發兵進攻東漢。

東漢西方形勢吃緊。馬援上書朝廷，要求面見皇上，陳述消滅隗囂之策。光武帝召見馬援。馬援憑在隴西多年的經歷，對當地的山川形勢及隗囂軍情瞭如指掌。因此，他所獻方策，均被光武帝採納。光武帝還撥精銳騎兵五千人，由馬援調度。馬援利用自己與隗囂部屬的關係，往來遊說，極陳禍福利害，使隗囂手下將領高峻、任禹等各懷異心，羌族豪強亦持觀望態度。這就等於將隗囂孤立了起來。

爲配合馬援的遊說活動，光武帝決定調集大軍，親征隗囂。可是許多漢將貪生怕死，竭力阻止皇帝親征，致使光武帝中途裹足不前。馬援深夜面見光武帝，分析隗囂的處境，指出隗囂將帥離心傾向空前嚴重，頗有土崩瓦解之勢，抓住有利時機用兵，肯定能將敵人一舉殲滅。他還在光武帝面前聚米爲山谷，指畫地形，展示進軍路線，分析曲折，一目了然。

光武帝見馬援知己知彼，分析透徹，高興地說：「虜在吾目中矣。」從而堅定了親征的決心，下令進軍。結果正如馬援所料，隗囂的軍隊不堪一擊，一觸即潰。

建武九年（西元三十三年），隗囂懷著懊悔與憤怒的心情死去，其子隗純繼位。光武帝不讓隗純有喘息的機會，命來歙爲統帥，馬援爲太中大夫，率領大軍進攻隗純。歷時不到兩年，隗純投降，隴西廣大地區盡歸東漢所有。

馬援在平定隴西隗囂的戰爭中建立了特殊的功勛，接著被任命為隴西太守，平息西羌的叛亂。馬援受命，有勇有謀，每戰必勝，先後殲敵數千人，奪獲馬牛羊數萬頭。一次戰鬥中，流矢射中了他的小腿，他帶傷指揮，身先士卒，給將士們極大的鼓舞。事後，劉秀頒發璽書慰問，親賜牛羊數千頭。馬援慷慨義氣，把所有牛羊分賞給將士，自己一無所取。

其時，朝臣對平息西羌產生了意見分歧，有人主張放棄路遠敵多的破羌縣（今青海民和西）。馬援表示異議，上書說：「破羌以西，城池堅固，易守難攻，而且土地肥沃，水利工程完善，灌溉便利，一旦落入羌人之手，必為害不止，絕不應放棄。」

光武帝接受了馬援的意見，詔令堅守破羌縣，同時命武威太守發布文告，動員流民返回家園，發展生產。相繼回歸的有三千餘人。馬援組織他們修建城郭，興修水利，勸以耕牧，設置官吏，自己管理自己，使那裡很快繁榮起來，人民安居樂業。

建武十三年（西元三十七年），又一支羌人勾結異族發動叛亂。馬援率四千兵馬予以反擊，將之圍困於山上，奪其水草，不與交戰。羌人水絕糧盡，迫不得已，其首領只好率領部族十萬戶逃亡出塞，不願出塞的萬餘人悉降馬援。至此，西羌戰事告一段落。

馬援待人處事，注重恩信、寬厚的原則，善恤部下，廣交朋友，任吏以職，層層負責，自己只管大事，不管小事。這使他在軍隊中建立起很高的威望，賓客故人，日滿其門。一次有人向他報告公事，他說：「這是長吏和掾屬的職責，何必來麻煩我？請你可憐可憐我這個老頭子，讓我安心地遊山玩水吧。如果有土豪劣紳欺侮小民，或者有狡猾的羌人打家劫舍，那才需要我太守過問哩！」又一次，狄道縣（今甘肅臨洮東）有人報復私仇，發生流血衝突。官民震驚，傳言羌人叛亂，惶恐不安。狄道縣令飛馬向馬援報告，建議關閉城門，發兵前往鎮壓。馬援正與賓客飲酒，聽了報告，哈哈大笑說：「羌人怎敢再來侵犯我？告訴狄道縣令，讓他回家睡覺，實在害怕的話，可鑽到床底下去！」狄道縣的事件很快平息，實踐證明所謂羌人叛亂完全是一場虛驚。由此，郡人無不佩服馬援，在關鍵時刻能鎮定自若，料事如神。

馬援屢屢建立功勛。光武帝深感欣慰，提拔他爲虎賁中郎將，讓他回到洛陽。

馬援不僅精於軍事，而且熟悉經濟學和儒學，經常向朝廷提出很好的建議。當時，幣制混亂，流通不便。馬援建議重鑄五銖錢，從十三個方面闡述了使用五銖錢的好處。光武帝採納其建議，天下咸稱方便。馬援還擅長進對，尤善講述前世史事，經常聚眾講史，聽者樂而忘倦。馬援又善兵策。光武帝常說：「伏波論兵，與我意合。每有所謀，未嘗不用。」

「伏波」是伏波將軍的省稱，即指馬援。建武十六年（西元四〇年），交阯郡（今越南河內）一帶發生民變，首領是兩個女子：征側和征貳。很快佔領六十餘城，征側還自立爲王。光武帝接到警報，任命馬援爲伏波將軍，率兵前往鎮壓。因爲路途遙遠，氣候潮濕，行軍打仗非常困難。馬援不畏艱險，緣海進兵，逢山開道，遇水架橋，日夜兼程，進抵交阯。經過交戰，斬首數千級，俘擄萬餘人，並殺了征側和征貳。

馬援再次立功，封新息侯，食邑三千戶。馬援犒勞將士，率領他們乘勝前進，追殲征側、征貳的餘黨，大獲全勝。

建武二十年（西元四十四年），馬援班師回洛陽。光武帝為了表彰他的功績，專門賜予兵車一乘，讓他坐在車上和九卿見面。其時，馬援已是年近花甲的老人了，但仍老驥伏櫪，壯心不已。他對好友孟冀說：「而今，匈奴、烏桓還在北方不斷騷擾邊塞，我一心想請兵征伐。大丈夫應當戰死於邊野之地，用馬革裹屍還葬，怎能躺在病床上，在女人和孩子們的哭泣聲中死去！」

這段話留給後世一句「馬革裹屍」的成語，成為激勵中華兒女保家衛國、效死疆場的響亮號角。

馬援是這樣說的，也是這樣做的。當匈奴、烏桓南侵的時候，馬援自告奮勇，請求領兵迎擊。匈奴、烏桓早聞馬援的威名，見其出師，嚇得龜縮退去。

建武二十四年（西元四十八年），馬援已經六十二歲了，仍請領兵支持武威將軍劉尚，攻擊武溪（今湖南沅陵西南）蠻夷的叛亂。光武帝嫌其年老，不許。馬援說：「臣尚能披甲上馬！」說罷，他縱身跳上戰馬，據鞍四顧，英氣勃發。光武帝由衷地喝采說：「好一個神采飛揚的老頭！」當即批准他統領四萬人馬出征。

馬援出征前夕，告別友人杜愔（愔，讀作音），說：「我受厚恩，年事已高，常怕一病而終，不能為國戰死。今獲所願，甘心瞑目。只是大軍中有很多權貴子弟任職，或為助手，或爲從事，恐怕難以調遣。這一點使我最擔心哪！」

馬援的擔心是有道理的。他從軍多年，功勛卓著，難免遭人忌恨。特別是一些權貴子弟，時刻都在找茬，攻擊他和誣陷他。馬援的軍隊起初還比較順利，打了一些勝仗，後來因爲地險、瘟疫、糧缺，仗越來越不好打。馬援自己也染上瘟疫，戰事非常艱難。

這時，中郎將耿舒、耿弇（弇，讀作淹）兄弟趁機上書告馬援的黑狀，誣衊他消極怠戰。光武帝不問青紅皀白，派遣虎賁中郎將梁松前往追查馬援的罪責，並充任監軍。梁松尙未到達，馬援病死於軍中。

梁松是光武帝的女婿，原與馬援有隙。在死無對證的情況下，他故意栽贓陷害，羅織馬援的罪名，報告光武帝。光武帝大怒，下令追收了馬援的新息侯印綬。

馬援原先南征交阯的時候，爲了防止瘟疫，常吃一種特效藥——薏苡（薏苡，讀作意以，一種植物）的種子。馬援班師，特將薏苡種子裝了滿滿一車，載回洛陽。一些奸佞之徒以小人之心度君子之腹，猜想車裝的一定是金銀珍珠，無不爲之眼紅。馬援死後，梁松等人報告光武帝，說有這麼回事。光武帝更加惱怒，甚至不准馬援的家屬按規定安葬馬援。馬援的妻子及侄兒馬嚴誠惶誠恐，自縛草繩，詣闕請罪。光武帝把梁松的奏書扔給他們看，他們方知前因後果。於是，孀侄二人上書訴冤，前後六次，反覆說明馬援用車載回的不是什麼金銀珠寶，而是防止瘟疫的薏苡。光武帝派人調查，確如所言，這才消解了怒氣，准予安葬馬援。

不久，馬援的好友朱勃上書，全面評價馬援的功績，特別指出：「馬援得事朝廷二十二年，北出塞漠，南渡江海，觸冒害氣，僵死軍事，名來爵絕，國土不傳。海內不知其過，眾庶未聞其毀，卒遇三夫（指耿舒、耿弇、梁松）之言，橫被誣罔之讒，家屬杜門，葬不歸墓，怨隙並興，宗親怖慄。死者不能自列，生者莫爲之訟，臣竊傷之。」

這篇奏書仗義執言，字字句句，擲地有聲。光武帝閱後未置可否，只命朱勃歸還田里了事。

一代名將，死後蒙冤，世人無不扼腕嘆息。

馬援之侄馬嚴生性剛直，對朝廷、世人不能公正地對待馬援義憤塡膺。馬援共有四個兒子、三個女兒。馬嚴果斷地給皇帝上書，揭露權貴欺凌馬家孤兒寡女的情況，要求送馬援一個女兒進掖庭。馬嚴在書中說：「臣叔父馬援孤恩不報，而妻子特獲恩全，戴仰陛下，爲天下父。人情既得不死，便欲求福。竊聞太子、諸王妃匹未備，馬援有三女，大者十五，次者十四，小者十三，儀狀髮膚，上中以上。皆孝順小心，婉靜有禮。願下相工，簡其可否。如有萬一，馬援不朽於黃泉矣。」

光武帝大概覺得有愧於馬援，便命人挑選了馬援的小女兒入宮，侍候皇太子劉莊。後來劉莊繼位，寵幸馬氏，封她爲貴人，繼立爲皇后。

馬援的女兒成了皇后，馬氏外戚終於有了出頭之日。但是，由於馬皇后頭腦清醒，高瞻遠矚，所以馬氏外戚並沒有干權亂政。馬援的四個兒子馬廖、馬防、馬光、馬客卿，都是普通的皇親國戚，沒受任何封賞。漢章帝劉炟時，尊馬皇后爲皇太后，欲給諸舅封官賜爵，但馬太后堅決不同意。一年夏天大旱，一些佞臣以爲是不封外戚之故，要求宜依舊典，重封馬氏外戚。馬太后讓漢章帝專門頒詔，一針見血地指出：「凡言事者皆欲媚聯以邀福耳。」接著指出；「田蚡、竇嬰，寵貴橫恣，傾覆之禍，爲世所傳。故先帝防愼舅氏，不令在樞機之位。」

漢章帝有些過意不去，誠懇地請求說：「漢興，舅氏之封侯，猶皇子之爲王也。太后誠存謙虛，奈何令臣獨不加恩於諸舅乎？」

馬太后並不讓步，堅持說：「馬氏無功於國，豈能與光武帝時陰氏、郭氏相比？常觀富貴之家，祿位重疊，猶再實之木，其根必傷。且人所以願封侯者，欲上奉祭祀，下求溫飽耳。……吾計之熟矣，勿有疑也。」

馬援的妻子、馬太后的母親於永平十七年（西元七十四年）去世，其墳墓稍微高了些。馬太后心甚不安，讓哥哥馬廖適當削減，不要使其過於顯眼。馬太后對外親的要求極爲嚴格，凡有謙素義行者，她予以鼓勵褒獎；凡有纖介惡行者，她予以訓斥譴責；凡驕奢淫逸違法者，她一概與之斷絕來往，除屬籍，遣歸田里。

直到建初四年（西元七九年），漢章帝才封三個舅舅馬廖、馬防、馬光爲列侯。馬廖三兄弟知道馬太后的脾氣和秉性，一再辭讓，最後只願受封有爵無權的關內侯。

馬太后一如既往，堅決反對兄長受封侯爵。馬廖兄弟體諒妹妹的用心，封爵以後就退職歸第，居家不問政事。馬氏外戚在當時能夠這樣做，應該說是很了不起的。

東漢章帝妻兄竇憲
驕縱跋扈，最終自殺

東漢章帝劉炟（炟，讀作打）於西元七十五～八十八年在位，是東漢的第三個皇帝。漢章帝的外戚主要有兩家：竇氏和梁氏。其中，竇氏外戚人多勢大，是中國外戚史上最有影響的家族之一。

漢章帝所立的皇后爲竇氏，扶風平陵（今陝西咸陽西北）人。竇氏出生於一個世代皇親國戚、公卿巨宦的家庭。早在西漢文帝時，就出現過一位竇皇后，其後爲皇太后和太皇太后，控制朝政，很是威風。竇氏家族繁衍不絕，歷代都有人在朝廷爲官。資格最老的是竇融，西漢末任強弩將軍司馬，封建武男，王莽時任波水將軍。王莽滅，他趁亂割據河西一帶，自稱河西五郡大將軍。東漢光武帝劉秀認識到竇融是對付隗囂、公孫述的可用力量，致書予以招降。竇融於是歸附東漢，任涼州牧。在平定隗囂與羌人叛亂的戰爭中，竇融建立了功勛，封安豐侯，食邑四縣。其弟竇友封顯親侯，官奉車都尉；從弟竇士也官太中大夫。

竇融對於自家兄弟所受的待遇感到不安，上書推辭。光武帝說：「吾與將軍如左右手耳，數孰謙退，何不曉人意？勉循士民，不要擅離部曲。」光武帝統一全國以後，更加器重竇融，拜他爲冀州牧，遷大司空，又加位特進，行衛尉事，兼領將作大匠。竇友則爲城門校尉。兄弟二人並領禁軍。

竇融的長子竇穆，尚光武帝之女內黃公主，官城門校尉。從侄竇林官護羌校尉。竇穆的兒子竇勳，尚東海王劉強之女沘（沘，讀作比）陽公主。竇友的兒子竇固，亦尚光武帝之女涅陽公主。所以當漢明帝劉莊即位時，竇氏外戚擁有一公、兩侯、三公主、四個二千石的大官。祖孫三代，官府邸第相望京邑，奴婢數以千計，於勛戚、功臣中莫與爲比。

竇融是個遜恭謹愼的人，然其兒孫荒誕放縱，多做不法之事。先是竇林獲罪伏誅，後是竇穆依仗權勢，結黨營私，干亂政事，被罷官。漢明帝曾頒詔，除竇融外，兒孫及其家屬皆歸故里。不久，竇融死，謚曰戴侯。竇穆回歸故里後仍不安分，與兒子竇宣俱下獄死。竇勳接著又獲罪，亦死於獄中。十多年後，漢明帝念及竇融勞苦功高，封其次子竇嘉爲安豐侯，食邑二千戶，奉其後嗣。

漢章帝的竇皇后就是竇勳與沘陽公主的女兒，算是竇融的曾孫女。竇皇后還有一個妹妹，同時成爲漢章帝的貴人。竇勳因爲兩個女兒的緣故，被追謚爲安成思侯。

漢章帝另外寵幸宋貴人，生子劉慶；寵幸梁貴人，生子劉肇。竇皇后偏偏沒生兒子，出於嫉妒，她絞盡腦汁，設計陷害，致使宋貴人自殺，梁貴人憂死。此後，以竇固、竇憲爲代表的竇氏外戚，利用裙帶關係，逐漸把持了朝政。

竇固，字孟孫，是竇友的兒子、竇融的侄兒、光武帝的女婿。光武帝時，他官黃門侍郎，襲父爵顯親侯。漢明帝時，他遷中郎將，監羽林士，坐從兄竇穆罪，在家閒居十多年。竇固好讀史書，喜愛兵法，永平十五年（西元七十二年）被起用，任奉車都尉，率兵攻擊匈奴。在這場戰爭中，他立了大功，加位特進，留鎮西北邊地。由於竇固對待少數民族恩威兼施，講究信用，所以當地百姓皆欽佩他的才能，稱譽他的爲人。漢章帝即位，竇固因是竇皇后的從祖父，倍受恩寵，先官大鴻臚，再爲光祿勛，升爲衛尉，統領禁軍。竇固久歷高位，其見尊貴，賞賜租祿，資累巨億。但他並不以外戚和功臣自居，性格謙儉，愛人好施，人們對之普遍有好感。章和二年（西元八十八年），竇固病死，謚曰文侯。

竇憲，字伯度，是竇勛的兒子，竇皇后的胞兄。漢章帝時，他先爲郎官，稍遷侍中、虎賁中郎將。其弟竇篤，官黃門侍郎。兄弟親幸，爲侍宮省，賞賜累積，寵貴日盛。竇憲仗著國舅身分，飛揚跋扈，就連漢章帝姐姐沁水公主的園田也敢強行奪佔。漢章帝發覺其事，非常生氣，召來竇憲責問說：「你用指鹿爲馬的手段強佔公主園田，想起來令人驚怖。你對公主敢於如此放肆，更何況對其他平民呢？你要知道，你並沒有什麼了不起的，國家捨棄你，就如捨棄孤雛腐鼠一樣！」

漢章帝這些話說得非常嚴厲，竇憲嚇得膽戰心驚，只好去求妹妹皇后說情。

竇皇后感到問題嚴重，特地身穿罪犯的衣服，向漢章帝行禮謝罪，請求寬恕竇憲。

結果，竇憲把奪佔的園田退還給沁水公主，漢章帝才算消了氣。

西元八十八年，漢章帝死，漢和帝劉肇立。竇皇后被尊為皇太后，臨朝決事。后妃掌權，必用外戚，更何況漢和帝並非竇皇太后親生的兒子。於是，竇憲升任侍中，內干機密，出宣誥命。竇篤出任虎賁中郎將。他們的兩個弟弟竇景、竇環並為中常侍。兄弟四人皆在親要之地。竇憲知道自己並沒有什麼能耐，就搬出忠厚老實的太尉鄧彪，任太傅，名義上為百官首腦，實際上完全聽任他的擺布。竇憲正是通過竇太后和鄧彪，巧妙而有效地控制了國家的最高權力。

竇憲大權在握，對昔日的政敵、仇人挾嫌報復，殘酷打擊。他的父親竇勛犯罪，謁者韓紆（紆，讀作於）曾參與審訊。竇憲對此耿耿於懷，命人殺了韓紆的兒子，用其首級祭於竇勛的墓前。都鄉侯劉暢到洛陽弔漢章帝之喪，竇憲疑神疑鬼，怕其受到重用，分己權勢，就收買刺客，刺殺了劉暢，轉而嫁禍於劉暢弟弟劉剛，無緣無故地把劉剛逮捕下獄，嚴刑拷問。

竇太后發現竇憲心毒手狠，做事偏激，勢必釀成可怕的惡果。她也就顧不了許多，命人將竇憲關押起來，揚言要依法懲處。竇憲害怕殺頭，自請去戰場攻伐匈奴以贖罪。竇太后趁勢給竇憲下臺階的機會，命他為車騎將軍，率兵對匈奴作戰。這給竇憲重新擅權亂政埋下了伏筆。

這場戰爭，竇憲兵多將廣，力量上佔有絕對優勢，所以很快取得勝利，斬首一萬三千級，俘獲牲口百萬頭，匈奴王柳鞮（鞮，讀作敵）等八十一個部落二十餘萬人投降。竇憲雄心勃勃地登上燕然山，刻石記功，令隨軍屬官中護軍、傑出的史學家班固作辭，歌頌朝廷的威德。

竇憲班師，竇太后拜他為大將軍，封武陽侯，食邑二萬戶。竇憲威權冠於朝廷。竇篤任衛尉，竇景、竇環分任侍中、奉車都尉和駙馬都尉。竇氏四兄弟競修第宅，窮極工巧。次年，竇太后又以漢和帝名義，封竇憲為冠軍侯，竇篤為郾侯，竇景為汝陽侯，竇環為夏陽侯。竇憲獨不受封，統兵出鎮涼州（今甘肅武威）。在涼州任上，他又大破匈奴，使匈奴單于敗逃，不知去向。竇憲由此威名更盛，帳下集合了一大批親信、爪牙，刺史、守令多出其門。尚書僕射郅壽、樂恢等因為不肯附結於他，他使出手段，予以迫害，使之相繼自殺。由是朝臣震懾，望風承旨。竇篤、竇景、竇環再次升官，分任特進、執金吾、光祿勛等職，權貴顯赫，傾動京師。

竇氏兄弟一個比一個驕縱，竇憲為最，竇景次之。史載當時的情況是：「奴客緹騎依倚形勢，侵凌小人，強奪財貨，篡取罪人，妻掠婦女。商賈閉塞，如避寇仇。有司畏懦，莫敢舉奏。」竇太后對竇景的情況略有所聞，免其官，又把竇環遷為潁川太守。儘管如此，竇氏父子兄弟仍然並居列位，充滿朝廷。竇憲的三個叔父，竇霸任城門校尉，竇褒任將作大匠，竇嘉任少府。竇氏外戚還有十餘人任侍中、將軍、大夫、郎吏等官職，基本把持了朝廷的各重要部門。

漢和帝劉肇即位時年僅十歲，諸事只能由竇太后斷決。漸漸地，他長大了，對大權旁落、外戚干政非常反感。他想奪回權力，但沒有足以依靠的力量，只能與「一心王室，不事豪黨」的宦官鄭眾秘密商量。竇憲覺察到了漢和帝對自己的不滿，便與親家郭璜、女婿郭舉，以及心腹鄧疊、鄧磊等密謀弒逆，企圖殺害漢和帝，奪取皇位。

永元四年（西元九十二年）六月，竇憲率領大軍回歸洛陽。漢和帝依靠鄭眾的策劃，一面派人前往迎接，犒勞將士；一面親臨北宮，調兵遣將，關閉城門，禁止出入。漢和帝先下一道聖旨，收捕鄧疊、鄧磊、郭璜、郭舉等人，下獄誅殺；又下一道聖旨，收取竇憲的大將軍印信，改封他爲冠軍侯。這兩道聖旨使竇憲措手不及，特別是兵權喪失，更使其變得軟弱無力。

就在竇憲等亂了陣腳的時候，漢和帝再下一道聖旨，令竇憲、竇景、竇環立即動身到各自的封地去，不准在京師滯留。這等於徹底分解了竇氏外戚的力量，使之首尾不能相顧，無法聚集起來進行反撲。漢和帝和鄭眾派了得力幹將，嚴厲監視竇憲等人的行動。當竇憲、竇篤、竇景到了封地的時候，漢和帝不給他們絲毫喘息的機會，再頒聖旨，令其自殺。竇憲、竇篤、竇景縱有天大的本事，這時也無能爲力，只好遵旨自殺。竇環平時作惡不多，暫時保住了性命，幾年後亦自殺。

竇氏外戚遭到毀滅性的打擊，宦官勢力漸漸膨脹起來。東漢自中期起，皇權一直受到來自外戚和宦官兩個方面的威脅，彼此間的鬥爭越來越尖銳，國家深受其害，人民飽經苦難。

漢章帝的梁氏外戚也非等閒之輩。光武帝時，有個大臣梁統，封高山侯，拜太中大夫。他有四個兒子，其中梁松尙劉秀女兒舞陰長公主，官至太傅，漢明帝時獲罪伏誅；梁竦的兩個女兒同時被漢章帝納爲貴人，他就是漢章帝的岳父。梁竦，字叔敬，因受梁松事件的牽連，與弟弟梁恭曾貶徙九眞（今越南北部）。召還後閉門自養，以經籍爲娛。他自負其才，鬱鬱不樂，常登高遠望，自言自語地嘆道：「大丈夫居世，生當封侯，死當廟食。如其不然，閒居可以養志，詩書足以自娛，州郡之職，徒勞人耳。」他的女兒成爲漢章帝的貴人後，小貴人生了皇子劉肇。梁竦一家非常興奮，設家宴以慶賀。竇氏外戚知道了這件事，擔心梁氏外戚得志，威脅竇氏外戚的利益。於是，由竇皇后、竇憲精心策劃，寫匿名信誣陷梁竦企圖謀反，致使下獄死，其家屬徙遷邊地。梁貴人姐妹蒙冤受屈，憂死。

漢和帝登基以後，梁竦另一個女兒梁嫕（嫕，讀作意）上書，申冤告狀，才替梁氏外戚恢復了名譽。漢和帝追尊生母梁貴人爲恭懷皇后，追謚梁竦爲褒親湣侯，封梁竦的兒子梁棠、梁雍、梁翟分別爲樂平侯、乘氏侯、單父侯，位皆特進。梁氏外戚由此滿門生輝，榮耀無比。

東漢和帝妻兄、妻弟

時過境遷，屍骸流離

西元八十八年，東漢章帝劉炟駕崩，其子劉肇繼位，就是漢和帝。漢和帝除尊寵母族梁氏外戚外，又裙帶妻族陰氏、鄧氏外戚。陰氏、鄧氏外戚遠不如梁氏外戚那樣顯赫和風光。

漢和帝皇后陰氏，是光武帝劉秀皇后陰麗華哥哥陰識的曾孫女。其父陰綱，位特進；其弟陰軼、陰輔、陰敞，沒有什麼官爵。陰皇后起初非常得寵，可是漢和帝很快又寵幸花容月貌的鄧貴人鄧綏，致使陰皇后氣急敗壞，又忌又恨。陰皇后沒有生子，擔心鄧貴人生子，因此與外祖母鄧朱暗作「巫蠱」，詛咒鄧貴人永遠別生兒子。一次，漢和帝患病，比較嚴重。陰皇后幸災樂禍，說：「我很高興，這是老天有眼，叫她鄧氏斷子絕孫。」這話傳到鄧貴人耳中，鄧貴人大哭大鬧，尋死覓活。不久，陰皇后暗作「巫蠱」的事敗露。漢和帝大怒，廢了陰皇后，把她打入冷宮。陰輔及鄧朱的兒子鄧奉、鄧毅受到牽連，皆死於獄中。陰氏兄弟的家屬一律貶徙荒遠之地。

漢和帝寵幸的鄧貴人，出生於官宦世家。其祖父鄧禹是東漢的開國功臣之一，官至司徒、太傅，封高密侯。鄧禹之弟鄧寬也封明親侯。鄧禹共有十三個兒子，其中三人早就封侯：鄧震封高密侯，鄧襲封昌安侯，鄧珍封夷安侯。第六個兒子叫鄧訓，字平叔，漢明帝時任郎中，漢章帝時任張掖太守，防禦西羌入侵，屢打勝仗，戰功卓著。他對羌人實行恩威並施的政策，在羌人中具有崇高的威信。

漢和帝永元四年（西元九十二年），鄧訓五十三歲，病故。當地羌人非常悲痛，或號哭不已，或以刀割面，說：「鄧使君已死，我曹亦不想活了！」後來鄧訓的女兒鄧綏被立為皇后，漢和帝追謚岳父為平壽敬侯。

鄧訓有五個兒子：鄧騭（騭，讀作質）、鄧京、鄧悝、鄧弘、鄧閶；一個女兒，就是鄧綏。鄧綏初封貴人，鄧騭兄弟皆除郎中。永元十四年（西元一〇二年），陰皇后被廢，鄧貴人升為皇后，鄧騭升任虎賁中郎將，鄧京、鄧悝、鄧弘、鄧閶皆官黃門侍郎。不久，鄧京病死，鄧騭升為車騎將軍，儀同三司；鄧悝升為虎賁中郎將，鄧弘、鄧閶升為侍中。鄧氏兄弟並居顯要，成為漢和帝後期的頭號外戚。

西元一〇五年，漢和帝二十七歲駕崩。鄧氏兄妹為了控制朝政，定策禁中，擁立漢和帝的幼子、出生剛滿百天的劉隆為帝，即東漢殤帝。鄧皇后成為皇太后，臨朝為事。她做的第一件事就是提拔鄧悝，鄧弘，讓二兄弟分任城門校尉和虎賁中郎將，牢牢控制了禁軍。漢殤帝在位僅八個月，病死。鄧太后及鄧騭又擁立了一個十三歲的小皇帝劉祜，就是東漢安帝。其時，鄧太后仍臨朝為事，封鄧氏四兄弟分別為上蔡侯、葉侯、西平侯、西華侯，食邑各萬戶。因鄧騭有定策之功，另增邑三千戶。

鄧騭兄弟不願封侯受邑，上書推辭，說：「臣兄弟污穢，無分可採，過以外戚，遭值明時，託日月之末光，被雲雨之渥澤，並統列位，光昭當世。」接著說明了不願封侯受邑的理由，表現出一副匡時濟世、坦誠無私的樣子。

就在漢安帝登基的當年夏天，西方羌族寇邊，形勢緊張。鄧騭於是出任統帥，領兵攻伐西羌。鄧騭離開京師時，漢安帝親自設宴餞別。鄧騭進軍至前線，大敗西羌，但己方損失也很大。不久，鄧騭班師，途中受封大將軍，前往迎接的官員川流不息，相望於道。漢安帝給予鄧騭優厚的賞賜，鄧氏外戚由是「寵靈顯赫，光震都鄙」。

鄧氏外戚雖然榮寵，但鄧騭眾人恭謹，崇尚節儉，且很孝順。永初四年（西元一一〇年），鄧騭的母親新野君患病，他上書要求退職還家，服侍母親。新野君死後，他堅持居家服喪守孝。喪滿，朝廷讓他回朝輔政，他叩頭固讓。朝廷不許，他只好定期入朝，與公卿議商大事。鄧弘、鄧閶也有孝行，頗受時人稱譽。鄧弘死，鄧太后賜錢千萬緡、布萬匹。這以後，鄧弘之子鄧廣德受封西平侯，鄧甫德受封都鄉侯，鄧京之子鄧珍受封陽安侯。鄧悝、鄧閶又相繼亡故，鄧悝之子鄧廣宗受封葉侯，鄧閶之子鄧忠受封西華侯。

鄧氏外戚從鄧禹開始，注意教訓兒孫，謹遵法度，約束宗族，安分守已。鄧騭的兒子鄧鳳官侍中，私自與中郎將任尚等交往，做了一些不光彩的事。任尚被捕下獄，鄧鳳害了怕，把自己的所作所為如實地告訴了父親。鄧騭非常生氣，作為一種處罰，特削了妻子及鄧鳳的頭髮，向朝廷謝罪。

建光元年（西元一二一年），鄧太后死，漢安帝重申前令，封鄧騭爲上蔡侯，位特進。其時，鄧氏外戚的政敵群起攻擊鄧氏子弟，說鄧悝、鄧弘、鄧閶昔日堅持反對鄧太后歸政於漢安帝，並曾主張廢漢安帝，立平原王劉得。漢安帝已經親政，聽了這些話，怒不可遏，認爲鄧悝等犯了大逆不道之罪，於是把西平侯鄧廣德、葉侯鄧廣宗、西華侯鄧忠、陽安侯鄧珍、都鄉侯鄧甫德等，全部廢爲庶人。鄧騭據說與鄧悝等人的事無關，雖沒廢爵，但被免了特進之職，抄沒家產，限令到封地去。鄧氏宗族皆免官，遣歸故里。

鄧廣宗、鄧忠失了侯爵，成爲平民百姓，無權無勢，受郡縣官吏逼迫，均自殺身亡。不久，鄧騭徙封羅侯，他及兒子鄧鳳又憂又懼，絕食而死。鄧騭的從弟河南尹鄧豹、舞陽侯鄧尊、將作大匠鄧暢等受到牽連，畏罪自殺。偌大的鄧氏外戚頓時土崩瓦解，迅速消亡。

嚴格地說，鄧騭及鄧氏外戚雖然權重一時，但並沒有做太多的壞事，他們畢竟是忠於朝廷的。大司農朱寵爲人公允，肉袒輿櫬，上書漢安帝，爲鄧騭打抱不平。朱寵在奏書中說，鄧騭兄弟忠孝，「功成身退，讓國遜位，歷世外戚，無與倫比」，但是好心不得安報，受人陷害，「利口傾險，反亂國家，罪無申證，獄不訊鞫，……一門七人，並不以命，屍骸流離，怨魂不返，逆天惑人，率土喪氣。」朱寵要求重新安葬鄧騭，妥善安撫鄧氏家族。

漢安帝經過認眞考慮，覺得朱寵的話確有道理，予以同意。漢順帝時，正式爲鄧騭平反，並把鄧氏外戚十二人任命爲郎中。

鄧氏外戚自光武帝劉秀以後，累世寵貴，凡公爵二人，侯爵二十九人，大將軍以下官十三人，二千石以下官十四人，列校二十二人，州牧、郡守四十八人，其餘侍中、將軍、大夫、郎官等不可勝數。這樣一個巨宦之家，漢安帝時竟至顚敗，爲什麼呢？《後漢書》評價說：「恩非己結，而權已先之；情疏禮重，而枉性圖之；來寵方授，地既害之；隙開勢謝，讒亦勝之。」就是說，一代皇帝只寵一代外戚，皇位更替，時過境遷，後代皇帝對前代外戚一般是沒有什麼情義的。這或許是外戚興衰的一條基本規律。

東漢安帝妻兄、妻弟
專斷國政，曇花一現

東漢安帝劉祜活了三十二歲，當了十九年皇帝，鏟除了鄧氏外戚，卻又培植了閻氏外戚。

漢安帝皇后姓閻名姬，河南滎陽（今河南滎陽）人。她的祖父閻章是漢明帝的尚書，其兩個女兒都是漢明帝的貴人。她的父親閻暢原官侍中，成為漢安帝的岳父後，升任長水校尉，封北宜春侯，食邑五千戶。不久，閻暢病死，謚曰文侯。

閻皇后是個野心勃勃、權力欲很強的女人。她被立為皇后後，專房妒忌，容不得漢安帝親近其他嬪妃。有個李氏，受到漢安帝的寵幸，生皇子劉保。閻皇后窮凶極惡，竟殘酷地把李氏鴆殺了。建光元年（西元一二一年），漢安帝親政，立即隆寵妻族，把閻皇后的四個兄弟閻顯、閻景、閻耀、閻晏都封為卿校，並典禁軍。次年，漢安帝更封閻顯為長社侯，食邑一萬三千五百戶。閻氏兄弟的兒子們不過七八歲，都拜黃門侍郎。閻皇后寵盛，閻氏兄弟參預朝政，基本上控制了朝廷的大權。

閻皇后一心想生個兒子，以便日後繼承皇位。因此她視已被立爲皇太子的劉保爲眼中釘、肉中刺，與大長秋江京、中常侍樊豐等密謀策劃，竭力詆毀劉保，促使漢安帝糊里糊塗地把劉保廢了，貶爲濟陰王。

延光四年（西元一二五年），漢安帝與閻皇后等出巡。途中，漢安帝突然得病死了。閻皇后及閻氏兄弟手忙腳亂，趕緊與江京、樊豐等商議對策。他們說：「皇帝駕崩外地，濟陰王劉保在京城，他若得知消息，搶先自立爲帝，必爲大害。」於是決定封鎖漢安帝死訊，謊稱只是患了重病，臥於御車休息。然後，快馬加鞭，晝夜兼程，拉著漢安帝的屍體趕回洛陽。抵洛陽後，乃發喪，閻皇后自稱皇太后，臨朝爲事，並讓閻顯當了車騎將軍、儀同三司，獨攬大權。漢安帝死了，劉保廢了，到底立誰爲皇帝呢？閻氏兄妹爲了長久地專斷國政，決定選立一個年幼不懂事的小皇帝。選來選去，選中了漢章帝的孫子、北鄉侯劉懿，就是東漢少帝，年僅十一歲。

閻太后和閻顯咄咄逼人，成爲權力的核心。閻顯忌恨大將軍耿寶，位尊權重，威行前朝，一心要把他扳倒。於是命有司憑空捏造，羅織罪名，說耿寶與許多人結黨營私，互作威福，探刺禁省，大逆不道。結果，耿寶被貶官，自殺，其他人有的下獄死，有的被處髡（髡，讀作昆，削髮）刑。閻顯除掉了一批政敵，又提拔閻景爲衛尉，閻耀爲城門校尉，閻晏爲執金吾。一時，兄弟權要，威懾朝廷。

漢少帝短命，在位僅二百餘日就死了。這時，閻氏兄妹、宦官江京等密謀，準備另立一個小皇帝。而以孫程爲首的宦官集團同情濟陰王劉保，認爲他是原先的皇太子，並無什麼失德之處，理應承襲帝位。孫程聯絡王康、王國、黃龍等宦官，共十九人，割衣結盟，發誓共誅外戚，擁立劉保。他們決心既下，立即行動，先殺了江京等，抓獲了另一個宦官李閏。孫程把刀架在李閏的脖子上，威脅說：「今當立濟陰王，無得搖動。」李閏膽小怕死，連聲說：「是！是！」就這樣，宦官集團草草地舉行了一個儀式，把劉保立爲皇帝，就是東漢順帝。而後，他們召尚書令等百官入宮朝見漢順帝，造成皇帝已立的既成事實。

閻氏兄妹沒想到宦官的行動這樣迅速，一時手忙腳亂，不知所措。小黃門樊登建議閻顯發兵，用閻太后名義召越騎校尉馮詩、虎賁中郎將閻崇，屯兵皇宮外面，抗擊孫程。閻太后立即召見馮詩，授以大印，說：「能得濟陰王者封萬戶侯，得李閏者封千戶侯。」於是，一方是外戚，一方是宦官，刀光劍影，展開一場惡戰。

尙書郭鎭臥病在家，聽說局勢有變，立即率直宿羽林軍保衛皇宮，迎面撞見衛尉閻景，兩三個回合，將之擒獲，送入大獄，當夜把他處死。接著，漢順帝、孫程派侍御史收捕閻顯。閻顯眾叛親離，被捕入獄。閻耀、閻晏也被抓獲。漢順帝、孫程不給閻氏兄弟以任何喘息的機會，迅速下令把他們斬首示眾。閻太后也被打入冷宮，家屬徙遷邊地。至此，曇花一現的閻氏外戚被掃進了歷史的垃圾堆。

閻氏外戚垮臺，宦官集團上臺。孫程等十九個宦官同時封侯，史稱「十九侯」。東漢中後期，外戚、宦官輪流專權，皇帝只是他們手中的玩物而已。

東漢順帝妻兄梁冀

從紈袴子弟到「跋扈將軍」

東漢順帝劉保是由宦官擁立登基的。他在位期間，立梁妠爲皇后，寵信梁氏外戚，再次造成外戚專權的局面。

梁氏外戚是東漢時期的巨宦，世代都有人與皇家聯姻。早在光武帝劉秀時，梁統與劉秀是親家，梁統之子梁松尚劉秀女兒舞陰公主。梁松弟弟梁竦生有二女，均爲漢章帝劉炟的貴人，其中小梁貴人是漢和帝劉肇的母親。梁竦的兒子梁雍生子梁商，少以外戚拜郎中，遷黃門侍郎，後襲父爵，封乘氏侯。梁商有一個妹妹、一個女兒，女兒就是梁妠。永建三年（西元一二八年），梁商的妹妹和女兒同時被漢順帝選入掖庭。這樣，梁商既是漢順帝的妻兄，又是漢順帝的岳父，官遷侍中、屯騎校尉。三年後，梁妠成爲皇后，其姑成爲貴人，梁商加位特進，拜執金吾。不久升任大將軍。

梁商以戚屬升居高位，每存謙柔，虛己進賢，巨覽、陳龜、李固、周舉等人均受到重用。於是京城翕然，異口同聲稱讚梁商是「良輔」。梁商樂於爲百姓做些善事，每當饑饉年分，常在城門口發放糧食，賑濟窮人；面且告誡門族，不可恃權干法。

梁商生性有個弱點，過於謹愼，缺少威斷，不敢得罪宦官。宦官見他軟弱可欺，遂聯合起來，誣陷他與一些人相勾結，逆謀作亂，圖謀廢立。漢順帝還算開明，不爲讒言迷惑，相信梁商爲人正派，宦官誣陷他是出於嫉妒。宦官張逵等人不識時務，矯詔收縛梁商的朋友。漢順帝聞訊大怒，把張逵等殺了，還準備逮捕與之有關的人。梁商及時上書勸止，說：「大獄一起，無辜者眾，死囚久系，纖微成大，非所以順迎和氣，平政成化也。宜早訖竟，以止逮捕之煩。」漢順帝接受了他的勸諫，只懲首惡，協從不問。

永和六年（西元一四一年），梁商患重病。病中，他告訴兒子梁冀等人，說自己死後，喪事從簡，及時殯斂，斂以時服，普通祭祀，不要鋪張。及薨，漢順帝親自臨喪，違背梁商的遺言，賜錢賜物，喪事辦得豪華氣派，僅布帛就用了一萬三千匹。梁商死後，謚曰忠侯。

梁冀與其父梁商，是迥然不同的兩種人。梁冀，字伯卓，長相醜陋，雙肩像鴟鳥的翅膀，向上尖聳；兩隻眼睛直視，凶光逼人；天生口吃，吐詞不清。少爲貴戚，逸遊自恣，酗酒賭博，鬥雞弄狗，放鷂鷹，騎快馬，耍彈弓，玩女人，什麼壞事都幹。他是一個典型的紈袴子弟，憑藉裙帶關係，步步高升，歷任黃門侍即、侍中、虎賁中郎將、越騎、步兵校尉、執金吾。永和元年（西元一三六年），當上了河南尹。其間，他「居職暴恣，多非法」。洛陽令呂放看不慣他的所作所爲，在梁商跟前曾有所提及。梁商責問梁冀，梁冀懷恨在心，竟派刺客刺殺了呂放。事後，假意任命呂放之弟呂禹爲洛陽令，不久又逮捕了呂禹，族滅其家，致使百餘人喪生。

梁商死後，梁冀接任大將軍，其弟梁不疑任河南尹。西元一四四年，漢順帝死。梁冀、梁妠合謀，立了年僅二歲的劉炳為帝，即東漢沖帝。梁妠以太后身分臨朝，實際大權掌握在梁冀手裡。漢沖帝在位僅四個月就病死。梁冀、梁妠又立了八歲的劉纘為帝，即東漢質帝。別看漢質帝年幼，卻聰慧早熟，對梁冀驕忌專橫極為不滿。一次，他當著朝臣的面，目視梁冀，說：「此跋扈將軍也。」梁冀聽了這不恭之言，怒氣沖天，當天命人在煮餅中摻和毒藥，鴆殺了漢質帝。

梁冀、梁妠還有一個妹妹叫梁女瑩，許嫁蠡（蠡，讀作離）吾侯劉志。漢質帝死，梁冀、梁妠就又立了這個未來的妹夫為帝，是為東漢桓帝。梁妠仍然臨朝，梁冀仍然掌握朝權。梁氏外戚干政亂政，達到了登峰造極的程度。

漢桓帝登基後，梁女瑩成為皇后。漢桓帝厚待梁冀，增加其食邑達三萬戶，並允許他自己選拔官吏。他的弟弟梁不疑封潁陽侯，梁蒙封西平侯，兒子梁胤封襄邑侯，各食邑萬戶。就連他的妻子孫壽，也封襄城君，加賜赤紱（紱，讀作浮，綬帶），待遇猶如皇家公主。

這個孫壽，姿容並美，詭計多端，嫉妒心很強。儘管梁冀在外邊侈虐殘暴，凶狠無比，但是回到家裡在孫壽跟前，就像是老鼠見貓，服服帖帖。梁冀、孫壽算得上是天作地合的一對，縱欲宣淫，互不干涉。梁冀與漢順帝遺棄的美人長期私通，生了私生子梁伯玉。孫壽則與監奴秦宮私通，秦宮因此內外兼寵，威權大震，就連州刺史一類官員，也經常登門拜謁。

梁冀、孫壽依仗是皇親國戚，貪婪成性，屢屢捏造罪名，無辜逮人下獄，然後通知其親屬，讓出錢自贖。如果贖錢過少，他們就命親信把人打死或徙邊。扶風富戶孫奮比較吝嗇，梁冀敲詐勒索，張口要他五千萬緡錢。孫奮討價還價，只願拿出三千萬緡。梁冀大怒，栽贓陷害，把孫奮的哥哥逮捕下獄，拷訊致死，沒收其家財，侵吞金銀珠寶價值一億七千萬緡。其時，全國各地貢獻朝廷的奇珍異物，最上等的都送到梁冀家中，次等的才送進宮裡。他大量接受賄賂，吏人持錢求官請罪者，道路相望。他又派出爪牙交通外國，廣求珍玩。這些爪牙「乘勢橫暴，妻掠婦女，毆擊吏卒，所在怨毒」，把天下搞得烏煙瘴氣。

梁冀兄弟窮奢極欲，又在京城大興土木，廣建府第，互相誇競。其府第連房洞戶，高大巍峨，富麗堂皇，勝過皇宮。並附建有廣大美麗的花園，梁冀、孫壽常常共坐輦車，遊觀其內，倡伎隨從，鍾管齊鳴，日以夜繼，以騁娛恣。有客來訪，門衛阻擋，必須留下「謝門錢」，方能進入梁府。僅此一項，梁冀和孫壽每天收入累千金。

這還不夠，梁冀又強佔民田，把西起弘農（今河南靈寶）、東至滎陽（今河南滎陽）的遼闊地帶闢爲私家林苑，殆將千里。他喜歡兔子，專門在林苑內修建一座兔苑，綿延數十里，歷時數年峻工。兔苑內放養成千上萬隻兔子，每隻兔子都做有記號，凡傷一兔者，罪至刑死。有一個西域商人，不知禁忌，誤殺一兔。梁冀大怒，不僅殺死西域商人，還死殺了有關的十餘人。他的二弟私下派人在兔苑附近打獵，梁冀悉捕打獵的三十餘人，全部殺死。他還在自家府第以外修建私宅，收納奸佞小人和亡命徒，掠取良家女子爲奴婢，多達數千人。

元嘉元年（西元一五一年），梁冀因援立之功，又獲得一連串的殊榮：入朝不趨，劍履上殿，讚拜不名，禮儀如西漢丞相蕭何；增封四縣，封地如東漢開國元勛鄧禹；賞賜金錢、奴婢、車馬、衣服，榮寵如西漢中期名臣霍光。這時候的梁冀，專擅威柄，事無大小，莫不咨決。百官調動升遷，必須先到梁冀府中謝恩，然後才敢到尚書那裡辦理手續。荊州刺史吳樹、遼東太守侯猛，只因對梁冀不夠恭敬，均遭殺害。又有袁著、劉常、郝絜、胡武等人，只是對梁冀凶暴表示了不滿，亦死於非命。

梁冀對自家兄弟也是骨肉相殘，水火不容。梁不疑愛好經典，善待文士，頗有人緣。梁冀忌恨，把他貶爲光祿勳。梁蒙也受到排擠，只能閉門自守，居家養性。他的兒子梁胤，容貌猥瑣醜陋，尖嘴猴腮，瘦得像乾柴棒，卻當上了河南尹。

江夏太守田明、南郡太守馬融，曾拜訪過梁不疑。梁冀非常惱火，把二人髡笞徙邊，迫害致死。

永興二年（西元一五四年），梁不疑之子梁馬封潁陰侯，梁胤之子梁桃封成父侯。梁氏一門，前後有十七人封侯，三人爲皇后，六人爲貴人，二人爲大將軍，三人尚公主，五十七人爲卿、將、尹、校等官。其中，最專橫的還是梁冀，「窮極滿盛，威行內外，百僚側目，莫敢違命，天子恭己而不得有所親豫」。

梁冀的貪婪、霸道和凶狠，激起了漢桓帝的憎恨。延熹二年（西元一五九年），梁太后死，漢桓帝業已長大成人。他不甘心當傀儡皇帝，立志鏟除梁氏外戚，奪回旁落的權力。這時，梁冀又無端殺害了太史令陳授，刺殺了鄧貴人的姐夫邴尊，並想刺殺鄧貴人的母親。漢桓帝忍無可忍，更加堅定了除掉梁冀的決心。可是他沒有可以依靠的力量，所能相信的只有貼身宦官唐衡。

一次，漢桓帝上茅房，悄聲問唐衡說：「宦官中有誰與梁氏不和嗎？」唐衡提到單超、左悺、徐璜、具瑗等人。漢桓帝回宮，急召單超、左悺密商，說：「大將軍把持朝政，脅迫內外，朝廷上下敢怒而不敢言。朕欲把他除去，你等意下如何？」

單超、左悺立即附和說：「禍國奸賊，罪該萬死。但不知聖上有何打算？」

漢桓帝說：「朕意已決，但等機會吧。」

單超害怕皇帝猶疑不定，追問說：「果欲除奸，亦非難事，但恐陛下沒有決心。」

漢桓帝斬釘截鐵地說：「奸臣禍國，理應誅殺，朕還有何疑？」於是，漢桓帝親嚙單超手臂，歃血為盟，表示自己毫不動搖的決心。

梁冀爪牙遍布皇宮內外，對漢桓帝及單超等人的密謀漸有所聞。他派出親信張惲到中書省宿衛，名義上為保護皇帝，實際上具有監視作用。單超當機立斷，殺了張惲。隨後，漢桓帝坐鎮指揮，調兵遣將，命具瑗及司隸校尉張彪率宮中衛士、虎賁羽林軍千餘人，包圍了梁冀的府第。接著聖旨下，收取了梁冀的大將軍印信，把他降封為比景都鄉侯。

梁冀失去了兵權，就像洩了氣的皮球，威風掃地。他知道漢桓帝不會饒過他，遂與妻子孫壽一起自殺。他的兒子梁胤、叔父梁讓，親屬梁淑、梁忠、梁戟等，無論老少，一併棄市。凡與梁冀、孫壽有牽連的官員，全部免黜，一時「朝廷為空」。又抄沒梁冀家財，合錢三十餘億緡，相當於當時全國租稅的一半還多。

窮凶極惡的梁氏外戚覆滅了，代之而起的是宦官得勢。「前門拒虎，後門進狼」。自是權歸宦官，朝廷日亂矣！

漢桓帝還有兩家外戚：鄧氏和竇氏。

梁皇后梁女瑩死後，漢桓帝又立鄧猛女為皇后。鄧猛女是漢和帝皇后鄧綏從兄鄧香的女兒，其母改嫁梁冀妻子孫壽的舅舅梁紀。鄧猛女在梁氏外戚顯赫時冒姓梁，梁冀死後改姓薄，後又恢復姓鄧。她有一個哥哥叫鄧演，封南頓侯，位特進。鄧演死，其子鄧康襲爵，改封沘陽侯，賞賜巨萬計。鄧康還有兩個弟弟鄧統、鄧秉，分別封昆陽侯、淯陽侯。鄧統的從兄鄧會封安陽侯。鄧氏宗族皆官列校、郎、將。後來，鄧皇后被廢，憂死。鄧氏外戚隨之遭殃，處死的處死，罷官的罷官，其財物抄沒歸公。

鄧皇后被廢，漢桓帝立竇妙為皇后。竇妙的父親竇武，字游平，是東漢初安豐侯竇融的玄孫。竇妙正位宮闈，竇武拜郎中，遷越騎校尉，封槐里侯，又升城門校尉，食邑五千戶。

竇武為官，比較清正，對漢桓帝寵信宦官非常不滿。西元一六七年，漢桓帝死，無子，竇武與女兒竇妙擁立劉宏為帝，就是漢靈帝。漢靈帝登基，尊竇妙為皇太后，拜竇武為大將軍，封聞喜侯。竇武之子竇機為渭陽侯，拜侍中；侄兒竇紹為戶侯，遷步兵校尉；竇紹弟弟竇靖為西鄉侯，拜侍中，監羽林左騎。竇氏外戚的勢力很快強盛起來。

竇武掌握朝政，一心想誅滅宦官。太傅陳蕃與竇武意見一致，二人積極徵引賢能之士到朝廷效力。竇武積累了足夠的力量，請示女兒太后，主張盡誅宦官，以清朝廷。可是竇妙優柔寡斷，遲遲不予同意，延誤了時間。竇武、陳蕃相當著急，來往書信不斷，所說都是誅殺宦官之事。不料竇武一封書信落到宦官朱瑀手裡，朱瑀破口罵道：「弄權放縱的宦官，自當誅殺。我等一般宦官又有何罪？為什麼也要滅族？」接著手舉書信，在宮中大喊說：「陳蕃、竇武已告訴太后，要廢掉皇帝，謀逆造反！」眾宦官受其煽動，自動聚集起來，歃血結盟，發誓共誅竇武。

這時，漢靈帝周圍都是宦官，頭面人物是曹節和王甫。曹節、王甫挾持了漢靈帝，用皇帝名義發號施令，調兵遣將，殺了竇武的幹將山冰和尹勛，又詔令逮捕竇武。竇武拒不受詔，馳入步兵營，與侄兒竇紹射殺皇帝使臣。又召集士兵千餘人，宣布說：「宦官謀反，平亂盡力者一律封侯重賞。」

王甫緊急調動兵馬討伐竇武，雙方對陣於皇宮門外。王甫深知皇權的力量，派士兵大聲喊話說：「竇武造反，你們都是皇家禁軍，自當宿衛宮省，為什麼要幫反臣賣命呢？趕快放下兵器吧！先降有賞，」這一手果真靈驗，竇武屬下的士兵漸漸站到王甫一邊來，從早晨到中午，兵降殆盡。竇武、竇紹見勢不妙，回馬逃走。王甫命人追襲，竇武、竇紹叔侄自殺，又被砍下腦袋示眾。竇氏宗親、賓客、姻屬，悉被誅殺。太后竇妙也被廢處冷宮。竇氏外戚歷時不長，很快便煙消灰滅了。

東漢靈帝妻兄何進

謀誅宦官，反被宦官殺害

東漢靈帝劉宏於西元一六七～一八九年在位，期間外戚與宦官的矛盾更加尖銳，雙方的鬥爭呈現出你死我活的白熱化狀態。

漢靈帝生母董氏，董氏的哥哥叫董寵，官拜執金吾，後獲罪下獄死。董氏的侄兒叫董重，封修侯，曾任驃騎將軍，領兵千餘人。後來，董氏外戚與何氏外戚爭權奪利，董氏外戚慘敗，董重免官自殺，董氏也憂怖暴死。

漢靈帝的妻族外戚，有宋皇后的父親宋酆，官執金吾，封不其鄉侯；有王美人祖父王苞，官五官中郎將；有唐姬的父親唐瑁，官會稽太守。這三家外戚都未形成勢力。相比之下，何皇后的哥哥何進一度掌握朝政大權，是東漢後期的重要外戚之一。

何皇后，屠戶家庭出身，以其姿容出眾被選入掖庭，受到漢靈帝的寵幸，生子劉辯，因而被封爲貴人、立爲皇后。她的父親何眞早死，追贈車騎將軍、舞陽宣德侯；母親健在，封舞陽君。她的哥哥何進因此發跡，初拜郎中，遷虎賁中郎將，出爲穎川太守，再拜侍中、將作大匠、河南尹。

中平元年（西元一八四年），張角領導的黃巾起義爆發，聲勢浩大。漢靈帝無將可派，只得拜何進爲大將軍，率左、右羽林軍駐京師郊外，以衛洛陽。張角部下馬元義密謀在洛陽起義。何進發覺了，立即捕殺馬元義，因功被封爲愼侯。他的弟弟何苗，也是鎭壓黃巾起義的劊子手，拜車騎將軍，封濟陽侯。

當時，天下滋亂，災異不斷，星象家通過望氣，預言京師當有兵禍，兩宮流血。何進爲了提高自己的威信，建議漢靈帝檢閱士兵，以「威壓四方」。漢靈帝採納何進的建議，命其徵集四方兵馬，籌備閱兵事宜。何進遵旨，興師動眾，調來步兵、騎兵數萬人，結營爲陣，日夜演練。這一天，漢靈帝一身戎裝，親臨長樂觀，坐於大華蓋下，何進則坐於小華蓋下，檢閱軍容。檢閱儀式結束，漢靈帝自稱「無上將軍」，策馬繞軍陣三周，然後鄭重地把大將軍印信交給何進。何進狐假虎威，當場任命袁紹、曹操等八人爲校尉，嚴密控制了軍隊。

漢靈帝把軍權交給何進，越想越覺得不大對頭，何進權力過大，豈不是對皇權的威脅？他經過考慮，於是又任命壯健而有武略的宦官蹇碩爲元帥，位於大將軍之上，何進亦受其節制。此舉引起了何進的極度不快，蹇碩對於何進也存畏忌之心。

爲了排斥何進，蹇碩說服漢靈帝，讓何進領兵西擊豪閥邊章、韓遂。漢靈帝表示同意。何進知道這是調虎離山之計，請求漢靈帝召回校尉袁紹。爲等袁紹回京，何進遲遲沒有起程。

這時，漢靈帝正為立太子問題犯愁。何皇后生子劉辯，王貴人生子劉協，劉辯、劉協都有資格繼承皇位。可是漢靈帝認為劉辯輕佻，缺少威儀，有意立劉協。但又顧慮何皇后正得恩寵，何進又掌重權，不立劉辯，情理上說不過去。所以左右為難，久拖不決。

西元一八九年，漢靈帝患了重病，仍未決定立誰為太子。他把劉協託付給蹇碩，隨後就斷氣了。漢靈帝駕崩，唯有蹇碩等幾個人在跟前。蹇碩有蹇碩的打算，嚴密封鎖皇帝死訊，秘不發喪，矯詔宣何進入宮，企圖擒而殺之。何進不知情況，貿然入宮，進入宮門之時，朋友潘隱以目視之，暗示入宮必有殺身之禍。何進嚇得趕快轉身，回歸軍營，假稱有病。暗裡，他與妹妹何皇后取得聯繫，搶先立了劉辯為皇帝，就是東漢少帝，何皇后以皇太后身分臨朝，何進與太傅袁隗受命輔政，錄尚書事。

何進知道蹇碩與自己勢不兩立，積極拉攏袁紹等人，謀劃誅殺宦官。蹇碩感到面臨的危險，也四出活動，準備先發制人。蹇碩給宦官趙忠寫信，說：「大將軍兄弟秉國專朝，一心一意要誅殺我輩。為自身安全著想，宜瞞過皇上，急捕殺之。」沒想到宦官集團內部意見不一，趙忠竟將蹇碩的信交給了何進。何進正愁沒有藉口下手，憑此信立即逮捕了蹇碩，不經審訊，誅殺於獄。

何進殺了蹇碩，提拔袁紹為司隸校尉，王允為河南尹，準備進一步消滅整個宦官集團。宦官見勢不妙，轉而改變策略，用重金賄賂何進母親舞陽君及弟弟何苗。舞陽君與何苗又去找何太后，攻擊何進「專殺左右，擅權以弱社稷」。何太后聽了母親及兄弟的話，也站在宦官一邊，極力袒護他們。因此何進幾次要對宦官下手，都受到了何太后的阻攔。

何進、袁紹不甘心就此罷手，準備背著何太后誅殺宦官。不想風聲走漏，宦官張讓嚇得心驚肉跳。張讓想來想去，只能不顧廉恥地向兒媳叩頭求救。他的兒媳正是舞陽君的女兒、何太后的妹妹。張讓兒媳爲營救公公和丈夫，趕忙入宮，向何太后稟報了何進、袁紹的行動計劃。何太后再次出面干預，使何進、袁紹的密謀又一次受挫。

何進氣急敗壞，隻身進宮面見何太后，企圖說服妹妹，請准予誅殺宦官。張讓派人潛伏在窗外偷聽，把何進的話聽得一清二楚。張讓轉告宦官段珪、畢嵐等人，他們勃然大怒，連忙召集力士，手執利刃，埋伏於宮門兩側。何進大搖大擺地走將出來。張讓指揮埋伏的力士一擁而上，把何進團團圍住。張讓指著何進的鼻子，厲聲罵道：「天下紛亂，並非我輩之罪。你卻一而再、再而三地要滅我輩種族，不是太過分了嗎？你口口聲聲說朝廷穢濁，那麼請問誰又忠謹清正呢？」

何進孤身一人，又沒帶任何兵器，被張讓罵得狗血噴頭，毫無招架之力。宦官渠穆早不耐煩，上前一劍，結束了何進的性命。

何進被殺，張讓、段珪僞作詔書，任命樊陵爲司隸校尉，許相爲河南尹。尚書見詔，懷疑有詐，說：「請大將軍出來共議。」宦官們知道紙包不住火，索性把何進鮮血淋淋的腦袋扔到尚書面前，說：「何進謀反，已伏誅矣！」

朝臣們聽此消息，無不驚恐，頓時嘩然。袁紹聞訊，立即派弟弟袁術、部將吳匡領兵包圍皇宮，捉拿宦官。張讓、段珪等作殊死抵抗，寡不敵眾，挾持了何太后、漢少帝等倉皇逃命。袁紹、袁術、吳匡等跟蹤追擊。並關閉宮門，見了宦官，不論老少，一律誅殺，共殺死二千餘人。張讓、段珪最後走投無路，跳進黃河自盡。

這場殺戮，使何氏外戚元氣大傷，宦官集團也遭受了滅頂之殃。東漢王朝已經搖搖欲墜，滅亡是指日可待了。

東漢獻帝岳父董承、伏完、曹操

彼此爭鬥強者勝

當東漢末年宦官殺何進、袁紹殺宦官的時候，隴西豪閥董卓領兵進了洛陽，擁立九歲的劉協爲皇帝，是爲東漢獻帝。漢獻帝在位三十一年，豪傑群起，軍閥割據，最後導致了東漢的滅亡。

漢獻帝外戚有伏氏、董氏、曹氏三家，彼此間充滿了驚心動魄的鬥爭。初平元年（西元一九〇年），董卓挾持漢獻帝西遷長安。漢獻帝收納一個貴人叫伏壽，五年後立爲皇后。伏皇后出身於名門世家，其八世祖伏湛是東漢初的重臣，官大司徒，封陽都侯。其父親叫伏完，尙漢桓帝女兒陽安公主，官侍中，封不其侯。當伏皇后尊寵顯赫時，伏完遷執金吾，後拜輔國將軍，儀同三司。

漢獻帝一生多災多難，先被董卓挾持，繼入董卓部將李傕（傕，讀作決）、郭汜之手，顚沛流離，飽經辛酸。最後他受曹操控制，成了傀儡皇帝。曹操掌握朝政，伏完不敢與之爭勢，主動交出輔國將軍的印綬，改任中散大夫，又遷屯騎校尉。曹操把漢獻帝遷駐許昌（今河南許昌），挾天子以令諸侯，宿衛兵侍，全是曹氏黨舊姻親。凡是漢獻帝所親近的臣僚和嬪妃，曹操一律加以殺害，毫不留情。

漢獻帝寵幸一個董貴人，董貴人的父親叫董承。董承反對曹操專權。曹操大怒，立即將董承殺死。曹操進而要殺害董貴人。董貴人已懷有身孕，漢獻帝為之求情，饒她一條性命。曹操不為所動，還是將董貴人殺了。

伏皇后從董貴人的遭遇聯想到自己，非常傷感，也非常害怕。她悄悄給父親伏完寫了密信，極言曹操殺害董承父女的慘狀，請求父親聯絡朝臣，積蓄力量，謀殺曹操。伏完讀了女兒的信，深感心有餘而力不足，不敢貿然行事。建安十九年（西元二一四年），伏皇后寫信之事被曹操發現，曹操怒不可遏，聲色俱厲地威逼漢獻帝廢掉伏皇后。漢獻帝不敢違抗，聽任曹操決斷。曹操於是勒兵入宮，收捕伏皇后。伏皇后披頭散髮，被士兵用繩子牽著，向漢獻帝訣別。她眼含淚水問漢獻帝說：「皇上不能救我嗎？」

漢獻帝無可奈何地說：「我亦不知命在何時？」說罷，又對身邊的郗慮說；「郗公，天下竟有這樣的事嗎？」

伏皇后被打入冷宮，很快憂死。伏完受到牽連，被斬首，兒孫及宗族伏誅者達百餘人。

曹操處治了董氏、伏氏外戚，自己又成了漢獻帝的外戚。曹操有三個女兒：曹憲、曹節、曹華。他為了更嚴厲地控制漢獻帝，不惜把三個女兒都嫁給漢獻帝為夫人，並同年拜貴人。伏皇后死，曹節升爲皇后，曹操就成爲漢獻帝的岳父。

曹操，字孟德，沛國譙（今安徽亳縣）人，是西漢初相國曹參的後裔。東漢末，曹操在鎮壓黃巾起義中，逐步擴充軍事力量，佔據兗州（今山東兗州），分化、誘降青州黃巾軍的一部分，改編爲「青州兵」。繼控制了漢獻帝，用其名義發號施令，先後削平了呂布等割據勢力。建安六年（西元二〇一年）在官渡之戰中，大破世族豪閥袁紹，逐漸統一了中國的北方。他在北方實行屯田，興修水利，解決了軍糧缺乏的問題，促進了農業生產的恢復和發展。他用人唯才，打破世族門第觀念，羅致地主階級中下層人物，抑制豪強，加強集權。他精於兵法，能詩善文，堪稱傑出的政治家、軍事家和文學家。建安十三年（西元二〇八年），曹操進位爲丞相，率軍南下，在赤壁之戰中被劉備、孫權的聯軍擊敗。建安十八年（西元二一三年）封魏公，三年後進爵爲王。建安二十五年（西元二二〇年），曹操去世，享年六十六歲。

曹操是漢獻帝的岳父，曹操的兒子便是皇親國戚。曹操共有二十五個兒子，其中最有名氣的是曹丕和曹植。

曹丕，字子桓，是曹操的長子。少有逸才，博覽古今經傳史書，並善騎射，好擊劍。漢獻帝時官中郎將、副丞相。曹操死，他嗣位丞相、魏王。當年，他逼迫妹夫漢獻帝禪位，自立爲帝，改國號爲魏，東漢滅亡。

曹丕即位，首先想得到的是那枚傳國玉璽。他派人去向妹妹曹節索要。曹節忠於漢朝，藏著不給。曹丕不死心，多次派人索要。曹節知道保不住，生氣地把玉璽扔到案上，說：「老天爺不保佑你啊！」左右噓唏，莫能仰視。

曹植，字子建。聰穎多智，飽讀詩書，十餘歲便寫得一手好文章。曹操曾經誇獎說：「子建，兒中最可定大事。」一度想立他爲太子。這引起了曹丕與曹植之間的矛盾。曹丕爲人乖巧，工於心計，好矯情自飾，善籠絡人心；而曹植任性而行，不自雕厲，飲酒無節。曹丕極力詆毀曹植，以致曹操對曹植產生了惡感，不予重用。曹丕爲帝以後，嫉妒曹植的才華，不斷將其貶遷，一度還想殺死曹植。曹植曾作著名的《七步詩》：「煮豆持作羹，漉菽以爲汁。萁在釜下燃，豆在釜中泣。本是同根生，相煎何太急！」這就是爲回答曹丕的迫害而作的，以巧妙的比喻，諷刺兄弟之間水火不容，相煎太急！曹植是傑出的文學家，寫有許多優美的詩賦。魏明帝時仍受打擊和迫害，長期鬱鬱不得志，最後含恨而死，終年只有四十一歲。

魏文帝表兄、妻弟、親家

雖云富貴，未有干預朝政者

西元二二〇年，曹操的兒子曹丕逼迫漢獻帝劉協禪位，自己當了皇帝，改國號為魏，是為魏文帝。從這一年開始，中國歷史進入三國時期。

曹丕的生母卞氏，出身於倡家，即歌舞藝人家庭。卞氏的弟弟卞秉，東漢時為別部司馬。卞氏曾要求丈夫曹操提拔卞秉，並贈其錢帛。曹操不同意，說：「因為卞秉是我妻弟，我就徇私舞弊，那麼對其他的妻弟怎麼辦？」由於曹操秉公辦事，所以卞秉長時間內沒有升官為爵，也沒有增加錢財。魏文帝登基後，立即封舅父為都鄉侯。黃初七年（西元二二六年）進封開陽侯，食邑一千二百戶，官昭烈將軍。卞秉死，其子卞蘭嗣爵，官奉車都尉、游擊將軍，加散騎常侍。

魏文帝對兄弟曹植疑忌心很重，曹植鬱鬱不得志，整日飲酒賦詩為樂。一次，曹植犯法，王公大臣迎合皇帝，異口同聲欲治其罪。魏文帝故意命表兄卞蘭去向卞太后彙報。卞太后說：「想不到此兒（指曹植）竟做出了這樣的事！你回去告訴皇帝，不要因爲我的緣故而破壞國法。」

卞蘭同情曹植，並未轉達卞太后的話，致使魏文帝不敢輕易懲治曹植。卞蘭對皇太子曹睿也比較欣賞，曾寫賦稱頌曹睿的美德。曹睿因此賜給卞蘭牛一頭。曹睿即帝位以後，就是魏明帝，疏忽國事，耽於酒色。卞蘭多次切諫，勸導皇帝不要荒淫誤國。可是魏明帝根本不聽，照樣燈紅酒綠，沉醉在歌舞聲色之中。魏明帝篤信女巫，認爲女巫弄來的「神水」包治百病。卞蘭晚年大概患了糖尿病，口渴難耐，光想喝水。魏明帝命人賜給「神水」，誰知卞蘭拒絕飲用。魏明帝詔問其意。卞蘭說：「治病自當用醫生開的方藥，何必信什麼『神水』？」魏明帝見卞蘭膽敢違抗聖意，勃然變色。卞蘭到底還是沒喝「神水」，以致於渴死。

曹丕第一個妻子甄氏是中山無極（今河北無極）人。她忠厚賢淑，姿貌絕倫，原嫁袁紹之子袁熙爲妻。曹操打敗袁紹，曹丕捷足先登，把甄氏搶到手，納爲夫人，生子曹睿。後來，曹丕當了皇帝，另有所愛，甄氏被賜死，「被髮覆面，以糠塞口」，情況很慘。甄氏的父親甄逸當過上蔡令，早死；兄弟甄豫、甄儼、甄堯在魏文帝時都沒沒無聞，很不得志。魏明帝登基後，追謚母親甄氏爲文昭皇后，並追謚外公甄逸爲敬侯。其時，甄豫等已死，由甄逸之孫甄像襲爵。魏明帝對於母族成員敘用有差，賞賜累巨萬。甄像先爲虎賁中郎將，兼太尉，遷散騎常侍，又爲伏波將軍，持節監諸將東征吳國。青龍三年（西元二三五年），甄像死，追贈衛將軍，諡貞侯。甄像的兒子甄暢、甄溫、甄韌、甄艷皆封列侯。

魏文帝所立的皇后爲郭氏，甄氏之死，同此人的得寵有很大關係。郭皇后的父親叫郭永，官至南郡太守；母親董氏，封堂陽君。郭皇后還有三個兄弟：郭浮、郭都、郭成，其中郭浮當過唐高縣令。郭皇后的父親、兄弟均短命，無人繼嗣，改由從兄郭表繼郭永爲後。郭表官奉車都尉，黃初六年（西元二二五年）隨征吳國，在廣陵（今江蘇揚州）負責行宮宿衛。一次，他要竭水取魚，改善皇帝、皇后的飲食。郭皇后表示反對，說：「河水是用來通漕運的，豈可竭之？況且竭水取魚要用很多竹器具，勞民傷財，實不宜做。」

魏明帝時，郭表升爲安陽鄉侯，食邑五百戶，遷中壘將軍，其子郭詳也成爲騎都尉。後來，郭表又遷昭德將軍，加金紫，位特進。魏明帝對於已尊爲太后的郭皇后是耿耿於懷的，認爲她是殺害生母甄氏的凶手。他多次向郭皇太后詢問甄氏死時的情況。郭太后不耐煩地說：「你母親是你父親殺死的，何必一再責問我？你生爲人子，要記仇就追究你父親的責任，難道還要爲前母而枉殺後母嗎？」

魏明帝聽了這話，憤怒至極，果眞命人逼殺了郭太后。殯葬之時，「令披髮覆面，以糠塞口」，就像他生母死後所受的待遇一樣。儘管如此，魏明帝對郭氏家族還是寬容的，把郭表進爲觀津侯，增邑五百戶，郭詳也被召爲駙馬都尉。青龍四年（西元二三六年），魏明帝對郭皇后死去的父母、兄弟重新進行追封，都提升爲侯爵，就是郭詳的弟弟郭述也被封爲列侯。

魏文帝的親家，知名者有毛嘉、郭滿二人。毛嘉，河內（今河南武徙西南）人。他的女兒毛氏在黃初中期（約西元二二三年）被納爲太子妃。魏明帝即位，毛氏升爲貴嬪，繼被立爲皇后。毛嘉因此拜騎都尉，其子毛曾任郎中。毛嘉原先只是個看管大車的雜役工，成爲皇帝岳父後，飛黃騰達，又進奉車都尉，遷光祿大夫，封博平鄉侯；毛曾也升爲騎都尉、駙馬都尉，寵賜隆渥。魏明帝曾會合臣僚，到毛嘉家飲宴。毛嘉暴發顯貴，沒有經過大場面，言行舉止失常，洋相百出，時人傳爲笑料。不久，毛嘉、毛曾父子又分別升爲特進、散騎侍郎。毛嘉死，追贈光祿大夫，改封安國侯，謚曰節侯。毛皇后後因爭風吃醋被賜死，毛曾徙封羽林虎賁中郎將、原武典農。

郭滿，西平（今河南西平）人，也爲河右望族。郭滿死得較早，其女兒郭氏被太子立爲夫人，後被立爲皇后。郭氏的叔父郭立、從父郭芝沾恩叨光，分任騎都尉和虎賁中郎將。景初三年（西元二三九年），魏明帝死，齊王曹芳立，郭皇后被尊爲皇太后。曹芳追謚郭滿爲西都定侯，任命郭立爲宣德將軍，郭芳爲散騎常侍、長水校尉，皆封列侯。

「魏后妃之家，雖云富貴，未有若衰漢乘非其據，宰割朝政者也。鑒往易軌，於斯爲美。」《三國志．魏書》的這個評論，大體概括了曹魏外戚的情況和特點。

蜀漢昭烈帝妻兄孫權

自擅江表成鼎峙之業的「人傑」

曹丕建魏稱帝的次年即西元二二一年，劉備也在成都（今四川成都）稱帝，建國號爲漢，史稱蜀漢，他便是蜀漢昭烈帝。

昭烈帝的妻子不少，然而妻族成員的情況並不算太多。這裡不妨說說他的三個妻兄。

一是麋竺，字子仲，東海朐（朐，讀作渠，今江蘇連雲港西南）人。祖世貨殖，僮客至萬人，資金以巨億計。東漢末年，他爲徐州牧陶謙的別駕從事，陶謙死，遺命由他去迎劉備駐小沛（今江蘇沛縣）。建安元年（西元一九六年），呂布趁劉備出拒袁紹的機會，出其不意地攻襲小沛，擄掠了劉備的妻、兒，使劉備失掉了立足的地盤。這時，麋竺顯得很仗義，把自己的妹妹進獻給劉備爲夫人，又給劉備軍隊充實二千名家丁，資助大量金銀，使劉備在困厄之中得到解救，從而重新振作起來。此後，麋竺緊緊地追隨劉備，鞍前馬後，任其驅使，可謂忠心耿耿，肝腦塗地。劉備受曹操的攻擊，進退無路，意欲南依劉表。麋竺奉命前往與劉表聯繫，曉以利害，使劉表同意接納劉備，劉備得以屯駐新野（今河南新野）。麋竺先爲左將軍從事中郎，蜀漢建國後拜爲安漢將軍，位在軍師、將軍之右。麋竺爲人雍容敦雅，不善做具體事，所以昭烈帝待以上賓之禮，卻不委以重任，然賞賜優寵，無與倫比。

麋竺的弟弟麋芳，官南郡太守，與關羽共事。此人對劉備，不像哥哥那樣忠誠，懷有異心。當吳國攻襲關羽的時候，他叛迎吳兵，致使關羽被殺。麋竺得知弟弟叛國投敵，誠惶誠恐，面縛請罪。昭烈帝通情達理，說兄是兄，弟是弟，彼此罪不相及，一再慰諭麋竺，崇待如初。但是，麋竺慚恚（恚，讀作會，憤怒悔恨）染病，臥床一年多死去。其子麋威襲職，官至虎賁中郎將。

二是孫權，字仲謀，吳郡富春（今浙江富陽）人。東漢末，繼其兄孫策據有江東六郡。建安十三年（西元二〇八年），與劉備聯合，在赤壁之戰中大敗曹操。

劉備佔有了荊州，治公安（今湖北公安），勢力大增。這時，孫權爲使與劉備的結盟更加牢固，便把自己的妹妹嫁劉備爲夫人，「進妹固好」。這是一宗政治婚姻，基礎相當脆弱。而且孫夫人才捷剛猛，有諸兄之風，侍婢百餘人，人人持刀執劍，不離主人左右，所以劉備每與孫夫人見面時，總是膽戰心驚，怕有不測之禍。以致諸葛亮說：「主公（指劉備）之在公安，北畏曹公（指曹操）之強，東憚孫權之逼，近則懼孫夫人生變於肘腋之下。當斯之時，進退狼跋。」

顯然，這樣的婚姻是不能持久的。不久，劉備西征益州（今四川成都），孫權立即命人接妹妹回歸。孫夫人居心叵測，悄悄把劉備的兒子劉禪帶走。幸虧趙雲、張飛及時發現，勒兵截江，奪回劉禪。孫夫人的回歸，標誌著孫、劉聯盟的破裂。隨後，孫權不斷對劉備用兵，先殺了關羽，後在彝陵之戰中大敗劉備。黃龍元年（西元二二九年），孫權稱帝於武昌（今湖北鄂城），定國號爲吳，旋即遷都建業（今江蘇南京）。至此，魏、蜀、吳三國鼎立的局面正式形成。孫權在位二十三年，對開發江南做出了重要貢獻。誠如《三國志．吳書》所評價的那樣：「孫權屈身忍辱，任才尙計，有勾踐之奇英，人之傑矣。故能自擅江表，成鼎峙之業。」昭烈帝能有這樣一個妻兄，應當感到驕傲和自豪。

三是吳壹，陳留（今河南開封東南）人，後舉家遷蜀。他的妹妹吳氏先嫁益州牧劉焉的兒子劉瑁。劉瑁死，吳氏成了寡婦。劉備平定益州後，經人說合，聘吳氏爲夫人，後立爲皇后。吳壹因此發跡，官至車騎將軍，封縣侯。

劉備的外戚除三個妻兄外，還有一個親家，那就是他的結義兄弟張飛。張飛，字翼德，涿郡（今河北涿縣）人。他與關羽畢生追隨劉備，雄壯威武，赤膽忠心，人稱「萬人之敵也」。當初，劉備被曹操追襲、倉皇逃跑的時候，張飛領二十名騎兵斷後，在當陽長阪坡（今湖北當陽），張飛據水斷橋，瞋目橫矛，厲聲喝道：「身是張翼德也，可來共決死！」曹操的軍隊嚇得直往後退。這一細節在《三國演義》中有很精采的描寫。昭烈帝即帝位以後，張飛拜車騎將軍，領司隸校尉，封西鄉侯。他性情剛烈，嫉惡如仇，「敬君子而不恤小人」，終於導致了殺身大禍。昭烈帝急於報關羽被殺之仇，發兵攻孫權。張飛應召準備起程，其帳下部將張達、范強叛變，殺了張飛，持其首級投降了孫權。張飛有兩個女兒，長女於章武元年（西元二二一年）嫁昭烈帝太子劉禪為妃。章武三年（西元二二三年），昭烈帝駕崩，劉禪繼位，是為蜀漢後主。張飛的長女成為皇后。建興十五年（西元二三七年），張皇后死，蜀漢後主又納張飛次女為貴人，次年張貴人升為皇后。為此，蜀漢後主專門頒發了策書，說：「朕統承大業，君臨天下，奉郊廟社稷。今以貴人為皇后，使行丞相事、左將向朗持節授璽綬。勉修中饋，恪肅禋祀，皇后其敬之哉！」蜀漢後主是個昏庸荒淫的皇帝，最終導致了蜀漢的滅亡。

晉武帝岳父、妻兄、女婿
腦滿腸肥，行屍走肉

魏、蜀、吳三國在歷史上歷經半個多世紀，各自創建了歷史性的功業。西元二六五年，司馬炎取代魏元帝曹奐，建立起晉朝，奠都洛陽。十五年後，晉滅吳國，中國重新獲得統一。這是西晉，司馬炎，史稱為武帝。

晉武帝後宮嬪妃、宮女多達萬人。他的外戚不少，而且頗具勢力。

晉武帝立過兩個皇后：楊艷和楊芷。這是一對叔伯姐妹，其父分別叫楊文宗和楊駿。楊文宗死得較早，楊駿則是西晉煊赫一時的重臣。

楊駿，字文長，弘農華陰（今陝西華陰）人。當楊艷爲皇后的時候，他是皇后的叔父，只是個縣令，後升爲驍騎、鎮軍二府司馬。泰始十年（西元二七四年），楊艷病危，擔心親生兒子司馬衷皇太子地位不穩，便哭泣著懇求晉武帝立從妹楊芷爲皇后。晉武帝不忍拂逆她的心意，點頭答應。於是，楊艷死後，楊芷便成爲皇后，楊駿因此成爲皇帝的岳父，一下子升為車騎將軍，封臨為侯。

時人對於楊駿的暴發顯貴頗多議論，說：「自古以來封建諸侯，都是皇室成員，現在楊駿以皇后父親身分而封為臨晉侯，難免要成為禍亂。」尚書褚翜（翜，讀作夾）、郭奕上疏，說楊駿德薄才淺，不可以任社稷之重。可是晉武帝偏愛外戚，自行其事。

其時，天下相對太平，晉武帝疏忽朝政，唯好酒色。楊駿及其兄弟楊珧、楊濟趁機專權，勢傾天下，人們稱之為「三楊」。

晉武帝的長子司馬衷，是個傻瓜和白癡，不堪繼承大位。晉武帝想廢之另立。但是，皇后楊艷袒護親生的兒子，說：「立嫡以長不以賢，豈可動乎？」接著在選立太子妃問題上，楊艷又犯了一個錯誤，反對晉武帝娶衛瓘女兒的主張，堅持娶賈充女兒賈南風。這個賈南風不僅長相醜陋，而且悍妒、凶殘，晉武帝一心想廢其太子妃名號。繼為皇后的楊芷犯了同樣錯誤，說：「賈充於國家有功，賈南風是他的親生女兒，況且妒忌是女人的天性，不應以一眚（眚，讀作省，過失）而掩其大德。」結果，賈南風未廢，這導致了楊芷和楊駿的厄運。

當然，楊駿專權以後，過於驕橫跋扈，也是他垮臺的重要原因。晉武帝晚年患有重病，佐命功臣，多已亡故，文臣武將，後繼無人。面對這種情況，「朝臣惶惑，計無所出」。楊駿依仗是皇帝的岳父，「盡斥群公，親侍左右，因輒改易公卿，樹其心腹」，以致晉武帝也看不慣他的做法，一次乃正色訓斥岳父說：「你怎麼能這樣做？」

晉武帝為了改變楊駿一人專斷朝政的局面，特地頒詔中書省，命汝南王司馬亮與楊駿共輔皇室。楊駿利祿薰心，不許別人分享自己的權勢，就到中書省偷看了皇帝的詔書，並把它藏了起來。中書監華廙（廙，讀作意）向楊駿索要詔書，楊駿支吾搪塞，拒不交出。

轉眼間到了太熙元年（西元二九〇年）四月，晉武帝病危。皇后楊芷受楊駿指使，奏請以楊駿輔佐新皇帝。晉武帝已經不能說話。楊芷急召中書監華廙、中書令何劭，由她口授皇帝旨意，命二人起草遺詔。遺詔中竭力稱讚楊駿「鑒識明遠」、「忠肅茂著」，「宜正位上臺，擬爲阿衡」，任命爲「太尉、太子太傅、假節、都督中外諸軍事，侍中、錄尙書，領前將軍如故」，而且特別寫明，楊駿握有兵權，「令得持兵仗出入」。遺詔寫成，楊芷當著眾人的面，拿給晉武帝看。晉武帝沒有任何表示，遺詔就算通過了。兩天以後，晉武帝駕崩。楊駿憑著那份遺詔，當寄託之重，居太極殿。即使在晉武帝靈柩抬出的時候，六宮出辭，楊駿也沒有走下太極殿，還以百名武士自衛，「不恭之跡，自此而始」。

皇太子司馬衷即位，是爲晉惠帝。楊駿進爲太傅、大都督、假黃鉞，錄朝政，居於百官首位。他位高權重，總害怕有人算計自己，於是便令外甥段廣、張劭充當近侍的頭領。所有的詔命，均由他命人草擬，交爲惠帝過目，隨後呈太后楊芷審定。由於晉惠帝是個傻瓜和白癡，「過目」不過是個形式，所以當時朝政大權完全掌握在楊駿手裡。

楊駿知道，晉惠帝容易對付，難以對付的倒是他的皇后賈南風。所以楊駿在朝廷內外多樹親黨，牢牢地把持著禁軍的統轄權。一時「公室怨望，天下憤然」。

楊駿同時知道，他自己沒有什麼眞才實學，素無美望。爲了彌補這個不足，就大開封賞，欲以取悅於眾人。所謂「眾人」，當然是指他的爪牙和親信。他的朋友孫楚看到了這樣下去的結果，好心相勸，說：「你以外戚身分，握大權，輔弱主，當效法古人至公至誠、謙遜和順之道。歷史上凡庶姓專朝者，難得有始終。今司馬氏宗室親重，藩王勢力強大，而你不與他們共參萬機，內懷猜忌，外樹私昵，禍至無日矣。」

楊駿剛愎自用，根本聽不進朋友的忠告。他的表弟蒯欽也看到了危險的前景，說：「我當遠離楊駿，不然，傾宗覆族，其能久乎！」

晉惠帝的皇后賈南風奸詐陰險且有野心。她一心要干預朝政，視楊駿、楊芷爲眼中釘、肉中刺，必欲除之而後快。於是，她內交殿中中郎孟觀、李肇和宦官董猛，外結汝南王司馬亮、楚王司馬瑋，誣稱楊駿心蓄異志，將圖社稷，相約合力討伐楊駿。司馬亮說：「楊駿凶暴，死亡無日，不足憂也。」司馬瑋很快回到京師，經與賈南風密謀，即用皇帝名義頒發詔令，廢去楊駿的所有官爵，並命東安公司馬繇率禁軍四百人包圍了楊駿的府第，內外隔絕。楊芷太后得知消息，嚇得心驚肉跳，情急中在一塊帛上親筆書寫：「救太傅者有賞。」命人綁於箭上射出城外。賈南風早就監視著婆婆的行動，抓住這一事實，認定楊芷與楊駿同逆，立即把楊芷囚禁起來。

楊駿被圍困，一籌莫展。太傅主簿朱振建議說：「現在的情勢對你很不利，最好的辦法是燒毀雲龍門，勒令造事者自首，然後開啓萬春門，引兵自衛，擁立皇太子，入宮取奸人（指賈南風）。皇宮內部震懼，必斬奸人送出，這樣你才可以免難。」

楊駿向來怯懦，優柔寡斷，沒有及時採取行動。因此，司馬繇收縮包圍圈，控制制高點，放火焚燒楊駿的府第，並從高處放箭，使楊駿手下的士兵無法反擊。

楊駿逃到馬廄避難，司馬繇的禁軍找到他，當頭一戟，把他刺死。接著，賈南風頒發密旨，盡誅楊駿親黨，夷滅三族，死者達數千人。楊芷太后被賈南風迫害致死。楊珧、楊濟雖然早就採取了避禍的措施，也沒有能逃脫被殺的命運。楊氏外戚徹底滅亡。

晉武帝的岳父除楊駿外，還有胡奮、諸葛沖、左雍等。

胡奮，字玄武，安定臨涇（今甘肅鎮原南）人。他性格開朗，愛好武事，當過徐州刺史，因功累征南將軍、假節、都督荊州諸軍事，繼遷護軍，加散騎常侍。他有一兒一女，兒早死，女胡芳被司馬炎納入宮中，封貴嬪。胡奮成為皇帝的岳父，高興得流出眼淚，說：「老奴不死，唯有一兒一女，兒入九泉之下，女上九天之上。」胡奮既是勛臣，又是皇親，甚見寵待，又升官為左僕射，加鎮軍大將軍、開府儀同三司。當時楊駿正春風得意，顯赫一時。胡奮或許是出於嫉妒，或許是出於好心，一次對楊駿說：「先生憑著女兒越發增加不少威風啊！」停了一會兒，又說：「歷觀前代，凡與皇家聯姻，沒有不滅門的，只是時間早晚而已。我觀先生舉措，是在加速自取其禍。」

楊駿不明白胡奮的意思，反問說：「你胡老弟的女兒不也在皇家嗎？」

胡奮說：「我女兒在皇家，只是給你女兒當奴婢，不會壞事的。」

楊駿由此對胡奮懷恨，想謀害他，但未能如願。不過楊駿的結果倒是叫胡奮說中了：

「與皇家聯姻，未有不滅門的」。胡奮不久也死去，贈車騎將軍，謚壯。

諸葛沖，字茂長，琅玡（今山東膠南琅玡台西北）人。他官廷尉卿，其女兒諸葛婉是晉武帝的夫人。

左雍，臨淄（今山東淄博）人，起初爲小吏，後以才能擢授殿中侍御史。左雍的女兒叫左芬，是位出色的文學家。泰始八年（西元二七二年），晉武帝聞其名，納入宮中拜爲修儀，左芬全家遂移居京師洛陽。左芬的哥哥叫左思，字太沖，長相不怎麼樣，而且口吃，不善交遊，然其勤奮好學，一舉成爲著名的辭賦家。他到洛陽以後，構思十年，寫成《三都賦》，引起轟動，「豪貴之家競相傳寫，洛陽爲之紙貴」。——這便是成語「洛陽紙貴」的由來。左思另有《詠史》詩八首，托古諷今，對門閥制度表示了強烈的不滿。左思一生，只任過秘書郎，後退居家中，專意著述。齊王司馬冏任命爲記室督，他以身患疾病爲藉口，推辭不就。「八王之亂」中，他舉家移居冀州（今河北冀縣），幾年後病死在那裡。

晉武帝的外戚還有重要的一家：母族王氏。他的生母王氏叫王元姬，東海郯（今山東郯城北）人。王氏的父親王肅，曹魏時官中書令，封蘭陵侯。王肅生有三個兒子：王恂、王虔、王愷，他們都是晉武帝的妻兄。其中王愷相當出名，曾與石崇鬥富。

王愷，字君夫，少有才力，歷任龍驤將軍、驍騎將軍、散騎常侍、後將軍等職。他是皇親國戚，追求享受，極力擺闊，一心要壓倒富豪石崇。石崇非常有錢，不甘示弱，於是二人鬥起富來。王愷用麥糖洗鍋；石崇就用蠟燭當柴燒。王愷出遊，用紫色絲布做了四十里長的步障；石崇就用比絲布更爲貴重的織錦做了五十里長的布障。王愷用赤石脂泥牆；石崇就用香椒爲泥塗壁。

王愷與石崇鬥富，風聞京城，人們普遍認爲王愷不如石崇。王愷哭喪著臉去找晉武帝尋求支持。晉武帝願意助妻兄一臂之力，特意賜給他一株二尺多高的珊瑚樹，枝條多姿，世所罕見。王愷得意地拜訪石崇，拿出珊瑚樹向他炫耀。然而石崇不屑一顧，隨手拿起鐵如意，一下子把珊瑚樹打得粉碎。王愷十分惱怒，正欲發作，只聽石崇從容道：「不用惋惜，我賠你一株就是了。」說罷，命奴婢把自家收藏的珊瑚樹搬出來。三四尺高的就有六七株，光彩奪目，株株絕俗。石崇請王愷任意挑選。王愷目瞪口呆，恍然若失，自愧弗如，只好認輸。

王愷與石崇交往，常對三件事情想不通，挺納悶：一是石崇待客，吩咐一聲要喝豆粥，奴婢立即就端了上來，豆子難熟，怎麼這樣快呢？二是冬天在石崇家裡，照樣吃上鮮嫩的綠韭菜末，自家卻吃不到，這是爲什麼？三是王愷與石崇一起出城打獵，返回時石崇的牛車跑得飛快，自己怎麼也趕不上，這又有什麼竅道？

王愷爲了解開其中的謎，不惜用重金買通了石崇手下的一個人，詢問究竟。那人說：「這很簡單。豆子不是難熟嗎？我們每次都是提前煮熟，到時候和米一起下鍋，豆粥就煮好了。冬天哪來的鮮韭菜？那是韭菜根加上麥苗，經搗碎便成了韭菜末。至於牛車跑得快，那是駕車人把車轅往一邊移動，使牛覺得不舒服，牠就拼命地跑……」

王愷得知奧妙，如法炮製，果然奏效：他待客也能很快就喝上豆粥，冬天也能吃上韭菜末，打獵回來牛車跑得飛快，竟把石崇拉得老遠。石崇感到奇怪，暗裡調查，發現是手下人了洩露了機密，恨得咬牙切齒，立即把那人殺了。

王愷與石崇鬥富，表明西晉統治階級多麼荒淫腐朽！王愷是晉武帝的妻兄，王濟則是晉武帝的女婿，也是一個驕奢淫逸的角色。

王濟，字武子，是司徒王渾的兒子。此人少有逸才，風姿英爽，氣蓋一時，而且好弓馬，善騎射，勇力絕人。他娶了晉武帝的女兒常山公主，從此官運亨通，拜驍騎將軍，累遷侍中，出爲河南尹。只可惜常山公主雙目失明，同時妒忌尤甚，這是他感到美中不足之處。王濟與王愷一樣，也以追求豪侈出名。他在洛陽買了一塊地皮作爲跑馬場，爲了顯示豪富，用錢幣編成裝飾品，置放於跑馬場四周，時人號稱其地爲「金溝」。王愷有頭愛牛，叫「八百里駁」。王濟不惜花錢千萬，買回來射殺之，取牛肝而食。晉武帝一次到女婿家飲宴，王濟命百名身穿綾羅錦繡的婢女，手托世上罕見的琉璃盤盞，端上一道道山珍海味。盛宴間，有一道菜叫蒸豘，即整個兒蒸的小豬，味道特別鮮美。晉武帝盛讚這道菜做得好。王濟說：「它是用人乳餵養的。」晉武帝見女婿窮奢極欲，遠遠勝過自己，怏怏不樂，拂袖而去。

西晉王朝是以世家豪族爲基礎而建立起來的。晉武帝的外戚楊駿、王愷、王濟等，具有鮮明的時代特徵和階級特徵，表現了極大的腐朽性和寄生性。他們是一群腦滿腸肥，精神空虛，形同行屍走肉的皇親國戚。這從一個方面決定了西晉是個短命王朝，它只存在五十年就壽終正寢了。

晉惠帝岳父、妻侄
干預國事，權侔人主

晉武帝司馬炎當了二十四年皇帝，於太熙元年（西元二九〇年）病死。白癡太子司馬衷繼位，就是晉惠帝。司馬衷已娶妃賈南風，這個貌醜性妒、荒淫凶狠的女人順理成章地被立爲皇后。

賈南風的父親叫賈充，字公閭，平陽襄陵（今山西襄汾）人。出身於官宦世家，父親賈逵當過豫州刺史，封陽里亭候。賈逵死，賈充襲父爵爲侯，拜尚書郎。晉武帝的父親司馬昭執掌魏國朝政時，賈充由司馬、右長史升爲廷尉，進宣陽鄉侯。魏高貴鄉公曹髦不甘心大權旁落，率兵攻打司馬昭。賈充時任中護軍，死心踏地地站在司馬昭一邊。曹髦兵敗，太子舍人成濟請示賈充，說：「今日之事如何？」賈充說：「司馬公（指司馬昭）養兵千日，正是爲了今天，還猶疑什麼？」成濟聽了他的話，一刀便結果了曹髦的性命。魏元帝曹奐時，賈充進封安陽鄉侯，增邑一千二百戶，統城外諸軍，加散騎常侍。賈充跟隨司馬昭多年，極善觀察司馬昭的臉色行事。司馬昭生前曾看中次子司馬攸，有心讓其繼承自己的官爵。賈充表示不同意，說長子司馬炎「寬仁」，有「人君之德」，宜奉社稷。司馬昭聽從他的意見，臨死時對司馬炎說：「知你者，賈公閭也。」司馬炎禪魏建晉，賈充立下了汗馬功勞。

晉武帝登基後，賈充官運亨通，歷任車騎將軍、散騎常侍、尚書僕射，更封郡公。他是晉朝的開國元勛之一，曾爲朝廷制訂一套新的法律，因此極受賞識。

晉武帝不只一次地稱讚他「獎明聖意，諮詢善道」，「雅量弘高，達見明遠，武有折衝之威，文懷經國之慮，信結人心，名震中外」。不過，眞正熟知賈充爲人的官員另有看法，認爲他「無公力之操，不能正身率下，專以諂媚取容」。「專以諂媚取容」，大體上能概括賈充的爲人。

賈充共有四個女兒。他爲了鞏固自己在朝中的地位，先把長女賈荃嫁齊王司馬攸爲妃。後來，他的妻子郭槐通過賄賂，又將小女賈午許嫁太子司馬衷。

侍中任愷、中書令庾純等鄙夷賈充的爲人，一次藉口西北地區氐、羌族人反叛，請求晉武帝讓賈充鎮守關中。晉武帝表示同意，任命賈充爲使持節，都督秦、爲二州諸軍事，即日赴長安。賈充對此任命深感不快，以爲一旦離開京師，便意味著失掉權勢。他把自己的想法告訴了心腹荀勖，荀勖也有同感，說：「公，國家之宰輔，而爲一夫（指任愷）所制，不亦鄙乎！」荀勖頓了頓，又說：「現在詔令已下，不去關中很難。唯一的辦法是使你的女兒與皇太子大婚，那樣自然就會留於京師。」

賈充沒有想到還有這「唯一的辦法」，聽後喜出望外。接著又犯起愁來，說：「這辦法的確好，但誰去說服皇上呢？」荀勖說：「我去！」於是，荀勖憑三寸不爛之舌，把賈充的女兒吹得天花亂墜，中心意思是「才質令淑，宜備儲宮」。

晉武帝一心要娶衛瓘的女兒做兒媳，誰知皇后楊艷收了郭槐的禮物，偏要娶賈充的女兒。晉武帝說：「衛公女有五可，賈公女有五不可。衛家女賢慧，長相美，皮膚白，將來多子多福；而賈家女妒忌，長相醜，又矮又黑，將來少子少福。」楊皇后及荀勖等卻一口咬定賈氏女「賢淑」，非娶不可。晉武帝沒有辦法，被迫同意。於是，泰始八年（西元二七二年），太子司馬衷大婚。

這期間，賈充和郭槐的女兒賈南風要弄手腕，代妹而嫁，冒充賈午，嫁給了太子。賈充便成了晉武帝的親家，司馬衷的岳父。有了這層特殊的關係，賈充當然也就用不著去鎮守關中了，而且升遷爲司空，侍中、尙書令、車騎大將軍如故。賈充「寵幸愈甚，朝臣咸側目焉」。

太康元年（西元二八〇年），晉武帝以賈充爲使持節、假黃鉞、大都督，總統六師，給羽葆、鼓吹、緹幢，兵萬人、騎二千，配備若干助手，進行伐吳的戰爭。誰知賈充是個膽小鬼，不敢統兵打仗，說什麼「天下勞擾，年穀不登，興軍致討，懼非其時，又臣老邁，非所克堪」。晉武帝見他如此怯懦，非常生氣，說：「你不去，朕當自出。」

這使賈充非常難堪，他只好硬著頭皮領兵出征。事情同賈充預料的相反，吳國根本不堪一擊，晉軍南下不久，吳末帝孫皓就乖乖地投降了。吳國滅亡，賈充當然有一份功勞，晉武帝賜帛八千匹，增邑八千戶，而且連賈充的弟弟、從孫都封侯、增邑。賈充還算自量，慚愧之餘，意欲請罪。晉武帝寬宏大量，沒有治親家的罪，只是罷其節鉞、僚佐而已。由於內心有愧，賈充病倒了。病危之時，主動呈上印綬，請求遜職。太康三年（西元二八二年），賈充死，終年六十六歲。

賈充嫡妻李婉，生女賈荃、賈叡。李婉父親李豐獲罪被誅，李婉被流放。賈充於是又娶了妻子郭槐。這個郭槐妒忌、凶狠，不容許賈充接近任何其他女人。

她先後生了兩個兒子，由乳母餵養。賈充疼愛兒子，與抱在乳母懷裡的兒子親熱了一番。郭槐醋勁大發，認定丈夫跟乳母調情，相繼把兩個乳母都殺了。她的兩個兒子戀念乳母，均發病而死，以致賈充斷了後嗣。郭槐還生了兩個女兒，大的就是賈南風，性格酷肖其母；小的叫賈午，先與韓壽私通，然後結婚生子韓謐。

賈充無子，這個韓謐改名賈謐，由外孫變爲孫子，承襲賈氏香火。郭槐在女兒賈南風成爲皇后、擅權干政時，被封爲宜城君，很是風光。死後還諡曰宣，特加殊禮。時人無不以此爲笑料，私下議論諷刺，當然在公開場合是誰也不敢亂說的。

賈南風專權期間，貪婪暴戾，任用族兄賈模爲侍中、從舅郭彰爲右衛，就連賈謐也當了侍中，領秘書監。他們沆瀣一氣，狼狽爲奸，干預國事，權侔人主，先後殺了楊駿、司馬亮、衛瓘、司馬瑋、司馬遹等，激起天怒人怨。司馬氏諸王不甘心外戚形成氣候，群起爭權奪利。永康元年（西元三〇〇年），梁王司馬彤、趙王司馬倫、齊王司馬冏暫時聯合起來，殺了賈南風、賈謐、賈午等人，賈氏勢力遭到毀滅性的打擊。

賈南風死，白癡皇帝司馬衷又立了個皇后羊獻容。羊皇后的祖父叫羊謹，當過尚書右僕射；父親叫羊玄之，初爲尙書郎，後沾女兒的光，拜光祿大夫、特進、散騎常侍，更封興爲侯。又遷尙書右僕射，加侍中，進爵爲公。「八王之亂」中，成都王司馬穎攻打長沙王司馬乂，師出無名，便以討伐羊玄之爲藉口。羊玄之其實並沒有掌握什麼實權，也沒有做什麼壞事，見司馬穎興師動眾，討伐自己，又憂又懼，嚇出病來，很快死去。死後追贈車騎將軍、開府儀同三司。羊獻容後來被前趙皇帝劉曜擄去，冊立爲皇后。劉曜問她說：「我與司馬衷那小子比，怎麼樣？」羊獻容回答說：「你與他怎能相提並論？陛下乃開基之聖主，而他只是亡國之懦夫，一婦一子一身都保護不了，雖然貴爲帝王，卻使妻子受辱。我當時實在不想活了，何圖復有今日！起初我以爲天下男人都像他那樣窩囊，自侍奉陛下以後，始知天下有眞丈夫耳！」劉曜是匈奴族人，聽了羊皇后這番話，肯定覺得受用。

東晉明帝妻兄庾亮

智小謀大，才高識寡

西元三一六年，司馬炎建立的晉朝被匈奴貴族劉淵建立的漢國（前趙）所滅。次年，琅玡王司馬睿在建康（今江蘇南京）即帝位，繼承司馬氏的正統統治。史稱建都於洛陽的晉朝爲西晉，建都於建康的晉朝爲東晉。

司馬睿爲東晉元帝，在位五年多駕崩，其子司馬紹繼位，是爲東晉明帝。晉明帝皇后姓庾名文君，潁川鄢陵（今河南鄢陵西北）人。其父庾琛，字子美，當過建威將軍、會稽太守，徵爲丞相軍諮祭酒。卒於官，死後贈左將軍、驃騎將軍、儀同三司。庾琛的哥哥庾衮，少履勤儉，篤學好問，事親至孝。一年大疫，癘氣方熾，家人都外出避難，唯庾衮留於家中，替死去的兩個兄長守靈。瘟疫止息，外出避難的人染了病，庾衮卻安然無恙。因此，人們稱讚說：「異哉此子！守人所不能守，行人所不能行，歲寒然後知松柏之後凋也！」

《南史》爲庾衮立傳，把他列入「孝友」部分。確實，庾衮一生孝親友朋，執事勤恪。有人說他過於清貧，他回答說：「幽顯易操，非君子之志也。」父親去世後，他靠編織竹器賣錢以養其母。母親嫌他過於辛苦，他回答說：「母食不甘，我將何居？」他先後娶過兩個妻子，均是富豪的女兒。然而嫁庾袞以後，均能棄華麗，散資財，與丈夫共安貧苦，相敬如賓。「撫諸孤以慈，奉諸寡以仁，事加於厚而教之義方，使長者體其行，幼者忘其孤。」——這就是庾袞的爲人。他的一生，非法不言，非道不行，尊事耆老，惠訓蒙幼，勞則選之，逸則後之，言必行之，行必安之，因而聲名遠播，人人仰慕，獲得「庾異」的美譽。後來爲避戰亂，長期隱居，直到老死。

庾琛的兒子庾亮，字元規，也就是晉明帝的妻兄。庾亮既崇玄學，又尊儒學，風格峻整，動由禮節，年輕時就遠近聞名。晉元帝司馬睿看重他的人品，特將他的妹妹庾文君聘爲兒媳，即太子司馬紹之妃。司馬紹登基後，拜庾亮爲中書監。庾亮顧慮權臣王敦的猜忌，不敢受命，上書推辭，說自己「凡庸固陋，少無殊操」，蒙先帝「異常之顧，既眷同國士，又申以婚姻，遂階親寵，累忝非服」，「臣領中書，則示天下以私矣。何者？臣於陛下，后之兄也。」

晉明帝見妻兄心有苦衷，也就不再勉強。此後，庾亮看到王敦非常忌恨自己，並自身安全著想，乾脆藉口有病，辭去了一切官職，在家閒居。

太寧二年（西元三二四年），王敦公開反叛朝廷。晉明帝立即起用庾亮爲左衛將軍，與諸將率兵共拒王敦的同夥錢鳳。接著命他都督東征諸軍事，追殺王敦的部下沈充。很快，王敦的叛亂被平定，庾亮立了大功，封永昌縣開國公，賜絹五千四百匹。庾亮推辭不受，轉護軍將軍。

晉明帝當時還寵信宗室南頓王司馬宗及權臣虞胤，把典禁軍的大權交給他們。司馬宗、虞胤與西陽王司馬羕勾結在一起，密謀作亂。太寧三年（西元三二五年），晉明帝患了重病，司馬宗等利用職權，封鎖了皇宮，禁止皇帝會見朝臣。

庾亮看到了問題的嚴重性，不顧一切，憑藉國舅身分，強行闖進宮中，見到晉明帝，痛哭流涕地說：「社稷安危，將在今日。」

晉明帝頭腦還算清醒。他為了平衡皇室、朝臣和外戚的勢力，任命司馬羕、王導、庾亮三人同為輔政，輔佐太子司馬衍，其中庾亮兼任中書令。

晉明帝安排好後事就駕崩了。太子司馬衍繼位，是為東晉成帝。晉成帝年幼，庾文君以太后身分臨朝，各輔政共決國事，實際上權力掌握在庾亮手裡。

庾亮掌權，引起了三部分人的反對。一是以司馬宗、司馬羕為代表的皇室成員，他們不能容忍外戚操縱皇權；二是丞相王導，擔心自己的權力會被架空；三是地方藩將陶侃、祖約等人，他們被排斥在輔臣之外，非常惱火。這三部分人各有目的，各懷鬼胎，很快結成同盟，一起攻擊和詆毀庾亮。有人說庾亮夥同太后，篡改了晉明帝的遺詔；有人說庾亮蓄意翦滅皇家宗室，居心叵測。司馬宗最是急不可待，勾結蘇峻等，密謀除去庾亮。關鍵時刻，庾亮利用權力，先發制人，果斷地殺了司馬宗，並把司馬羕廢為縣王，暫時穩定了局面。

庾亮這樣做，觸犯了皇室的利益。一天，晉成帝忽然想起南頓王司馬宗來，問庾亮說：「常日白頭公（指司馬宗）何在？」

庾亮回答說：「他蓄意謀反，臣把他殺了！」

晉成帝很不高興，說：「舅舅說別人謀反，便把他殺了；那麼別人說舅舅謀反，該怎麼辦呢？」

庾亮聽了這話，嚇得臉色大變，汗流浹背。心想：可不是嘛！如果別人說自己謀反，那麼自己還會有活路嗎？

其時，祖約鎮守豫州（今河南汝南），陶侃鎮守荊州（今湖北江陵），蘇峻鎮守歷陽（今安徽和縣）。祖約與蘇峻勾結起來，以討伐庾亮爲藉口，興兵叛亂，直搗建康。庾亮任都督征討諸軍事，率兵鎮壓叛亂。由於庾亮不懂軍事，加之晉軍士氣低落，所以雙方一經交戰，晉軍大敗，叛軍長驅直入，攻陷建康。

庾亮乘船倉皇西逃，叛軍緊緊追趕。庾亮的隨從射殺叛軍，無意中卻射殺了自家的船工，人心惶駭，秩序大亂。庾亮不動聲色，鎮靜地說；「憑這一手如何能射中敵人！」眾人受到他的影響，這才安下心來。

庾亮逃到尋陽（今江西九江），投靠部將溫嶠。溫嶠尊敬庾亮，仍推他爲都統。庾亮堅持不受。最後商定，共推陶侃爲盟主，集合力量平定祖約、蘇峻的叛亂。陶侃與庾亮原有矛盾，庾亮引咎自責，主動拜見陶侃，謝禮賠罪。陶侃不計前嫌，答應出任盟主，發兵鎮壓叛亂。

咸和四年（西元三二九年）二月，歷時一年多的祖約、蘇峻叛亂終被平息。這場叛亂給建康人民造成了深重的災難，宮室被毀，田地荒蕪，百姓流離失所，太后庾文君也受逼辱而死。庾亮自覺失職，泥首請罪，要求辭去所有職務，閉門思過。晉成帝原諒了他，手詔諭曰：「此社稷之難，非舅之責也。」庾亮不想推卸責任，上疏自責說：「才下位高，知進忘退，乘寵驕盈，漸不自覺。進不能撫寧外內，退不能推賢宗長，遂使四海側心，謗議沸騰。祖約、蘇峻不堪其憤，縱肆凶逆，事由臣發。社稷傾覆，宗廟虛廢，先後以憂逼登遐，陛下旰食逾年，四海哀惶，肝腦塗地，臣之招也，臣之罪也。朝廷寸之，屠戮之，不足以謝祖宗七廟之靈；臣灰身滅族，不足以塞四海之罪。臣負國家，其罪莫大，實天所不覆，地所不載。……」

作爲皇親國戚，庾亮能這樣勇於承擔罪責，具有自知之明，在歷史上是比較少見的。

庾亮要求辭職，甚至企圖遁逃山林過隱居生活，都遭到晉成帝的拒絕。庾亮無奈，請求外鎮自效，於是出爲平西將軍、豫州刺史，鎮蕪湖（今安徽蕪湖）。這期間，庾亮與陶侃配合默契，共同鎮壓了王導親信郭默的叛亂。陶侃死，庾亮遷官，都督江、荊、豫、益、梁、雍六州諸軍事，領江、荊、豫三州刺史，進號征西將軍、開府儀同三司，鎮武昌（今湖北武漢）。

庾亮手中有了兵權，且居長江中遊形勝之地，便公開與王導相抗衡，意欲廢黜王導。他致書司空郗鑒，指責王導的種種罪惡，稱王導是「大奸」，說：「大奸不掃，何以見先帝於地下！」這時的王導已今非昔比，只能被動挨打。郗鑒不願朝廷內部起鬨，沒有採納庾亮的意見，王導得以保持固有的地位。

咸和八年（西元三三三年），後趙皇帝石勒死。庾亮爲了鞏固庾氏家族的勢力，遂打出北伐的旗號，調兵遣將，提拔了一大批親信。適逢王導病故，晉成帝徵庾亮爲司徒、揚州刺史，錄尚書事。庾亮捨不得放棄兵權，固辭不受。朝廷乃以庾亮的妹夫何充爲護軍將軍，庾亮的弟弟庾冰爲中書監、揚州刺史，二人並錄尚書事。這時，庾冰居中爲丞相，庾亮居外統重兵，牢牢地控制了晉朝的軍政要務，庾氏外戚的勢力達到了頂點。

然而，權力、地位不等於智慧和能力。庾亮北伐，屢屢受挫，損兵折將。迫於形勢，他不得不上表謝罪，自貶三等。咸康六年（西元三四〇年），這位「智小謀大，昧經邦之遠圖，才高識寡，缺安國之長算」的國舅病死，終年五十二歲。

庾亮有四個弟弟：庾懌、庾冰、庾條、庾翼。庾懌官至輔國將軍、豫州刺史，晉康帝時進毒酒，企圖殺害江州刺史王允之。王允之告發了這件事，晉康帝說：「大舅已亂天下，小舅也要這樣做嗎？」庾懌畏罪，飲鴆而死。

庾冰雅素好禮，王導死後，出任中書監、揚州刺史，都督揚、豫、兗三州軍事。他既當重任，經綸時務，不舍夙夜，賓禮朝賢，升擢後進，受到朝野好評，人稱「賢相」。晉康帝時，進爲車騎將軍，擔心權勢太盛，要求外鎮，領江州刺史，鎮武昌，病亡。庾冰天性清慎，常以儉約自居，以致死後都沒有像樣的喪服，家無私積。

庾條品行、才幹平平，只當到臨川太守，祿位不至。庾翼風儀秀偉，能文能武，庾亮死後，由他都督六州諸軍事，任安西將軍、荊州刺史，鎮武昌。他身負大任，每竭志能，勞廉非懈，戎政嚴明，經略深遠，數年時間，使轄內公私充實，人情翕然。晉康帝時，他也曾謀求北伐，出師不捷，發疽病而死。

庾氏外戚是東晉時期的重要外戚之一。以庾亮爲代表的庾氏兄弟迅速崛起，又迅速衰敗，反映了封建社會外戚興亡盛衰的一般規律。他們的貢獻在於苦心經營長江中游地區，使這個地區的經濟、文化事業有所發展，從而爲後來桓溫北伐創造了有利條件。

東晉康帝岳父褚裒

皮裡陽秋，享譽當世

東晉歷元帝司馬睿、明帝司馬紹、成帝司馬衍，咸康八年（西元三四二年），康帝司馬岳登基，其妃褚蒜子被立爲皇后。褚蒜子的父親叫褚裒（裒，讀作剖），字季野，陽翟（今河南禹縣）人，在東晉外戚中算是比較高明的一人。

褚裒青年時代品德高尚，與長安的杜乂（西晉名將杜預之孫）齊名。著名書法家王羲之誇獎杜乂說：「膚若凝脂，眼如點漆，此神仙人也。」而著名學者桓彝則稱讚褚裒說：「季野有皮裡陽秋。」「皮裡陽秋」，意爲內心深藏褒貶，而表面不流露出來，是深沉、含蓄的意思。著名政治家謝安推崇褚裒，常說：「裒雖不言，而四時之氣亦備矣。」可見褚裒高風亮節，在當世享有美好的聲譽。

褚裒開始官位不高，只是車騎將軍郗鑒的參軍。郗鑒平定蘇峻叛亂有功，褚裒相應得到提拔，遷司徒從事中郎、給事黃門侍郎，封都鄉亭侯。這時，司馬岳爲琅玡王，選妃，褚裒的女兒褚蒜子以名門閨秀當選，褚裒成了皇親國戚，出為豫章太守。司馬岳即帝位，立即拜岳父為侍中，遷尚書。褚裒可不想叨恩沾光，一再要求到外地任職。晉康帝成全其意願，拜他為建威將軍、江州刺史，鎮半州（今江西九江西）。

褚裒為官，以清約著稱，雖居方伯之位，但仍過著儉樸的生活，常令自家奴僕到山中打柴，力戒奢侈。不久，晉康帝又拜他為衛將軍，領中書令。褚裒考慮，自己是皇家姻戚，不宜在京城任職，尤其不宜領中書令，所以一再上書，予以推辭。晉康帝不能夠逼岳父，只好任命他為左將軍、兗州刺史、都督兗州徐州諸軍事、假節。繼又領琅玡內史。

晉康帝只當了兩年多皇帝就死了，由年僅二歲的皇太子司馬聃繼位，就是東晉穆帝。褚蒜子被尊為皇太后臨朝為事。這時，許多朝臣認為褚裒是皇太后的父親、晉穆帝的外公，商議給他加不臣之禮，拜侍中、衛將軍、錄尚書事，持節、都督、刺史如故。但是褚裒以近戚為由，遠避嫌疑，上疏固請到外地任職。他在疏中說：「無勞受寵，負愧實深，豈可復加殊特之命，顯號重疊！臣有何勛可以克堪？何顏可以冒進？……今王略未振，萬機至殷，陛下宜委誠宰輔，一遵先帝任賢之道，虛己受成，坦平心於天下，無宜內示私親之舉，朝野失望，所損豈少！」

由於他的推辭，所以改授都督徐、兗、青、揚州諸軍事，衛將軍，徐、兗二州刺史，鎮京口（今江蘇鎮江）。此後，朝廷又徵他入朝錄尚書事，他一如既往，委婉辭絕，只就任征北大將軍。褚裒認為，政道在於得才，朝廷應該委賢任能。為此，他推薦顧和任尚書令，殷浩爲揚州刺史。

永和五年（西元三四九年），後趙皇帝石虎死，後趙國陷入混亂之中。褚裒以爲這是北伐後趙的好機會，上疏請求發兵出征。朝臣在討論中提出，褚裒事任貴重，不宜輕易深入敵境。褚裒不以爲然，認爲只有深入敵境，才能造成威勢，迫使後趙就範。於是，褚裒任征討大都督青、揚、徐、兗、豫五州諸軍事，統兵三萬進攻後趙。開始倒還順利，晉軍打了一連串勝仗，繳獲無數。後來在代陂這個地方，晉軍受到後趙軍的頑強抵抗，進而晉軍被打得大敗，死傷多半，先遣都督徐龕（龕，讀作刊）陣亡。這一仗使褚裒變得清醒了許多，他意識到憑東晉的軍事力量，是不能消滅後趙及其他國家的。他深感內疚，損兵折將，主帥應負責任。因此，他上疏自貶，要求降爲征北將軍，留鎭廣陵（今江蘇揚州）。

褚太后偏袒父親，爲之解脫，說：「逋寇未殄，方鎭任重，不宜貶降。」讓他還鎭京口，解除征討大都督的職銜。褚裒回到京口，但聽得城內外一片哭聲。他不解地問左右說：「怎麼哭聲這樣多？」左右回答說：「這是陣亡人的家屬，哀代陂之役也。」褚裒聽罷，猛然心驚，越加愧恨，憂慨成病。這一病再也沒有好轉，很快死去，年僅四十七歲。對於他的死，「遠近嗟悼，吏士哀慕」。死後贈侍中、太傅，謚曰元穆。

褚裒的兒子褚歆，以學行知名，歷散騎常侍、秘書監。至於褚蒜子，後來還曾兩次臨朝，直到東晉孝武帝太元九年（西元三八四年）才去世，活了六十一歲。

東晉哀帝岳父王濛

崇尚清談的代表人物

西元三六一年，晉穆帝司馬聃死時只有十九歲，無子，由晉成帝司馬衍的長子司馬丕繼位，是爲東晉哀帝。司馬丕原爲琅玡王，娶妃王穆之。司馬丕即帝位，王穆之成爲皇后。

王皇后的父親叫王濛，字仲祖，咸陽（今山西太原）人。其祖父叫王訥，當過新淦縣令。王濛少年時代放縱不羈，光做壞事，其言其行多爲鄰里所不齒。成年以後，一改常態，克己勵行，輕物好施，孝敬父母，喜怒不形於色，寫得一手好字，風流美譽，名聲大振。

王濛長得一表人材，可惜家境貧窮，衣衫不整，以致經常對著鏡子發出感嘆說：「我父親怎生我這麼個兒子！」一次，他上街想買頂帽子。有個老婆子看他長相俊美，便白送給他一頂新帽，時人傳爲佳話。直到他的女兒王穆之被司馬丕納爲王妃，他的情況才有所改變，與風流才子劉惔（惔，讀作談）結爲摯友。劉惔稱讚他「天性至通，而自然有節」。他高興地說：「劉君知我，勝我自知。」

王濛先在司徒王導門下做事。王導同時引用一個叫匡孝的人，這引起了王濛的不快。他說：「開國承家，小人勿用。……軍國殊用，文武異容，豈可令涇、渭混流，虧清穆之風，以允答具瞻，儀形海內！」後出為長山縣令，又徙中書郎。

晉元帝的兒子司馬昱時為會稽王，一次與名士孫綽談論江南風流人物。孫綽說：「王濛溫潤恬和……性和暢，能言理，詞簡而有會。」司馬昱入朝輔政，特別貴幸王濛和劉惔，號為「入室之賓」。

晉朝崇尚清談，王濛正是善於清談的代表人物。司馬昱推崇他，但卻不重用他，所以王濛只做到司徒左長史這個不大的閒官。王濛憂傷不得志，說：「人言司馬昱癡，確實，癡透了！」憂傷致病，嘆道；「誰知像我這樣的人，竟活不到四十歲！」結果死時只有三十九歲。

王濛有兩個兒子：王修、王蘊。有意思的是王濛的女兒成為晉哀帝的皇后，而王蘊的女兒又成了晉孝武帝司馬曜的皇后。

王蘊，字叔仁，原先官著作郎，累遷尚書吏部郎。他性格平和，為人公允，為尚書吏部郎期間，每一官缺，很多人都來尋他，要求補缺。他對要求補缺的人一視同仁，逐個登記，如實填寫：「某某人有地，某某人有才。」隨後把情況向上司彙報，由上司決定補缺人選。由於他「務存進達，各隨其方」，所以那些沒能補缺的寒庶之士，沒有一人怨恨於他。

王蘊繼為吳興太守，時值災荒，百姓斷糧。他斷然決定開倉救濟。手下屬吏說：「開倉救濟是大事，應報朝廷批准。」王蘊憤然說：「今百姓嗷然，路有饑饉，若上表呈報，何以拯救生命垂危的人？專輒之愆（愆，讀作牽，過失），罪在太守，且行仁義而敗，無所恨也。」說罷，命打開糧倉，廣泛賑濟，使許多窮苦人脫離了死亡。

王蘊的行動違反了朝廷的規定，因而被罷官。然而廣大百姓擁護他，詣闕喊冤，爲之打抱不平。朝廷屈服於民眾的壓力，只好把王蘊遷爲晉陵太守。王蘊在那裡同樣體恤百姓，大施惠政，因而受到歡迎。

王蘊有個兒子叫王恭，有個女兒叫王法慧。晉孝武帝司馬曜將立皇后。王恭於是去拜見僕射謝安，說：「皇帝納后，其岳父應該像王蘊那樣有德行。」謝安馬上派人察訪王法慧，回報說王女「容德淑令，宜備掖庭」。於是寧康三年（西元三七五年），由謝安作主，孝武帝立了王法慧爲皇后。王蘊成了皇帝的岳父，遷光祿大夫、領五兵尚書、本州大中正，封建昌縣侯。其妻劉氏也封樂平鄉君。

但是，王蘊是個品德高尚的人，不願依靠裙帶關係而升官加爵，拒辭不受。朝廷敦勸無效，只好改授他都督京口諸軍事、左將軍、徐州刺史、假節。他嫌官位太高，仍不受。謝安出面勸導，說：「先生居后父之重，不應妄自菲薄，以虧時遇，宜依先朝褚裒故事，但令在貴權於事不事耳。先生可暫臨此任，以紓國之重。」這樣一來，王蘊不便推辭，勉強受命。不久，又徵拜他爲尚書左僕射，遷丹揚尹，將軍如故，另加散騎常侍。

王蘊以姻戚之故，說什麼也不願入朝爲僕射，一再要求到外地任職。孝武帝、謝安等沒有辦法，只好命他爲都督浙江東五郡、鎭軍將軍、會稽內史，散騎常侍不變。

王蘊平時嗜酒，晚年尤甚，終日飲酒，絕少醒日。皇后王法慧受父親影響，也嗜酒如命，且很驕忌。孝武帝非常惱火，一次專門把王蘊召入宮中，對其訴說皇后嗜酒驕忌的情狀，要他嚴厲訓誡自己的女兒。王蘊誠惶誠恐，免冠謝罪。從此以後，王法慧有所收斂，而王蘊嗜酒，至死不改。太元五年（西元三八〇年），王法慧死，年僅二十一歲。太元九年（西元三八四年），王蘊死，終年五十五歲。

東晉孝武帝親家王羲之

集大成並開一代新風的書法家

東晉孝武帝司馬曜於西元三七二年即位，當了二十四年皇帝，後因一句戲言，被寵妃張貴人害死。繼位的是其太子司馬德宗，就是東晉安帝。晉安帝死後二年，東晉就滅亡了。

孝武帝的外戚，有兩個知名人物：傑出的書法藝術家王羲之及其子王獻之。

孝武帝的女兒新安公主嫁王獻之，王羲之便是皇帝的親家。王獻之的女兒王神愛又嫁司馬德宗。這樣，孝武帝和王獻之就既是翁婿關係，又是親家關係。人物之間的輩分完全亂了套，上下輩變成平輩，平輩變成上下輩，不知該怎樣稱呼。

王羲之，字逸少，琅玡臨沂（今山東臨沂）人。出身於南遷的北方世家，曾任右將軍，故人稱「王右軍」。他的書法，「飄若浮雲，矯若驚龍」，集前人之大成，又開一代新風，成為中國書壇之冠。因此，王羲之獲得了「書聖」的美譽。

王羲之少年時沉默寡言，不拘一格，並非什麼特異的天才。然其學書十分刻苦，具有堅韌不拔的精神。他學習、吃飯、走路，無時無刻不在揣摩字體的間架、結構以及筆法，邊揣摩邊在身上塗劃，久之，衣服都劃破了。一次，他埋頭練字，全神貫注，忘記了吃飯。家人把飯送到書房，他不加思索地用饃蘸著墨就吃，吃完後滿嘴墨黑，別人大笑，他卻全然不知。他經常臨池書寫，就池洗硯，時間長了，池水盡黑，人稱「墨池」。

王羲之練習書法，鍥而不捨，積數十年之功，「暮年方妙」，攀上了超逸絕倫的書法藝術高峰。

王羲之才高名重，征西將軍庾亮徵他爲參軍，遷長史。朝廷慕其才名，徵他爲侍中、吏部尚書。王羲之推辭不就，只當護軍，繼爲右將軍、會稽內史。時遇災荒，他開倉賑貸，並上書謝安，要求減輕百姓賦稅。這時他的書法已達到爐火純青的地步，朝野視爲墨寶。有個老婆子賣扇，做工粗糙，無人購買。王羲之同情老人家，便在扇上各寫五字，告訴她說：「你就說這是王右軍所寫，每把扇少了一百文錢不賣。」人們爲了珍藏王羲之的墨跡，心甘情願地出一百文錢，購買並不值幾文錢的扇子。老婆子嘗到了甜頭，還要王羲之寫字。王羲之笑了笑，巧妙地拒絕了。因爲他乃一代名士，其墨跡珍貴無比，怎能輕易授人呢？

王羲之性愛白鵝，會稽（今浙江紹興）有個孤老婆子，養一白鵝，毛色純淨，鳴聲悠遠，人見人愛。王羲之令人登門求購，主人不賣。王羲之遂邀親朋好友前往觀鵝。孤老婆子聽說名士來訪，好心地把白鵝殺了，招待貴客。王羲之乘興而來，見鵝在鍋裡煮熟，悵然若失，爲此惋嘆數日。一道士聽說此事，養了一群白鵝，隻隻潔白肥碩。王羲之聽說後，立即乘船前去觀賞，並欲買鵝。那個道士狡猾地說：「如此美麗的白鵝，貧道實在捨不得賣。不過倒可以奉送給先生，只要先生給寫一部《道德經》。」王羲之愛鵝心切，慨然允諾，欣然命筆，俄爾即就，載鵝而歸。這便是「右軍書法妙如何？換盡山陰道士鵝」的一段佳話。

王羲之墨跡很多，最著名的當推《蘭亭序》。蘭亭，是會稽山陰的一處古老名勝，那裡有崇山峻嶺，茂林修竹，曲水彎彎，遊人如織。永和九年（西元三五三年）三月初三，正值「禊節」（禊，讀作系；禊節，古代舉行禊祭消除不祥的節日）。這天，王羲之邀請謝安、孫綽等四十一人到蘭亭過「禊節」，飲酒賦詩。彼此相約，以觴盛酒，置於潺潺曲水上，任其漂流，賓主分列曲水兩旁，依石而坐，觴流至誰面前，誰就當場賦詩一首，若賦不出，則罰酒三觴。當天，曲水流觴，一觴一飲，共得佳作四十餘篇，編為詩集。王羲之為詩集作序並書之，故稱《蘭亭序》，又叫《蘭亭集序》，或《臨河序》、《禊序》、《禊帖》。該序共二十八行，三百二十四字。王羲之信手寫來，字體瀟灑流暢，氣勢萬千，成為中國行書的絕代精品。

永和十一年（西元三五五年），王羲之恥於與朝廷權貴為伍，辭官去職，遊覽山水，以垂釣為娛。太元四年（西元三七九年）去世，終年五十九歲。死後贈金紫光祿大夫。

王羲之共有七個兒子，其中王徽之、王獻之的書法也很有名氣。

王徽之，字子猷，生性卓犖（犖，讀作絡，雜色），蔑視權貴，放誕傲達。他喜好青竹，家中庭院遍種翠竹，整日對竹吟詠，說：「何可一日無引君邪！」一年冬天，夜雪初霽，月色清朗，四望皓然。王徽之獨酌吟詠，忽然想起住在剡溪（今浙江曹娥江上游）好友戴逵，於是便夜乘小舟前去造訪。及至天亮，到達戴逵家門前時，他卻原路返回。有人問其原因，他說：「本乘興而行，興盡而返，何必見友人呢？」

王獻之，字子敬，長相俊美，高邁不羈，風流為一時之冠。他七八歲時隨父親王羲之學習書法，神情專注。王羲之一次悄悄從其身後抽奪毛筆，因他抓得很緊，抽奪沒有成功。王羲之讚嘆說：「此兒後當復有大名。」

王獻之曾在牆壁書寫一丈見方的大字，圍觀者達數百人。一次，他應邀在宰臣桓溫扇面上題字，墨團誤落到扇面上。人們無不為之擔心。他卻從容不迫，把那墨團三塗兩抹，畫作一隻烏鴉站在牛背上，活靈活現，妙不可言。由於王獻之聰明、刻苦，所以草書、隸書、繪畫都有很高的成就。

王獻之不僅書畫藝術出色，而且為人滑稽幽默。一天深夜，他睡在書房裡，兩個小偷進入其室，把珍貴的物品都偷了去，最後還想把一片青氈偷走。這時，王獻之不緊不慢地說：「喂，夥計！青氈乃我家祖傳的舊物，是不是可以留下？」小偷們聽了這話，嚇出一身冷汗，驚惶逃之夭夭。

王獻之成人後，先當秘書郎，轉任秘書丞。這時，他娶了晉孝武帝司馬曜的女兒新安公主。謝安敬重他的才能，徵其為帳下長史。謝安一次問王獻之說：「你的書法比尊父怎樣？」王獻之答：「故當不同。」

謝安說：「外論可不這樣認爲。」

王獻之笑而不答。他爲什麼這樣說呢？因爲他與父親同爲書法大家，其書法骨力不及父親，卻以英俊豪邁見長，饒有媚趣。

太元十一年（西元三八六年），王獻之病死，終年四十二歲。他的女兒王神愛十年後被皇太子司馬德宗納爲妃。孝武帝死，司馬德宗繼位，王神愛被立爲皇后。王獻之作爲晉安帝姐夫和岳父，被追贈爲侍中、特進、光祿大夫、太宰，謚曰憲。

王獻之沒有兒子，由侄兒王靜之繼嗣，王靜之官至義興太守。

北魏道武帝舅父、岳父

適應動盪形勢，盡力表現自我

東晉末期，北方鮮卑族拓跋氏迅速崛起。西元三八六年，十六歲的拓跋珪號召舊部，重興代國，改國號爲魏，都平城（今山西大同），史稱北魏。拓跋珪就是道武帝，在位二十四年，後被兒子拓跋紹殺死。

道武帝的外戚很多，母族中有幾位舅父：賀訥、賀染幹、賀盧等。道武帝的母親稱獻明皇后，賀訥就是獻明皇后的哥哥。當初，道武帝在重興代國的過程中，曾遭到其他諸部的反對，劉顯一度要殺他。他走投無路，輕騎逃到賀訥的軍營。賀訥又驚又喜，說；「官家復國以後，可不能忘了我這個老臣。」

道武帝笑著說：「誠如舅言，我不敢忘記。」

賀訥因此積極支持外甥復國的大業，使之建立了北魏。

賀訥的弟弟賀染幹可不願甘居人下，經常鼓動哥哥發展自己的勢力而自立。賀訥經不起權力的誘惑，趁道武帝討伐吐突鄰部的時候，率兵造反，另懷異圖。於是道武帝與舅父之間兵戎相見，反目成仇。交戰的結果，賀訥大敗，被徙遷邊地。

賀訥一氣之下，投降了後燕皇帝慕容垂，受封歸善王。不久，賀訥、賀染幹爲爭權奪利發生了衝突，賀染幹意欲謀殺哥哥，取而代之，兄弟內訌，互相攻殺。慕容垂對此感到惱火，派兒子慕容麟率兵分別鎮壓賀氏兄弟。賀訥這時又想起外甥道武帝，寫信求救。道武帝捐棄前嫌，發兵相援，幫助賀訥擺脫了絕境。從此，賀訥死心踏地地聽從外甥的調遣，拜安遠將軍，甚見敬重。但道武帝對這個舅父心存疑忌，不敢給予他太大的兵權。賀訥因年老的緣故，再無力興風作浪，最後以壽終於家。賀染幹自始至終一直是道武帝的反對派，後曾舉兵圍攻道武帝的行宮。獻明皇后出面干涉，說：「你等明知我在這裡，還想殺我兒子嗎？」賀染幹慚愧退兵，不知所終。

賀訥的另一個弟弟賀盧，跟隨道武帝征平中原有功，封遼西公。一次，他與衛王拓跋儀一起出征，自以爲是皇帝的舅父，不服從拓跋儀的指揮，受到道武帝的切責。後來他官廣川太守，又恥於居冀州刺史王輔之下，遂襲殺王輔，投降後燕，受封廣寧王，充當了叛國者。

道武帝的妻族中有一人是當時地方政權後燕的皇帝：慕容氏的父親慕容寶，字道裕，後燕皇帝慕容垂之子。此人「少輕果，無志操，好人佞己」，成爲太子後尚能「砥礪自修」。其母段氏對他有成見，一次對慕容垂說：「慕容寶姿質雍容，柔而不斷，和平時能夠仁明之主，患難時則非濟世之雄。今託以大業，未見克昌之美。」因此，她主張另立太子。

段氏的話讓慕容寶知道了，慕容寶深以爲恨。西元三九六年，慕容寶繼慕容垂之後當了皇帝，立即與另一個兄弟慕容麟逼迫生母自盡。段氏怒道：「你兄弟倆連生母都要逼殺，怎能保住江山社稷呢？兒子忤逆，我何惜一死！」說罷乃自殺而死。

慕容寶猶不解恨，認爲段氏「無母之道」，不宜成葬，拒絕爲其舉行喪禮。只是在中書令眭邃的極諫下，他才勉強安葬了段氏。不久，道武帝攻後燕，慕容寶失地損兵，便把女兒進獻給道武帝，以求和解。道武帝立慕容氏爲皇后，慕容寶便成了道武帝的岳父。西元三九八年，慕容寶被人殺死，他的小兒子慕容熙當了皇帝。西元四〇七年，慕容熙又被殺，後燕滅亡，取而代之的是北燕高雲。

道武帝的妻族中還有一人是當時的豪閥：劉氏的父親劉眷。劉眷的哥哥叫劉庫仁，是代國拓跋什翼犍的宗親。西元三七六年，代國滅亡後，劉庫仁投前秦皇帝苻堅，受封陵江將軍、關內侯，統領河東土地。劉庫仁和獻明皇后、道武帝交情深厚，道武帝在重興代國的事業中，得到過他的大力支持和幫助。後來，劉庫仁被後燕的慕容文殺害。

劉庫仁死，劉眷代替主持政事。這激起了劉庫仁之子劉顯的不滿。劉眷的兒子劉羅辰看到了劉顯的險惡用心，告訴父親說：「從兄劉顯是個危險人物，願早圖之。」可是，劉眷認爲劉顯是自己的侄兒，不以爲意。不久，劉顯果然殺了劉眷，並發兵攻襲道武帝。道武帝建國後，集中力量討伐劉顯，劉顯潰敗，投降了後燕。道武帝不忘劉庫仁父子的友情，便把劉眷的女兒納爲夫人。劉夫人生子拓拔嗣，就是日後的北魏明元帝。劉羅辰作爲道武帝的小舅子，屢立軍功，封永安公，官征東將軍、定州刺史。死後謚曰敬。

道武帝有心立劉夫人爲皇后。但是，北魏有個傳統規矩：「將立皇后，必令手鑄金人，以成者爲吉，不成則不得立也。」劉夫人命運不濟，鑄金人不成，所以沒當上皇后，只在死後被追謚爲宣穆皇后。

北魏建國前後，社會激烈動盪。因此，道武帝的外戚，不論是舅父還是岳父，都適應動盪形勢，盡力表現自我。他們沒有道武帝那樣的雄心和氣魄，所以只能臣服於道武帝而已。

北魏明元帝岳父姚興

由生死對頭變成親戚關係

北魏明元帝拓跋嗣是道武帝拓跋珪的長子。天賜六年（西元四〇九年），清河王拓跋紹窮凶極惡地殺死父親道武帝。拓跋嗣趁機即皇帝位，殺了拓跋紹，繼承了道武帝的事業。

明元帝的嫡妻是後秦皇帝姚興的女兒西平公主，因鑄金人不成，故沒被立爲皇后。但明元帝一直把她當皇后看待，並在她死後追謚爲昭哀皇后。

姚興，字子略，羌族人。他的父親姚萇於西元三八四年建立了後秦，定都長安（今陝西西安）。九年後，姚萇死，姚興繼位。姚興與北魏是生死對頭，爲爭奪中原土地經常發生戰爭。最激烈的一次戰爭發生在天興五年（西元四〇二年），姚興派弟弟姚平率兵四萬進攻北魏的平陽（今山西臨汾西南），迫使道武帝御駕親征。姚平先勝後敗，被道武帝重重包圍。姚興見勢不妙，親率大軍救援姚平。

於是，道武帝和姚興鬥智鬥勇，周旋了兩個多月。最後，姚平糧絕，強行突圍，渡汾水時數千人被擒。姚興救援，心有餘而力不足，「自觀其窮，力不能免，舉軍悲號，震動山谷，數日不止」。姚興被迫與道武帝講和，然後各自班師。

明元帝即位後，姚興與明元帝保持了友好的關係，並把自己的女兒嫁明元帝為妻，北魏和後秦由生死對頭變成親戚關係。姚興首先安定了邊防，然後著力治理國內，「存問孤貧，舉拔賢俊，簡省法令，清察獄訟，守令之有政績者賞之，貪殘者誅之」，致使「遠近肅然」，後秦一度比較為盛。姚興在位十七年死去，其子姚泓繼位，每況愈下。兩年後，被東晉劉裕擒獲，斬於建康（今江蘇南京）。

姚興還有一個兒子叫姚黃眉，即明元帝的小舅子。後秦滅亡後，姚黃眉投靠北魏，明元帝厚禮待之，賜爵隴西公，尚陽翟公主，拜駙馬都尉。太武帝拓拔燾即帝位以後，姚黃眉遷內都大官，又拜太常卿，不久病死。由於他為人誠實，寬和溫厚，所以太武帝悼惜不已，破格追贈為雍州刺史、隴西王，謚曰獻。

明元帝還有個妻子杜氏，生前封貴嬪，死後追贈為皇后，稱密皇后。密皇后之兄杜超，魏郡鄴（今河北臨漳西南）人。少有節操，加之是皇帝的大舅子，明元帝任命他為相州別駕。密皇后生子拓跋燾，拓跋燾於西元四二三年承襲帝位，就是北魏太武帝。太武帝思念已死的生母，格外看中舅舅杜超，封他為陽平公。而且把姑母南平長公主嫁給他，拜駙馬都尉，官大鴻臚卿。皇親加皇親，杜超榮寵至極，太武帝多次駕幸其第，賞賜巨萬。太武帝進攻南朝宋，以杜超領征南大將軍、太宰，進爵為王，鎮守鄴，況且追贈杜超父親杜豹為鎮東大將軍、陽平景王，就連其母也獲得了巨鹿惠君的封號。杜超雖然高官勛爵，滿門榮耀，但並未見有什麼功業和建樹。太平眞君五年（西元四四四年），他的帳下士兵不知出於何種原因，憤怒造反，把杜超謀殺了。太武帝聽說舅舅遇害，震驚不已，親臨其喪，沉痛悼念，謚曰威王。

杜超有三個兒子，太武帝對他們非常恩寵：長子杜道生，官秦州刺史，進爵河內公；次子杜鳳凰，加侍中、特進，承襲父爵；第三子杜道俊，官兗州刺史，封發干侯。

杜超的從弟杜遺跟著從兄沾光，被授爲侍中、安南將軍、開府、相州刺史，入爲內都大官，進爵廣平王。此人生性忠厚，心地善良，歷任州郡首長，名聲頗佳。死後贈太傅，謚曰宣王。他的兩個兒子杜元寶、杜胤寶均不安分，好動喜亂，無事生非。文成帝拓跋濬時，杜元寶爵封京北王，蓄意謀反，終於遭致大禍，滿門抄斬。唯有杜元寶的兒子杜世沖逃免，給杜氏家族留下了一株獨苗。

明元帝宮中曾有一女人竇氏，因其家獲罪，丈夫被誅，她及兩個女兒被沒入宮廷當侍女。竇氏操行純備，進退有禮，明元帝便命她照看兒子拓跋燾，充當保姆。竇氏競競業業，任勞任怨，疼愛拓跋燾勝過親生兒子。拓跋燾即位後，敬重竇氏，感其恩訓，破例尊封她爲皇太后，讓她享受榮華富貴。竇氏有個弟弟叫竇漏頭，太武帝視他爲母舅，封遼東王。由一個保姆的兒子而成爲皇親國戚，封爵爲王，這在歷史上相當罕見。說明北魏政權並不十分看重出身、門第，只要皇帝高興，即使凡夫俗子，也能一步登天。

北魏文成帝妻兄馮熙

道貌岸然，狡詐虛偽

北魏太武帝拓跋燾在位二十九年，被宦官宗愛殺死，其子拓跋餘登基。半年後，宗愛又殺了拓跋餘。拓跋餘的兒子拓跋浚登基，就是北魏文成帝。

文成帝的生母郁久閭氏早死。郁久閭氏有兩個哥哥，一叫閭毗（毗，讀作皮），一叫閭紇。他們是文成帝的舅舅，沾光叨恩，顯赫一時。太安二年（西元四五六年），閭毗官平北將軍，封河東公；閭紇官寧北將軍，封零陵公。不久，二人並加侍中，進爵為王。接著，閭毗升任征東將軍，評尚書事；閭紇升任征西將軍、中都大官。文成帝懷念生母，隆寵舅氏，閭氏一家封王爵者二人，公爵者五人，侯爵者六人，子爵者三人，同時受封，滿門風光。

文成帝同祖父太武帝一樣，非常敬重撫養他長大成人的保姆常氏，先尊她為保太后，進而尊她皇太后。他把常氏的兄弟姐妹視如皇親國戚，一律賜以高官勛爵。如常太后的哥哥常英，原先是個縣令，破格提拔為散騎常侍、鎮東大將軍，封遼西公。常太后的弟弟常喜，官鎭軍大將軍、祠曹尙書，封帶方公。就是常太后的三個妹妹，也都封爲縣君。接著，常英封王，官至太師、太宰；常喜遷光祿大夫、洛州刺史。常太后其他子弟俱得高官，時爲隆盛。

後來，常氏家族中出了幾個不肖子孫，使常氏外戚的名譽受到嚴重損害。常英的從兄常欣有兩個兒子常伯夫和常員，分任選部尙書和金部尙書。常伯夫出爲洛州刺史，貪贓枉法，致被腰斬於京師。常員與常伯夫之子常禽可勾結在一起，書寫匿名信，誹謗朝政。事情敗露，本當刑及五族，但文成帝顧及常太后的面子，只處治了常欣一家人。常氏外戚由此走上了衰敗之路。

文成帝的皇后馮氏，史稱文明皇后，是個相當厲害的角色。她給馮氏外戚帶來巨大的榮耀，威風顯赫達數十年之久。

馮氏，長樂信都（今河北冀縣）人。其祖父馮弘，曾封北燕王。父親馮朗，太武帝時內徙，官至秦、雍二州刺史，封遼西郡公，因罪被誅。馮氏作爲罪犯之女被沒入宮廷當侍女。恰好，她的姑母是太武帝拓跋燾的昭儀。由於有這層關係，所以馮氏得以成爲文成帝的貴人、皇后。

馮氏發跡，立即派人尋訪失散多年的哥哥馮熙。馮熙自小由保姆魏氏撫養，魏氏則視他爲養子。爲避戰亂，魏氏帶著他顚沛流離，曾在氐、羌族混居的西北地區住了十年。馮熙長到十二歲時，好弓馬，有勇力，氐、羌族子弟多歸附於他。

魏氏不願養子整天舞刀弄槍，就把他帶到長安（今陝西西安），拜師受學，讀《孝經》

《論語》等典籍及兵書。馮熙長大成人，漫遊於秦、晉一帶。由於他愛交朋友，不拘小節，所以人無士庶，都同他來往。這時，他的皇后妹妹找到了他，文成帝予以召見，立即拜爲冠軍將軍，賜爵肥如侯。不僅如此，文成帝見馮熙相貌堂堂，一表人才，又把自己的姐姐博陵長公主嫁他爲妻，拜爲駙馬都尉。馮熙從此飛黃騰達，出決定州刺史，又進爵昌黎王，成爲氣焰薰灼的新權貴。

西元四六五年，文成帝死，其子拓跋弘立，就是北魏獻文帝。馮熙作爲國舅，官太傅，累拜內都大官。五年以後，馮太后因拓跋弘不理解自己寡居的苦衷，殺害了自己的情夫，所以逼迫兒子退位，當了太上皇，繼把他鴆殺。於是，獻文帝的兒子拓跋宏（漢名元宏）登上了皇位，是爲北魏孝文帝。孝文帝時年五歲，馮太后作爲太皇太后，臨朝決事。

這時，馮熙的地位更加尊崇，官侍中、太師、中書監，領尚書事，集朝政大權於一身。不過，馮熙知道，外戚專權容易遭人忌恨。因此，他心中不安，乞轉外任。馮太后體諒哥哥的苦衷，同意他除都督、洛州刺史，但是仍保留侍中、太師的職務。

馮熙生性殘忍，爲政不仁，卻又僞裝善人，篤信佛教，花了大量錢財修建佛塔，刻印佛經。在他任職的州郡，先後建塔七十二座，刻經十六部，而且經常聚爲講經，精勤不倦。修建佛塔，費錢費物費人力，尤其要拉用民夫和耕牛，引起人們的普遍不滿。有個僧人好心地勸他停止建塔，以免勞民傷財。馮熙滿不在乎地說：「事成以後，人們只能見到一座又一座美麗的佛塔，怎會知道建塔曾經拉用了大量人力和牛力呢？」

馮熙道貌岸然，其實狡詐虛假。他喜好女色，把許多良家女子強佔爲奴婢，其中有姿色者都納爲妾，因此生了一大群兒女，多達數十人。時人用兩個字形容他：「貪縱」。

孝文帝長大成人後，娶嫡妻林氏，生子拓跋恂。馮太后搬出北魏的祖制，立太子必殺其母，凶狠地把林氏殺了。然後，她讓孝文帝先後娶了馮熙的三個女兒：馮妙蓮、馮姍、馮媛，其中馮媛、馮妙蓮都當過皇后。這樣一來，馮熙又成了孝文帝的岳父，由是馮氏寵貴益隆，賞賜累巨萬。孝文帝給予馮熙各種特權，其中包括「上書不臣，入朝不拜」等。

馮熙雖然官高爵顯，位極人臣，但他對撫養自己的保姆魏氏侍奉謹孝，實屬難得。魏氏死時，馮熙非常悲痛，散髮徒跣，三天不吃不喝，並爲之服孝守喪，稱得上是個孝子。

馮熙晚年臥病在床，一病就是四年。孝文帝非常關心他的病情，天天派人前去探望，自己亦幾次親臨其府第，問長問短。孝文帝是個有作爲的皇帝，銳意政革，接受漢族文化，決定將北魏國都從平城遷往洛陽。遷都前夕，他去同岳父告別，看到馮熙病弱的樣子，十分難過，歔欷流涕。

太和十九年（西元四九五年），馮熙病死。孝文帝時在淮南，專門指示賜給彩帛六千匹，以供喪用。舉行葬禮時，孝文帝又贈馮熙一連串的頭銜：侍中、都督十州諸軍事、大司馬、太尉、冀州刺史，謚曰武公。

馮熙有兩個兒子：馮誕、馮修。馮氏兄弟出身於官宦家庭，十幾歲時便被姑母馮太后帶進皇宮中接受教育。然而他倆不願習讀經史，外表華美，肚裡並沒有什麼貨色。馮誕與孝文帝同歲，長大後尙孝文帝之妹樂安公主，拜駙馬都尉、侍中、征西大將軍，封南平王。馮修也官侍中、鎭北大將軍、尙書、東平公。不久，馮誕任侍中、都督中外諸軍事、中軍將軍、特進，改封長樂郡公。馮修降封爲侯。

馮誕、馮修雖爲嫡胞兄弟，同在宫禁中受教育，但二人性格、志趣迥然乖別。馮誕比較淳篤，馮修非常輕浮。馮誕管教馮修，馮修根本不聽，相反陰懷毒恨，勾結亡命之徒，購求毒藥，企圖害死馮誕。事被發覺，孝文帝追究馮修的罪責，當處死。馮誕心腸仁慈，引著弟弟向孝文帝謝罪，總算保住了馮修的性命。但是，孝文帝不放過他，詔令把他鞭笞一頓，黜爲平民。

孝文帝十分寵信馮誕，二人經常同輿而載，同案而食，同席坐臥。其後，馮誕一再升官，司徒，車騎大將軍，直至太子太師。但是馮誕不學無術，缺少太子太師的品質。爲此，他受到孝文帝的切責。馮熙死後，馮誕隨孝文帝南伐齊國，途中生病，不治而亡。。

馮誕有兩個兒子：馮穆、馮顥。馮穆官至金紫光祿大夫，後被人殺害。

馮誕、馮修另有兩個同父異母弟弟：馮聿、馮風。當馮氏外戚滿門貴幸的時候，黃門郎崔光對馮聿說：「君家寶貴大盛，終必衰敗。」

馮聿自負地說：「我家何負四海，你爲什麼要詛咒我家呢？」

崔光說：「以古推之，不可不愼。」

果然沒過多長時間，馮氏外戚死的死，廢的廢，退的退，崔光的話不幸而言中了。

北魏獻文帝岳父李惠

精明能幹，無辜遇害

北魏獻文帝拓跋弘只當了六年皇帝，因殺了生母馮太后的情夫，引起馮太后的憎恨，自覺無趣，於西元四七一年採取了一個驚人之舉：把皇位傳給太子拓跋宏，自己當太上皇，去過苦行僧一樣的生活。儘管如此，馮太后仍然耿耿於懷，很快在酒中下毒，把他毒死。獻文帝死時年僅二十三歲。

獻文帝的皇后李氏，中山安喜（今河北定縣）人，也就是孝文帝拓跋宏的母親。李氏之父叫李惠，出身於名門望族。李惠父親李蓋歷官殿中都官尚書、左將軍，封南郡公。他娶太武帝拓跋燾的妹妹武威長公主爲妻，所以又加侍中、駙馬都尉、左僕射。死後贈征南大將軍、定州刺史、中山王，謚曰莊。李惠年輕時就承襲了父爵，後娶襄城王韓頹之女爲妻，生兩個女兒。其中長女便是獻文帝的皇后。李惠作爲皇帝的岳父，自然是官運亨通，歷位散騎常侍、侍中、征西大將軍、秦益二州刺史，進爵爲王；又轉雍州刺史、征南大將軍，加長安鎮大將。

李惠其人，以善於觀察和思考馳名。他任雍州刺史期間，發現州衙大廳梁上有個燕巢，兩隻燕子爲了爭巢相鬥，接連幾天都沒有結果。李惠既無聊，又好奇，讓人把兩隻燕子捉住，關進一個籠子，然後他像給百姓斷案那樣，對燕子進行「審訊」，還引用了許多法律條文。接著他命吏卒用竹片輕輕敲打兩隻燕子，放燕出籠。說來也怪，兩隻燕子一隻飛走了，一隻仍留在廳衙，鑽進了燕巢。李惠洋洋得意，笑著對吏屬們說：「這隻留下的燕子自以爲建巢有功，不肯離去；那隻飛走的燕子稍經敲打，受了一點痛楚，揚長而去，理無固心。」眾人聽了刺史如此高論，無不拍手稱頌。

又一次，一個販鹽的和一個賣柴的爲爭一張羊皮發生爭吵，雙方都說羊皮是自己使用多年的禦寒之物，你搶我奪，各不相讓。事情鬧到州衙，請求州刺史爲之評理。李惠輕輕一笑，對手下人說：「只要把羊皮敲擊一下，就知道誰是其主。」眾人感到莫名其妙：這是爲什麼呢？李惠於是命人把羊皮放在桌上，用棍棒輕輕敲擊，揭起羊皮，只見桌上留下不少鹽粒。李惠說：「結果出來了。」他命販鹽的和賣柴的上前察看，賣柴的嚇得面無人色，趕緊伏地請罪。

李惠爲人精明，樂意爲吏民多做好事，因此在朝臣中頗有美譽。後爲開府儀同三司、青州刺史。這時，馮太后與兒子獻文帝之間已經產生了深刻的矛盾，馮太后憎恨兒子，也就憎恨兒子的親屬。李惠作爲獻文帝的岳父，自然是馮太后要對付的對象。馮太后手握大權，心腹眾多，對付李惠這樣的人物不費吹灰之力。

她隨便揑造了一個罪名，說李惠心懷不軌，企圖「南叛」。於是，李惠一家及弟弟李初、李樂等，皆被誅戮，並被抄家，所有家產充公。熟悉情況的人都知道，李惠是清白的，紛紛為之鳴冤叫屈。但是，馮太后當政，鳴冤叫屈又何濟於事呢？

李惠的從弟李鳳官定州刺史的主簿，也被牽扯進李惠「南叛」的案子中來，被誅殺。李鳳的弟弟李道念見勢不妙，帶著李鳳的幾個兒子，遠走他鄉，避難逃命。後遇大赦，李道念等才敢公開露面。

孝文帝親政後，馮太后已不管事。孝文帝懷念生母李氏，派人尋訪李氏外戚中仍然活著的人。李道念出於正義，詣闕奏告實情。孝文帝且驚且喜，馬上封賞舅氏：李鳳之子李屯封柏人侯，李安祖封浮陽侯，李興祖封安喜侯；李道念封眞定侯，其從弟李寄生封高邑子。而且，他們皆加將軍職銜。

太和十五年（西元四九一年），也就是馮太后去世的次年，孝文帝光明正大地接見李安祖等外戚，說：「卿之先世，內外有犯，得罪於時，然官必用才，以親非興邦之選。外氏之寵，超於末葉。從今以後，自非奇才，不得復外戚謬班抽舉。既無殊能，今且可還。」

看來，孝文帝並沒有為李惠「南叛」事平反，仍肯定他「有罪於時」；不過對李安祖等外戚，他是實話實說的，要在朝廷當官做事，就要顯示出「奇才」和「殊能」來，不能光戴一頂皇親國戚的帽子，去嚇唬人和欺騙人。及至孝文帝大刀闊斧地進行改革時，李安祖等降侯爵為伯爵，並去軍職。

孝文帝時，馮氏外戚的勢力遠遠超過李氏外戚。李氏外戚幾乎無人在朝廷當官。對此，朝野人士私下議論，頗抱不平。太常高閭還當面向孝文帝諫諍，要求起用李氏外戚。若干年後，宣武帝元恪即帝位，隆寵外家，才使李氏與馮氏爲居顯位。李興祖出任中山太守。追贈李惠爲使持節、驃騎將軍、開府儀同三司、定州刺史、中山公，謚曰壯。這時，距李惠之死已有三四十年了。

北魏孝文帝妻兄高肇

無知無識的權貴

北魏孝文帝拓跋宏初登皇位時，年僅五歲，祖母馮太后臨朝，國家平安無事。孝文帝長大，雄心勃勃，大膽實行一系列政治、經濟、文化改革，包括用漢語，穿漢服，遷都洛陽，制作禮樂，制裁守舊勢力等。甚至連鮮卑族的「拓拔」姓也改爲漢族的「元」姓，拓拔宏因此又稱元宏。這些改革，有效地促進了北方各民族的大融合。歷史學家對此給予很高評價，稱讚孝文帝爲「文治」的楷模。

孝文帝的外戚首推馮氏。因爲馮太后的三個侄女都被安排做了孝文帝的后妃，馮氏姐妹的父親馮熙、兄弟馮誕和馮修等都居高官勛爵，一門貴盛，顯赫無比。

孝文帝另有兩家外戚，即林氏與高氏。林氏外戚沒有形成勢力，高氏外戚倒是出了個重要人物——高肇。

孝文帝的嫡妻林氏，平涼（今甘肅平涼）人。其父林勝當過平涼太守，其叔父林金閭當過定州刺史。後來，林勝、林金閭因得罪了權臣乙渾，相繼被誅。林氏及妹妹姿容艷美，被沒入掖庭。孝文帝看中林氏，收納爲妃。林氏生了皇子元恂。元恂因是長子，將爲太子。按照北魏「立太子必殺其母」的祖制，馮太后賜林氏死。林氏呼天號地，不願自殺，孝文帝也爲之求情。可是馮太后鐵石心腸，固執己見，美麗善良的林氏被活活毒死。林氏沒有兄弟，她的父親、叔父也沒有被追贈什麼尊號。

孝文帝還有一個妻子高氏，得寵後封爲貴人。高貴人的父親叫高揚，字法修，曾流居高麗（今朝鮮半島古國之一）。高揚入北魏後，拜厲武將軍，封河間子。高揚之弟高乘信，也拜明威將軍。高氏得寵於孝文帝，生子元恪。孝文帝的第二個皇后馮妙蓮沒有兒子，非常忌恨高氏。她略施小計，神不知鬼不覺地便將高氏害死了。

西元四九九年，元恪登基即位，是爲北魏宣武帝。宣武帝隆寵外戚，追贈外公高揚爲左光祿大夫，賜爵渤海公，謚曰敬。又把兩個舅舅即高揚的兒子高肇、高顯召到京城，封高肇爲平原郡公，高顯爲澄城郡公。另賜高揚的嫡孫高猛襲爵渤海公。高氏外戚，三人同日受封，很是榮耀。

說來好笑，當高肇等在封爵前夕，住於賓館的時候，不知吉凶，不懂禮儀，深感惶懼，手足無措。及封爵以後，數日之間，福貴赫奕，神氣得了不得。當年，咸陽王元禧構逆伏誅，宣武帝命把元禧的家產，包括珍寶、奴婢、田宅等，全歸高肇所有。不久，又拜高肇爲尚書右僕射、冀州大中正，遷尚書令。宣武帝又讓他娶了姑母高平公主爲妻。頓時，高肇躋身到位尊勢顯的權貴之列。

高肇憑裙帶關係登上尚書令的寶座，開始並無什麼名望。但是他注意留心百揆，孜孜不倦，也算是一種本事。咸陽王元禧被殺後，宣武帝把朝政大權委任於高肇，爲他發展勢力、表現自己提供了機會。他覺得高氏親族在朝爲官者不多，於是便傾結朋黨，招降納叛，「附之者旬月超升，背之者陷以大罪」，窮凶極惡地殺害了很多人。北海王元祥位高權重，高肇出於嫉妒，捏造罪名，把他殺死。

宣武帝皇后于氏生了皇子元昌。高肇擔心元昌會成爲太子，暗中做了手腳，輕易地害死了于氏及元昌。彭城王元勰德高望重，也死於高肇之手。「由是朝野側目，咸畏惡之」。但是，宣武帝非常寵信高肇，誰也奈何他不得。

高肇既當衡軸，每事任己，本無學識，動違禮度。他好改先朝禮制，削減封秩，抑黜勛人，「由是怨聲盈路矣」。延昌元年（西元五一二年），他又升爲司徒，所做事情有違情理，常常惹人恥笑。比如他的父親、兄弟死後俱得封贈，按禮應當改葬。可是他遲遲不予改葬，只到皇帝下詔，他才勉強行動。而改葬時，他卻拒絕臨喪，只是派了侄兒李猛去主持喪事。時人笑他無知無識，他倒心安理得，滿不在乎。繼而，宣武帝任命高肇爲大將軍，統領兵馬伐蜀。這次伐蜀，導致了高肇死於非命。

原來，高肇領兵出征的第二年，宣武帝就死了。太子元詡繼位，是爲北魏孝明帝。高肇接到皇帝的喪報，「非唯仰慕，亦憂身禍」，以致「朝夕悲泣，至於羸悴」。他奉孝明帝之命班師回洛陽，在宣武帝靈柩前哭得死去活來。其時，太尉高陽王專斷政事，對於高肇的爲人恨入骨髓。高陽王與皇家親王元懌、元澄達成默契，又與領軍于忠密議，決定抓住機會，除掉高肇。他們召來十餘名身強力壯的武士，埋伏於尚書省，待高肇祭畢宣武帝，回至省舍時，元懌、元澄一個眼色，埋伏的武士一擁而上，把高肇打翻在地，用繩子把他勒死。元懌、元澄奏告孝明帝，謊稱高肇是自殺而死。

高肇的兒子高植與父親不同，以清能著稱，從不貪戀權勢。他當過濟州刺史，有功當封賞，卻堅辭不受，說：「家荷重恩，爲國致效，是其常節，何足圖報？」他又歷青、相、朔、恆四州刺史，均有善政，時人稱他爲「良刺史」。

高猛是高肇的侄兒，尙宣武帝妹妹長樂公主，拜駙馬都尉，當過中書令，出爲雍州刺史，入爲殿中尙書。此人精明能幹，但品行不端，私納小妾，並生了兒子，一直瞞著長樂公主。直到臨死時方說出隱私，這時他的兒子已經快三十歲了。

北魏宣武帝岳父于勁、高偃、胡國珍

三種不同類型的官僚

北魏宣武帝元恪的后妃中，有三人比較出名：順皇后于氏、皇后高氏、充華胡氏。特別是胡氏即靈皇后，具有強烈的權力欲望，一度臨朝聽政，毒殺親生兒子——孝明帝元詡，擁立女嬰爲假皇帝，欺騙天下，演出了一幕又一幕鬧劇。于氏、高氏、胡氏三家，即爲宣武帝的外戚。

于皇后出生於一個官宦世家。她的曾祖于栗磾（磾，讀作敵）是北魏的開國功臣之一，性格豪放，作戰勇敢，臨事善斷，所向無敵，生前封爵爲公，死後贈太尉。于栗磾有六個孫子，最出名的是于烈和于勁。

于烈，自小善射，武藝高超，年輕時就拜羽林中郎，累遷侍中、殿中尙書，轉衛尉卿，封洛陽侯。孝文帝拓跋宏南征北戰，于烈屢受重託，留守京師，每次都忠實地完成了任務。

西元四九九年，宣武帝繼位。于烈時官散騎常侍。咸陽王、丞相元禧傳話，要于烈派遣羽林虎賁，作爲自己的儀仗，以壯出入的聲威。于烈生性剛直，斷然拒絕。元禧找到于烈，生氣地說：「我是天子兒、天子叔，元輔之命，與天子的詔書何異？你竟敢違抗嗎？」

于烈不屈不撓，厲聲說：「誰也沒說你不是天子兒、天子叔。但你王爺的命令，畢竟不是皇帝的詔書。若是詔書，就應派朝官宣示，爲什麼只派私奴前來，吆五喝六？實話告訴你說，我于烈頭可斷，血可流，你要羽林武賁作爲私人儀仗，休想！」

元禧非常惱火于烈違抗己意，利用職權，把他趕出京城，出任恆州刺史。

于烈見元禧不懷好心，藉口有病，辭官居家。

咸陽王元禧、彭城王元勰、北海王元祥都是獻文帝拓跋弘的兒子，宣武帝稱他們爲叔父。他們倚老賣老，專權干政，根本不把宣武帝放在眼裡。宣武帝倒也不含糊，決定給他們一點顏色瞧瞧。一天召見于烈，說：「諸位叔父怠慢於朕，現在朕要你率領士兵，把他們傳來訓話，你敢嗎？」

于烈心目中只有皇帝，當即拍著胸脯說：「老臣歷奉累朝，從來天不怕地不怕。今日之事，在所不辭。」他挑選身強力壯的士兵六十餘人，身著戎裝，手執兵器，登門把元禧、元勰、元祥一個個地召了來。元禧等平時十分驕縱，但看到于烈及其士兵威武雄壯、正氣凜然的架勢，不敢放肆，乖乖從命。從此以後，元禧、元勰、元祥老實多了，在侄兒皇帝面前，不得不按禮儀行事。後來，元禧反叛朝廷，還是于烈早有防範，把他抓獲歸案。因此，宣武帝非常寵信于烈，拜他爲將軍，長值禁中，參預機密大事。于烈的侄女被宣武帝立爲皇后。

于烈以世父之重，彌見優禮。

于烈的弟弟于勁也有武略，官沃野鎮將，賜爵富昌子。他的女兒成爲皇后後，他就是宣武帝的岳父，升封太原郡公，官征北將軍、定州刺史。不久病故，贈司空，謚曰恭莊公。

于氏外戚是一個龐大的家族，自于栗磾起到于勁止，累世貴盛，相繼有一人爲皇后，四人贈公爵，三人任領軍，二人任尚書令，三人封開國公。于氏外戚注重規矩和約束，沒有出現竊權弄政的現象。

宣武帝立的第二個皇后高氏，是其生母文昭皇后的侄女、高偃的女兒。高皇后的祖父即高揚，叔父即高肇。高偃是高揚的次子，字促游，太和十年（西元四八六年）就死了。他的女兒正位宮闈，宣武帝追贈他爲安東將軍、都督、青州刺史，謚曰莊侯。孝明帝元詡時，高皇后雖被尊爲皇太后，但論智謀和才氣，均不敵臨朝聽政的胡太后，因此她被趕出皇宮，進寺爲尼，後被胡太后害死。

胡太后，當初入宮只是個世婦，因給宣武帝生了兒子元詡，所以進爲位充華。元詡六歲時即帝位，是爲北魏孝明帝。胡充華積極活動，先被尊爲皇太妃，接著被尊爲皇太后，並臨朝聽政，自稱「殿下」，繼自稱「朕」，儼若一個女皇帝。

胡太后的父親叫胡國珍，字世玉，開始不過官光祿大夫。胡太后臨朝，立即提升父親爲侍中，封安定郡公，出入禁中，參諮大務。此後，胡國珍一路順風，進位中書監、儀同三司，還給年幼的孝明帝講論經典，教育外孫皇帝。朝廷曾命胡國珍出任雍州刺史，但胡太后不願父親當外官受苦受累，一句話便把朝廷的任命否決了，改拜他爲司徒公。拜爵之日，胡太后、孝明帝及文武百官俱到胡國珍府中飲宴慶賀，場面非常熱烈。

胡國珍才疏學淺，爲人平庸，年老時篤信佛教，親自坐鎭指揮，在自家門前建了很多佛像，幾步一尊，長達四五里之遙。由於建造佛像過於勞累，染病而死，終年八十歲。胡太后爲他舉行了隆重的葬禮，賜錢百萬緡，贈布五千匹，設千僧齋和萬人齋，超度其亡靈。而且給胡國珍追加了一系列的頭銜：假黃鉞、使持節、侍中、相國、都督中外諸軍事、太師，領太尉公、司州牧，號太上秦公，謚曰文宣公。胡國珍若九泉有知，對此恐怕也會汗顏吧！

胡太后隆寵胡氏外戚，凡沾親帶故的俱封官賜爵。胡國珍前妻無子，後妻生子胡祥，胡祥歷位殿中尚書、中書監、侍中，封平爲郡公。胡國珍侄兒胡僧洗，歷位中書監、侍中，封濮陽郡公。就連胡太后的舅舅皇甫集，也官雍州刺史、右衛大將軍，封涇陽郡公。皇甫集的弟弟皇甫度頑蔽無能，卻偏想當大官，孜孜營利，老而彌甚。他想當什麼官，都是毛遂自薦。胡太后礙於情面，一一照準，以致他歷任司空、侍中、司徒、尚書令、太尉等，「然所歷官，最爲貪蠹」。

胡太后一心榮寵門族，擴大外戚勢力，又讓兒子孝明帝娶其從兄胡盛之女，立爲皇后。孝明帝成人後，對母親貪權好淫極其反感。大臣元叉、劉騰趁機發動政變，囚禁了胡太后。胡太后神通廣大，籠絡親信，發動反政變，得以復出，重新掌握了大權。此後，她「手握王爵，輕重在心，宣淫於朝，爲四方之所穢」，致使「朝政疏緩，威恩不立」，「文武解體，所在逆亂，土崩瓦解」。她與兒子的矛盾越來越尖銳，終於用一杯毒酒，鴆殺了孝明帝，擁立一個剛出生的女嬰爲帝。幾天以後，她又宣布新立的皇帝是皇女，改立不滿三歲的元釗爲帝。世人無措，天下愕然。豪閥爾朱榮借機發難，率兵進洛陽，把胡太后及元釗扔進黃河淹死。胡氏外戚中的許多人死於這場事變之中。

北齊後主岳父斛律光

主暗時艱，死於非命

南北朝時期的東魏、西魏是北魏分裂的產物。西元五五〇年，高洋消滅東魏，建立北齊。北齊有一家著名外戚：斛律氏。史稱斛律氏「一門一皇后，二太子妃，三公主，尊寵，當時莫比。」斛律家族的著名人物是斛律金及其兒子斛律光。

斛律金，字阿六敦，高車族，朔州（今山西朔縣）敕勒部人。他出身於官宦之家，高祖倍侯利，祖父幡地斤、父親那環都是北魏的名將名臣。斛律金性敦直，善騎射，熟知匈奴用兵的方法，望塵土飛揚可知兵馬多少，伏地上聽聲可知敵人遠近。北魏孝明帝元詡時，他與哥哥斛律平一起投靠豪酋爾朱榮，充當別將。北魏孝莊帝元子攸時，斛律金因軍功，賜爵阜城男，位金紫光祿大夫。這時，高洋的父親高歡心蓄異志，斛律金積極參加謀劃，成爲高歡的得力助手。此後，他升任汾州刺史，進爵爲侯。

西元五三四年，高歡擁立元善見，建立東魏，遷都鄴城（今河北臨漳），與元寶炬建立的西魏對峙。在沙苑之戰中，斛律金機智靈活，在敵強己弱的情況下及時退兵，保存了東魏的軍事力量。因此，官大司馬，改封石城郡公。他秉性耿直，不識文字，本名敦，苦其難寫，故改名金。「金」字也不好寫，友人教他，作房屋形狀，總算勉強學成。高歡非常欣賞斛律金的敦厚古樸，曾告誡其子高澄、高洋等人說：「你們身邊多是漢人，若有讒毀斛律金者，切不可信。」高歡臨死時，斛律金放開喉嚨，高唱那支著名的《敕勒歌》：「敕勒川，陰山下，天似穹廬，籠蓋四野。天蒼蒼，野茫茫，風吹草低見牛羊。」其情其景，蒼涼激越，悲壯感人。

高洋建國，斛律金官肆州刺史，封咸陽郡王。天保三年（西元五五二年），官太師。高洋尊寵斛律金，說：「公元勛佐命，父子忠誠，朕當結以婚姻，永爲藩衛。」於是以義寧公主嫁斛律金的孫子斛律武都，提拔斛律金的次子斛律豐樂爲武衛大將軍，賜帛五千匹。斛律金討伐蠕蠕族有功，進位右丞相，遷左丞相。後來，北齊孝昭帝高演、武成帝高湛分別納斛律金的兩個孫女爲皇太子妃，斛律金的兒子斛律光、斛律羨及兒子斛律武都，或官大將軍，或開府儀同三司，出鎮方岳。其餘子孫，皆封侯貴達。對此，斛律金曾驕傲地說：「我雖不讀書，聞古來外戚梁冀等，無不傾覆。女若有寵，諸貴人妒；女若無寵，天子嫌之。我家直以立勛抱忠致富貴，豈藉女也！」同時，他也知道盛衰禍福轉化的道理，心中常以爲憂。天統三年（西元五六七年），斛律金辭世，享年八十歲，贈相國、太尉公，賜錢百萬，謚曰武。

斛律金的兒子有斛律平、斛律羨、斛律光。斛律平封定陽郡公，官青州刺史，死於北齊孝昭帝高演時期。斛律羨初封高城縣侯，官幽州刺史，遷行台尚書令。他歷事數帝，以謹直著稱，雖極榮寵，不自矜尚，反以合門貴盛感到擔憂。北齊後主高緯時，斛律羨爲了避禍，多次辭職，不獲批准，反而進爵荊山郡王。爲此，他惴惴不安，過著提心吊膽的生活。

斛律光，字明月，「馬面彪身，神爽雄傑，少言笑，工騎射」，是天生當將軍的材料。他年輕時與高歡的兒子高澄一起打獵，見天空飛著兩隻燕子，「嗖嗖」兩箭，兩隻燕子落地，足見其武藝高超。十七歲時隨父親斛律金西征，生擒北周長史莫孝輝，因而被授官都督，封永樂子。一次，他又射中一隻大鵰，由此獲得「射雕都督」的美稱。

高洋建北齊，斛律光封西安縣子。皇建元年（西元五六〇年），進爵巨鹿郡公。這年，北齊孝昭帝高演與斛律光結爲親家，皇太子高百年娶了斛律光的長女。

斛律光歷位太子太保、尚書令、司空、司徒。北齊武成帝高湛時，斛律光率五萬騎兵抗擊北周的入侵，大敗北周大司馬尉遲迥，升任太尉。這時，武成帝又與斛律光結爲親家，皇太子高緯娶斛律光的次女。天統元年（西元五六五年），武成帝死，高緯立，爲北齊後主。斛律光次女被立爲皇后。斛律光轉任大將軍。斛律金死後，斛律光除太保，襲爵咸陽王，遷太傅。因與北周的戰爭中屢建功勛，又加右丞相、并州刺史，拜左丞相，封清河郡公。

斛律光既是外戚，又是重臣，全家貴顯，必然遭到一些人的忌恨。同時，斛律光又不像斛律金、斛律羨那樣謙恭謹慎，鋒芒畢露，終於導致厄運。

一天，斛律光在朝堂垂簾而坐。侍中、尚書左僕射祖珽騎馬從朝堂前經過，旁若無人。斛律光大怒，厲聲說：「此人怎敢這樣大膽？」他看不起祖珽，說祖珽在朝，是「盲人用權，國必破矣！」

又有一個叫穆提婆的人，是北齊後主乳母陸令萱的兒子，求娶斛律光庶女爲妻。斛律光嚴詞拒絕。後主把京城的清風園賜給穆提婆，斛律光又竭力反對。

因此，穆提婆很快和祖珽勾結起來，搜集、羅織斛律光的罪狀，伺機將他扳倒。

北周將領韋孝寬畏懼斛律光的威勇，派出細作，在鄴城散布謠言說：「百升飛上天，明月照長安。高山不推自崩，槲樹不扶自豎。」「百升」爲一斛，是斛律光的姓；「明月」，是斛律光的字；「高山」，隱喻高齊王朝；「槲樹」，隱喻斛律光。這謠言暗示，斛律光懷有野心，想當天子，以取代高齊的天下。

祖珽用心險惡，又續了兩名謠言：「盲老公背上下大斧，饒舌老母不得語。」「盲老公」，指祖珽；「饒舌老母」，指陸令萱。意思是說，斛律光隨時都有可能殺害大臣祖珽和後主乳母陸令萱。

謠言在京城廣泛流播，小兒爭著高聲傳唱。祖珽、穆提婆、陸令萱等秘密協謀，把矛頭指向了斛律光。他們把謠言的內容告訴後主，煽動說：「斛律一家累世大將，斛律光聲震關西，斛律羨威行突厥，女爲皇后，男尚公主。眼下流傳的謠言，眞是可畏啊！」

後主非常寵信祖珽、穆提婆、陸令萱，當然相信他們的話。同時又考慮斛律光是自己的岳父，累世功臣，謀反似乎不大可能。後主把自己的疑慮告訴親信韓長鸞。韓長鸞向著斛律光說話，事情遂被擱置起來。

接著又發生一件事：後主給予後宮嬪妃許多賞賜。斛律光不滿意，說；「現在軍人連衣服都穿不上，而後宮奢侈，一賜就是數萬匹布帛，府庫空竭，此是何理？」

後宮嬪妃聽了這話，都很生氣，說：「皇帝賜給我們東西，關你何事？」

祖珽抓住機會，又找後主，攻擊斛律光反對皇帝賞賜後宮嬪妃，心目中根本就沒有皇帝。後主仍然猶豫不決。祖珽不甘心，又軟硬兼施，鼓動斛律武都的大舅子顏玄，出面誣告斛律光心蓄異志，圖謀不軌。他又唆使佞臣曹魏祖奏言，胡說什麼上將星盛，不殺斛律光，恐有災禍。既而，祖珽又慫恿丞相府佐封士讓密奏後主，說：「斛律光當初西征時，曾率兵威脅鄴城，將爲不軌，不果而止。現在家藏弩甲，奴僮千人，常派人與斛律羨、斛律武都聯繫，陰謀往來。若不早圖，恐事不可測。」

謊言重覆多遍，也會成爲「眞理」。後主本來就是個疑忌心很強的皇帝，加上這個那個不停地奏言，最後完全相信了謠言和小人的誣陷，說：「人心亦大聖，我前疑其欲反，果然。」於是，他派人告訴祖珽，命其設計除掉斛律光。祖珽大喜，立即假傳聖旨，賜給斛律光一匹駿馬，命他次日騎馬到東山遊覽，當面謝恩。斛律光不知是計，騎馬前往。祖珽不由分說，把斛律光逮捕。接著，祖珽詭稱引斛律光去見後主。斛律光進了涼風堂，武士劉桃枝從背後竄出，企圖把斛律光按倒地上。

斛律光很有勇力，與劉桃枝展開搏鬥，怒斥說：「劉桃枝怎敢如此放肆！我斛律光不負國家！」

劉桃枝是祖珽的心腹，不怕斛律光，又叫來三名大力士，用繩子套在斛律光的脖子上，一使力，把斛律光活活縊死。

斛律光是北齊的一代名臣，死得冤枉。史稱他「雖極盛，性節儉，簡聲色，不營財利，杜絕饋餉。門無賓客，罕與朝士交言，不肯預政事。……身不脫甲冑，常爲士卒先。」

後主不僅殺死了岳父，還族滅其家，沒收家產。負責抄家的邢祖信發現，斛律光家只有弓十五張、箭一百支、刀七口、矟（矟，讀作朔，長矛）兩隻，以及棗樹枝二十束，沒有任何金銀珠寶積蓄。這種情況，使所有人都感到意外。邢祖信感慨地說：「好宰相尚死，我何惜餘生！」他由此看清了朝廷的黑暗，遂辭官歸隱山林。

斛律光滅族抄家，其兄斛律羨跟著遭殃。祖珽派人殺了他及其五個兒子。

斛律羨臨刑時，嘆息說：「富貴如此，女爲皇后，公主滿家，常使喚三百人做奴僕，何得不敗？」斛律羨的長子斛律武都時任梁、兗州刺史，亦被殺。

北齊後主在位期間，只做了一件事，就是加速北齊走向滅亡。斛律光死後，北齊元氣大傷，「世亂讒勝，詐以震主之威：主暗時艱，自毀藩固」，於是北周武帝宇文邕率兵打了過來，於西元五七七年攻入鄴城，俘擄了後主，北齊滅亡。宇文邕爲斛律光平反，追贈上柱國，封崇國公。宇文邕感嘆地說：「此人若在，朕豈得至鄴城？」

北周宣帝岳父楊堅

外公奪了外孫的皇位

西元五三四年，北魏分裂成東魏和西魏兩個地方性政權。西元五五七年，西魏被北周取而代之。西元五七八年，宇文贇（贇，讀作雲）當了北周的皇帝，是爲北周宣帝。周宣帝別出心裁，同時立了五個女人並爲皇后，她們分別是楊麗華、朱滿月、陳月儀、元樂尙、尉遲繁熾。自然，這五位皇后的親屬也就是周宣帝的妻族外戚。

楊麗華，弘農華陰（今陝西華陰）人。其十五世祖是漢朝太尉楊震，博覽群書，時有「關西孔子」之譽。其祖父楊忠是北周的一員猛將，身材魁偉，武藝絕倫，識量深重，有將帥之略，多次領兵打仗，每戰必勝，北周建國初就官柱國大將軍，封隋國公，食邑萬戶。後又任大司空、元帥、太傅，死後諡曰桓公。楊麗華的父親便是大名鼎鼎的楊堅，隋朝的開國皇帝。

楊堅是楊忠的長子，十六歲時便任驃騎大將軍，加開府。北周武帝宇文邕即位後，他出爲隋州刺史，進位大將軍。楊忠死，他襲爵隋國公。也就在這個時候，楊麗華成爲太子宇文贇妃，楊堅作爲周武帝的親家、太子的岳父，益加禮重。

周宣帝即位，楊麗華成爲皇后。楊堅升任上柱國大將軍、大司馬，位極人臣。楊麗華因與其他皇后爭寵，惹得周宣帝大發脾氣，竟要賜楊麗華以死。楊堅得知消息，急命妻子獨孤氏入宮，叩頭流血，苦苦哀求女婿皇帝，才算保住了女兒的性命。

又一次，周宣帝忌恨楊堅權勢太大，狠狠地對楊麗華說：「一定要族滅你們楊家！」他命人宣召楊堅進見，吩咐左右說：「楊堅若有神色不對，你們立即把他殺了！」誰知楊堅進見，和顏悅色，鎭定自若，像往常一樣。這樣，周宣帝也就沒有殺他的理由了。周宣帝疑忌楊堅，決定任命他爲揚州總管，把他趕出京城長安（今陝西西安）。楊堅洞悉女婿的心意，藉口腳上有疾，拒絕赴任。西元五七九年，周宣帝死，皇太子宇文闡繼位，是爲北周靜帝。楊堅作爲周靜帝的外公，升任左大丞相，控制了朝廷的軍政大權。此後，他又任大丞相、大冢宰、相國，進爵爲隋王，劍履上殿，入朝不趨，讚拜不名，備九錫之禮。西元五八一年，楊堅憑藉權勢與皇親國戚的身分，逼迫外孫周靜帝遜位，自己當了皇帝，改國號爲隋，他就是隋文帝。外公奪了外孫的皇位，這在歷史上是不多見的。

朱滿月家人坐事被殺，沒有親屬蒙受皇恩。

陳月儀的父親叫陳山提，原是北魏豪酋爾朱榮的部屬。後仕北齊，位特進、開府、東兗州刺史，封謝陽王。北周武帝滅北齊後，陳山提歸附北周，拜大將軍，封淅陽公。陳月儀成爲周宣帝的皇后，陳山提升爲上柱國大將軍，進爵鄅國公，除大宗伯，後不知所終。

元樂尚的父親叫元晟，官拜開府。周靜帝時，他升任上柱國大將軍，封翼國公，亦不知所終。

尉遲繁熾是尉遲順的女兒、尉遲迥的孫女。尉遲迥，鮮卑族人，少有大志，聰敏勇猛。西魏時，他尙魏文帝元寶炬女兒金明公主，拜駙馬都尉，封西都侯。繼升侍中、驃騎大將軍、開府儀同三司，進爵魏安郡公。最後官至大都督，都督十八州諸軍事。北周滅了西魏以後，尉遲迥歸附北周，任柱國大將軍、大司馬，封蜀國公。又遷太保、太傅、太師，尋加上柱國。周宣帝時，尉遲繁熾成爲皇后，尉遲迥官大右弼、大前疑，出爲相州總管。

當時，楊堅掌握朝政大權，漸生篡逆之心。楊堅以爲滿朝文武中，唯尉遲迥擁有名望和實力，有可能與自己競爭帝位。因此，楊堅先發制人，相繼派人任相州總管，取代尉遲迥，以削奪他的兵權。尉遲迥看出楊堅的意圖，拒不從命，接著自稱大總管，統領所屬十餘州兵馬，共數十萬人，公開背叛朝廷。他還北通突厥，南連陳朝，佔領江淮廣大地區，決心與楊堅一爭高低。

形勢非常緊張。楊堅利用朝廷與皇帝的名義，徵集天下兵馬討伐尉遲迥。經過幾場大戰，尉遲迥連連敗北。最後他被困在鄴城（今河北臨漳西南），走投無路，乃自殺身亡。從起兵到失敗，歷時只有六十八天。尉遲迥的幾個兒子尉遲寬、尉遲誼、尉遲順、尉遲惇、尉遲祐，侄兒尉遲勤等，均被殺害。尉遲順就是尉遲繁熾的父親，周宣帝時曾拜上柱國大將軍，封胙國公。

楊堅與尉遲迥是生死對頭。楊堅建立隋朝以後，偏又鬼使神差，看上了尉遲迥的另一個孫女，背著皇后獨孤氏，私自召幸。獨孤氏非常氣憤，趁楊堅上朝時悄悄地把尉遲女殺了。楊堅由此大怒，獨人單騎跑進終南山，大發「吾貴爲天子，不得自由」的感嘆。其實，獨孤氏殺尉遲女，絕不僅僅是性「妒」所致，更重要的是考慮到楊堅的安全。楊堅與尉遲迥同是北周宣帝的外戚，楊堅殺了尉遲迥父子多人，如今又私幸尉遲女。尉遲女若決心報仇，不正是極好的機會嗎？

南朝宋武帝妻侄臧質

喜功好亂，身首分離

西元四二〇年，東晉權臣劉裕逼迫晉恭帝司馬德文退位，自立為帝，改國號為宋，南朝第一個政權宋朝開張，劉裕是為宋武帝。劉裕稱帝，追封他死了十二年的妻子臧愛親為武敬皇后，臧氏家族由此成為劉宋的重要外戚。

臧愛親，東莞莒（莒，讀作舉，今山東莒縣）人，後南渡，世居京口（今江蘇鎮江）。其祖父臧汪，東晉時官尚書郎；父親臧俊，當過郡功曹。他們屬於中下級士族，政治上並沒有多少作為。臧愛親的哥哥臧燾，字德仁，自幼好學，貧約耿介，具有高尚的操守。他與弟弟臧熹，為了奉養父母雙親，棄官居家，躬耕自業，歷時長達十餘年。父母死後，兄弟倆守喪，又歷時六年。劉裕舉兵誅滅篡晉的桓玄，突然發跡。臧燾投身到妹夫的麾下效力，入補尚書度支郎，改掌祠部，襲封高陵亭侯。劉裕稱帝後，臧燾任太常卿，負責朝廷的禮儀、教化等事宜。他雖然以外戚身分貴顯，然而能夠自我約束，不貪權勢，生活儉樸，所得俸祿，多與親戚共用。永初三年（西元四二二年）致仕，拜光祿大夫。同年，他與宋武帝相繼死去。

臧燾的弟弟臧熹，字義和，先好經學，後習騎射，練得一身好武藝。一次打獵，有隻猛虎突圍傷人，眾人嚇得四處逃散。臧熹不慌不忙，彎弓搭箭射向猛虎，猛虎應聲倒地。劉裕誅滅桓玄，臧熹隨大軍到建康（今江蘇南京），入宮收取圖書樂器，封閉府庫。在清點珍玩的過程中，臧熹發現一件黃金裝鑲的樂器，價值連城。劉裕問他說：「你想要它嗎？」他正色回答說：「這是什麼話？我雖復不肖，實無情於樂。」劉裕見這個妻弟認了眞，趕緊說：「我是同你開玩笑哩！」

劉裕建國，臧熹受封始興縣五等侯，參車騎、中軍軍事。繼與朱齡石一起統兵伐蜀，領建平、巴東二郡太守。成都（今四川成都）既平，臧熹遇疾，不久死在那裡，追贈光祿勛。

臧燾、臧熹各有不少兒孫，其中最出名的是臧熹的兒子臧質。

臧質，字含文，少好鷹犬，酷愛賭博，是個花花公子。而且「出面露口，頹頂拳髮」，長相有點古怪。姑父劉裕爲了提攜他，讓他跟隨世子劉義符，任中軍參軍，繼爲江夏王劉義恭的撫軍參軍。宋文帝劉義隆時，臧質因輕薄無檢受到嫌棄。幸虧他的表姐即臧愛親親生女兒會稽長公主從中說情，宋文帝同意把他從給事中提拔爲建平太守。

臧質爲官，善於籠絡人心，上下左右都說他的好話，因此官運亨通，歷竟陵內史，巴東、建平二郡太守。此時，他不過三十歲左右。加之又涉獵經史，尺牘便敏，有氣幹，好言兵。所以，宋文帝徹底改變了對他的看法，提拔他爲徐、兗州刺史，加都督。誰知臧質官位高了，輕薄無檢的惡習又暴露出來，奢費無度，賞罰無章，因而遭到糾劾。他的好友范曄謀反事敗，宋文帝不放心這個貴戚，把他降爲義興太守。

元嘉二十七年（西元四五〇年），臧質改任南譙王劉義宣的司空司馬、南平內史。次年，北魏太武帝拓跋燾率兵數十萬，大舉南侵，前鋒已達長江北岸。警報頻傳，建康震懼，士民嚴陣以待。臧質時任輔國將軍，在江北與魏軍周旋，一再損兵折將。後來，他投奔盱眙太守沈璞，合兵一處，抗擊魏軍。盱眙（今江蘇盱眙）地處要衝，眾兵家必爭之地。太武帝從廣陵（今江蘇揚州）回師，集中兵力攻打盱眙，以奪取糧食。太武帝聽說盱眙城中有酒，派人向臧質、沈璞討取。臧質惡作劇，裝了一罈人尿給他。太武帝大怒，在城外築長圍，一夜而合，斷絕了盱眙城對外的所有通道。

太武帝爲了發動心理攻勢，還寫了一封信給臧質，說：「現在包圍盱眙城的，並不全是我拓跋族人。進攻東北方向的是丁零人和胡人，進攻城南的是氐人和羌人。假若丁零人戰死，正好減少我常山、趙郡方面的敵人；胡人戰死，正好減少我并州方面的敵人；氐人、羌人戰死，正好減少我關中方面的敵人。你就是把他們斬盡殺絕，對於我又有什麼損害呢？」

臧質立即回了一封信，說：「閱讀來信，看出了你的險惡用心。你自恃四足（指騎兵），屢犯我大宋邊境，罪惡滔天。你沒聽到童謠所唱嗎？『虜馬飲江水，佛狸（拓跋燾小名）死卯年（元嘉二十八年即西元四五一年，爲農歷辛卯年，即兔年）。』說明你的死期到了，人力無法挽回。我受命北上消滅你，你自來送死，豈能容你再回老巢去！假如我不殺了你，你也肯定活不了。你若爲亂兵所殺，那是你的造化；不然，必被生擒活捉，銅鎖繩綁，用一頭毛驢馱著，押送都市，斬首示眾。你的智慧和兵力，難道比得上前秦的苻堅嗎？……」

這次筆槍墨戰，太武帝沒有佔到便宜。他氣得哇哇亂叫，怒髮衝冠，命人做了一張鐵床，上邊安置尖銳鐵鏟，惡狠狠地說：「破城捉了臧質，當坐之此上！」

臧質又寫信給魏軍將士，把太武帝的信附於後面，分化瓦解他們的力量，並宣布：凡能斬拓跋燾首級的，封萬戶侯，賜布、絹各萬匹。」

太武帝氣急敗壞，下令拼死命攻城。魏軍使用痕車、沖車等器具，均被宋軍破壞。接著，魏軍輪番肉搏登城，前面的倒下去，後面的又衝上來，死以萬計，屍體堆積得幾乎與城牆一樣高。魏軍三番五次，不停地攻城。宋軍據城固守，頑強抵抗。激戰持續了一個多月，魏軍死傷過半，盱眙城巍然不動。太武帝實在啃不下這塊「硬骨頭」，只好解圍退兵。

臧質在守衛盱眙城的戰鬥中，有勇有謀，膽識超人，建立了卓越的功勳。事後，他與沈璞都受到朝廷的嘉獎，一時威名大振。

元嘉三十年（西元四五三年），太子劉劭滅絕人性地殺害了父親宋文帝，自立爲帝。劉劭借重臧質的名望，拜他爲丹陽尹。臧質得知宋文帝遇害，立即把情況報告南譙王劉義宣（宋文帝之弟）和武陵王劉駿（宋文帝之子），並率兵五千會合劉義宣，共立劉駿爲帝，即宋孝武帝。孝武帝以臧質爲車騎將軍、開府儀同三司、都督江州諸軍事，率兵討伐劉劭。臧質與其他將領一道，直搗建康，將劉劭生擒。

臧質又立新功，封始興郡公。隨後赴江州任，大小船隻千餘艘，隊伍逶迤百餘里，鼓樂喧天，旌旗招展，好不威風！

權勢、利祿使臧質產生了野心。他瞧不起孝武帝劉駿，認爲他是「少主」，言行多有不敬。孝武帝荒淫好色，就連叔父劉義宣的女兒，也被他姦污。孝武帝與劉義宣之間產生了矛盾。臧質抓住這個機會，秘密拜訪劉義宣，鼓動他起兵討伐孝武帝，奪取皇位。劉義宣手下蔡超、竺超人等都是利祿之徒，也勸說劉義宣圖謀大事。劉義宣經不起皇位的誘惑，約會豫州刺史魯爽，同意秋天發兵，與侄兒皇帝劉駿決一雌雄。魯爽糊里糊塗，提前動手，打亂了劉義宣、臧質的計劃。劉義宣無奈，只得倉促舉事，率兵十萬東下，與孝武帝兵馬對峙於梁山洲（今安徽當塗、和縣間）。

這時，江夏王劉義恭（宋文帝之弟）寫信告訴劉義宣，說：「臧質少無美行，弟所具悉。他不過是借重你在荊州的兵力，來達到他不可告人的目的。如果他的私謀得逞，恐非池中物也。」

這話說中了臧質的要害。因爲臧質認爲，劉義宣闇弱凡劣，容易對付，借他之手打倒孝武帝，然後自己出面收拾劉義宣，不費吹灰之力。臧質鼓動劉義宣攻打孝武帝，實際上是一種反間計，目的在於坐收漁人之利，最終奪取皇位。

劉義宣讀了劉義恭的信，似乎明白了一些道理，於是對臧質產生了疑忌。此後的戰事可想而知。臧質要打，劉義宣思退。在一次激烈的戰鬥之後，臧質兵敗歸來，劉義宣早溜得無蹤無影了。劉義宣逃到江陵（今湖北江陵），孝武帝的兵馬尾隨而至。劉義宣帶著家人化妝逃跑，被活捉，投入監獄。他痛心疾首地嘆息說：「臧質老奴誤我！」隨後，劉義宣及十六個兒子，均被處死。

臧質敗逃至尋陽（今江西九江），焚燒府舍，攜帶妓妾逃命。途中沒有吃的，只好採蓮充饑。追兵趕到，臧質躲到荷葉底下藏身。追兵還是發現了他，一箭射中他的前心，刀劍亂捅，把他的腸胃都剜了出來。繼被斬首，腦袋被送到建康懸街示眾。

臧質曾經一心為國家建功立業，雖有輕薄無檢的惡習，但在守衛盱眙城的戰役中，大智大勇，不愧為一個英雄人物，後來並以「一世英傑」自居，迷戀權勢，進而產生野心，利用劉義宣以實現「異圖」，終於導致身首分離，落得可悲的下場。《南史》評價說：「臧質文義之美，傳於累代，含文以致誅滅，好亂之所致乎！」喜功，使他贏得了榮譽；好亂，使他走向了毀滅。這就是臧質的一生。

南朝宋明帝妻兄王景文

有心遠避權勢，苦為外戚所累

南朝劉宋政權是中國歷史上最黑暗最腐朽的政權之一。五十九年中換了八個皇帝，父子、兄弟、叔侄之間爲爭奪皇位進行了無休止的血腥殺戮，其手段的殘忍，程度的激烈，駭人聽聞。孝武帝劉駿的兒子劉子鸞十歲便遭殺害，死前哀嘆說：「願來世不再生於帝王家！」這是對當時社會的無情控訴和詛咒。

西元四六五年，宋文帝劉義隆的兒子劉彧（彧，讀作玉）殺死前廢帝劉子業而登上皇位，是爲宋明帝。宋明帝立寵妃王貞風爲皇后。王貞風的哥哥王景文作爲國舅，由尚書右僕射，加領左衛將軍，尋加丹陽尹。

官位的升遷並沒有給王景文帶來喜悅，相反卻使他增添了無窮無盡的煩惱。這是爲什麼呢？事情要從王景文的家世說起。

王景文，本名王彧，琅玡臨沂（今山東費縣東）人。東晉時期，琅玡王氏是江南的名門望族，權臣王導可謂無人不知，無人不曉。王導的後人王穆生子僧朗，曾任尚書右僕射。王僧朗生子王彧，便是王景文。王彧從小過繼給伯父王智，卻深受叔父王球的喜愛。王智、王球、王僧朗三人共同培養王彧，使王彧受到良好的教育，美風儀，好言理，頗爲當時的名士所推崇。一次，宋文帝劉義隆帶領群臣到天泉池釣魚，許久，一無所獲，神情沮喪。隨行的王彧很會說話，越席近前說：「我以爲陛下爲人清正，所以貪婪的魚兒也不敢吞食釣餌了。」眾人聽了這話，拍手叫好，宋文帝心裡也樂滋滋的。

宋文帝見王彧長得眉清目秀，相貌堂堂，當即決定劉、王兩家聯姻，讓兒子劉彧娶王彧的妹妹王貞風爲妃；劉彧的名字與王彧的名字相同，王彧只好以字相稱，叫做王景文了。宋文帝有個妹妹封新安公主，離婚守寡。宋文帝想讓王景文娶新安公主。可是王景文託疾推辭，宋文帝也不勉強，就此作罷。

接著發生了一連串事變：劉劭殺害宋文帝，孝武帝劉駿登基，劉劭伏誅，劉氏宗室之間展開攻殺。在這些事變中，王景文持中立旁觀的態度，不偏向，不參與。孝武帝對此很不滿意，但考慮王景文出身名門，又很受先帝器重，所以還是任命他爲東陽太守、司徒左長史。後拜侍中，領射聲校尉、左衛將軍，加給事中、太子中庶子。大明八年（西元四六四年），孝武帝死，太子劉子業繼位，就是前廢帝。王景文時任尚書右僕射。

前廢帝荒淫殘暴，在位一年多就被宋明帝劉彧取而代之。宋明帝皇位沒有坐穩，自然要依靠王景文這樣有名望的人的支持，因此才委他以重任。王景文不願在朝中任職，出爲江州刺史，加都督，封江安侯。不久，宋明帝又把他召回朝廷，任尙書左僕射，領吏部、揚州刺史，加太子詹事。王景文懇請外任，遭到嚴厲拒絕。

王景文在歷朝外戚中，算是頭腦清醒、言行謹愼的人。他深知「伴君如伴虎」的道理，尤其是宋明帝剛愎自用、殘忍多疑、殺人成癖的秉性，更使他寒心。正在這時，有人散布他在江州任上聚斂錢財，不能「潔己」的流言。王景文感到恐懼，特地致信於宋明帝寵臣王道隆，極力辯白，並請王道隆在皇帝面前申說情況。宋明帝這時還不想對王景文下手，親作詔書勸他出任要職。王景文迫不得已，只好硬著頭皮赴任，但堅持辭掉太子詹事和領吏部兩項職務。不久，又進中書監，領太子太傅。太子太傅一職，他仍堅辭不受。

很快，宋明帝的皇位坐穩了，劉氏皇室成員被誅殺殆盡。他接下來要除掉的目標，自然而然就是王景文。這時，王貞風又失寵了，那是由於她拒看裸體女人而引起的。

宋明帝荒淫無道，曾在後宮集合眾多的年輕女子，包括他的姑姨、姐妹在內，讓她們脫光衣服，裸體相逐，以爲笑樂。王貞風討厭這種做法，用扇子遮臉，拒不觀看。宋明帝正樂不可支，見皇后掃自己的興，板著臉說；「你們王家人眞是寒酸，沒見過世面。今天這樣快樂，爲什麼不看呀？」

王貞風說：「爲樂之事，方法很多，哪有把姑姨、姐妹集合起來，脫光衣服取樂的？」

宋明帝大怒，當時就把王貞風斥責了一頓，卻將她驅逐了出去。王貞風的失寵無疑是一個信號，表明王景文的地位已經發生動搖。果然，宋明帝的親信吳喜、壽寂之等人，無事生非，煽風點火，積極鼓動宋明帝殺掉王景文和掌握軍權的張永。這話正合宋明帝的心思。因爲王景文以外戚貴盛，張永累經軍旅，二人深得人望，日後必爲禍患。因此，宋明帝自作一則謠言，說：「一士不可親，弓長射殺人。」「一士」是「王」字，指王景文；「弓長」是「張」字，指張永。

王景文聽了這謠言，知道宋明帝已向自己舉起了屠刀。爲了自保，他懇請辭去揚州刺史的職務，並上書爲自己辯解，說明自己沒有任何野心。宋明帝頒詔答覆，講了許多冠冕堂皇的話，中心意思是說：是福不是禍，是禍躲不過。你王景文就認命——一切聽從我來安排吧！

王景文搖頭苦笑，只能聽天由命而已：誰讓自己是皇親是國舅的呢？

西元四七二年，宋明帝患了重病，自知死期將至，著手安排後事。他思量，自己的兄弟除桂陽王劉休範外，其他人均被殺害；自己死後，幼子即位，王貞風定會以太后身分臨朝，那麼王景文肯定要當丞相；王景文門族強盛，又是國舅，一旦當上丞相，還會臣服於自己的兒子嗎？宋明帝完全以小人之心度君子之腹，決定在自己斷氣以前必須除掉王景文。因此，他派使者給王景文送去毒酒，詔令自盡。他讓使者捎話給王景文，說：「朕不謂卿有罪，然吾不能獨死，請子先之。」

並附一紙手諭，寫道：「與卿周旋，欲全卿門戶，故有此處分。」

使者到達王府的時候，已是深夜，王景文正與朋友下棋。使者傳達宋明帝的話，並呈上手諭。王景文看了手諭，隨手放在几案上，繼續下棋，神定氣閒，若無其事。直至把棋下完，爲將棋子收拾好，這才不緊不慢地對朋友說：「奉敕見賜以死。」說罷，把手諭給朋友看過，然後命使者遞上毒酒。

門客焦度站在一邊，目睹這一情景，憤怒地說：「大丈夫安能坐受死！府中文武數百人，足以一奮。」

王景文說：「不可。皇上手諭有『全卿門戶』四字，爲了府中百口生靈考慮，死只能死我一人。」他鎮靜地提筆醮墨，寫了答謝之詞交給使者，然後舉起斟滿毒酒的酒杯對朋友說：「此酒不可相勸。」說罷，一飲而盡，死年六十歲。

平心而論，王景文死得冤枉，死得從容。他「弱年立譽，聲芳藉甚，榮貴之來，匪由勢至」，說明他的「榮貴」是門第和才望所致，而不是依託外戚的裙帶關係。顯達以後，一心想遠避權勢，卻不能夠，最後被賜死，可悲可嘆。王景文的遭遇告訴人們，皇親國戚固然可以享受榮華富貴，但有時也爲其所累，身不由己，導致悲慘的命運。

南朝梁武帝舅父張弘策
忠心耿耿幫助外甥建立帝業

西元四七九年，蕭道成滅南朝劉宋，建立了蕭齊政權。蕭齊政權僅存在二十三年，又被蕭衍取而代之，是爲蕭梁。蕭衍就是南朝梁武帝，在位四十七年，好佛，幾次出家要當和尚，是有名的「菩薩皇帝」。

蕭衍奪取政權及鞏固政權，舅舅張弘策父子給予了最大的支持和幫助。蕭衍的生母張尚柔，死後謚曰獻皇后。張尚柔的父親張穆之是晉代司空張華的六世孫，當過交阯太守。張穆之的兒子張弘籍，蕭齊時任鎭西將軍。張穆之的弟弟張安之，官至青州主簿、南蠻行參軍。張弘策便是張安之的兒子，即張尚柔的弟弟。

張弘策，字眞簡，范陽方城（今河北定興）人。從小非常孝順，母親死後，三年不食鹽菜，模樣都走了形。他與蕭衍年齡相當，經常在一起遊玩，既是舅甥關係，又是好友關係。蕭齊明帝建武年間，張弘策與兄長張弘冑陪蕭衍喝酒，酒酣，談及天下大事。蕭衍說：「天下正亂，世道不寧。舅舅知道嗎？今冬北魏可能出兵漢水以北，看來蕭齊的氣數已盡，楚漢之地當有英雄出現。」

張弘策說：「你所說的英雄是誰呢？」

蕭衍笑著說：「漢光武帝劉秀說過：『難道這個英雄不就是我嗎？』」

張弘策見蕭衍胸懷大志，年青有爲，非常高興，起身祝賀說：「今夜之言，是天意也，請定君臣之分」

從這一天起，張弘策就認定外甥日後必定能當皇帝了，自己甘願俯首稱臣。

這年冬天，北魏果然南侵，蕭齊明帝密詔蕭衍監雍州事。張弘策異常興奮，欣喜地對蕭衍說：「你那天夜裡所說的話應驗了！」

蕭衍大喜，說：「且勿多言。」

舅甥二人心領神會。此後，張弘策追隨蕭衍赴任，參與帷幄，出謀劃策，身親勞役，不憚辛苦。不久，蕭衍升任雍州刺史，並推薦張弘策爲錄事參軍，兼襄陽令。張弘策忠心耿耿地幫助外甥，分析天下形勢，悄悄儲存物資，爲蕭衍奪取皇位、建立帝業做準備。

蕭衍的長兄蕭懿調離益州（今四川成都），任西中郎長史、代郢州刺史。蕭衍派張弘策去遊說蕭懿。張弘策指出：「郢州（今湖北武漢武昌）控帶荊（今湖北）、湘（今湖南），西注漢（漢水）、沔（沔水）。雍州（今湖北襄陽）一帶，地廣人眾，物產豐饒。時安，則竭誠本朝（指蕭齊）；時亂，則爲國翦暴。如不早圖，悔無及也。」

蕭懿忠於蕭齊，聽了這番大逆不道的話，臉色大變，不以爲然。永元二年（西元五〇〇年），殘暴的齊東昏侯蕭寶卷無辜殺死了蕭懿。

蕭衍得知蕭懿的死訊，連夜召集張弘策、呂僧珍等人議事，次日即發兵討伐蕭寶卷。張弘策任輔國將軍，領萬人督後部軍事。蕭衍臨時擁立南齊康王蕭寶融爲帝，自任尚書左僕射，加征東大將軍、都督征討諸軍事。張弘策任步兵校尉，遷車騎咨議參軍。蕭衍佔領郢州以後，沿江東下，直搗建康。張弘策呈上一幅精心繪製的地圖，各種情況一目了然。蕭齊大將王國珍等發動政變，殺死蕭寶卷。蕭衍順順當當地進駐建康。張弘策受命清理皇宮，封檢府庫。其時城內珍寶委積，五光十色。張弘策約束部下，秋毫無犯。天監元年（西元五〇二年），蕭衍取代蕭齊和帝蕭寶融，自立爲帝，建立梁朝，是爲南朝梁武帝。張弘策因功，在衛尉卿、給事中的官職上再加散騎常侍，封洮陽縣侯。

張弘策幫助外甥實現了當皇帝的願望，應該享受榮華富貴了。可是，仍然忠實於蕭齊的孫文明等不甘心退出歷史舞臺，糾合數百人發動暴亂，夜入皇城，燒殺搶掠，潛入衛尉府。張弘策沒有心理準備，躍牆藏到馬廄裡躲避。暴徒們發現了他，當即把他殺死。暴亂平息，梁武帝得知舅舅遇害，失聲慟哭，說：「痛哉衛尉！天下事當復與誰論？」梁武帝收捕了孫文明，斬於東市。張氏親屬憤恨至極，分吃了孫文明的屍肉。張弘策死時只有四十七歲，詔贈車騎將軍，謚曰閔侯。

張弘策有三個兒子，張緬，張纘、張綰。他們是梁武帝蕭衍的表弟，貴盛當朝，顯赫一時。

張緬，字元長，承襲父爵，封洮陽縣侯。十八歲時出任淮陽太守，歷任武陵太守、太子洗馬、中舍人、豫章內史、御史中丞、侍中等職。他勤奮好學，自課讀書，手不輟卷，抄寫了《後漢書》《晉書》等大量史籍。他爲官比較清正，注重教化，廣施恩惠，受到百姓的擁戴。而且講究儉約，孝順母親，家中生活相當於貧民。四十二歲病故，詔加貞威將軍。

張纘，字伯緒，娶梁武帝第四女富陽公主，拜駙馬都尉，封利亭侯。他身高七尺四寸，眉目疏朗，神采爽發，且好學，晝夜披讀，殆不輟手。因此，人人都說他有德有才，前程似錦。他十七歲時拜秘書郎，歷太子舍人、太子洗馬、中舍人，二十三歲時就任尙書吏部郎，兼侍中。轉吳興太守、吏部尙書、湘州刺史。太清二年（西元五四八年），徙授領軍，改雍州刺史。張纘政治上很有才幹，每到一地任職，都把那裡的事務治理得井井有條。但是他過於驕傲，負才任氣，目中無人，以致與梁武帝兒孫們的關係十分緊張。是年，爆發了侯景之亂，朝廷亂了套，方鎭各自爲政。張纘在蕭氏宗室中挑拔離間，拉此打彼，鼓動荊州刺史蕭繹，殺害河東王蕭譽、岳陽王蕭詧（詧，讀作察）、桂陽王蕭慥（慥，讀作造）。誰知他的部將杜岸卻暗中勾結蕭詧，他終被蕭詧擒獲。張纘不想早死，懇請當和尙，取法號爲法緒。不久，蕭詧兵敗，負責看管張纘的衛兵擔心追兵趕來，當即殺死張纘，棄屍而去。

張綰，字孝卿，當過御史中丞、豫章內史、吏部尙書、尙書右僕射。後被北魏俘至關中，病死。

張弘策父子是梁武帝的母族外戚。此外，梁武帝還有妻族外戚，主要有郗氏、丁氏兩家。

梁武帝的嫡妻姓郗，名徽，死後被追謚爲德皇后。郗徽的祖父郗紹，南朝宋時官國子監酒；父親郗曄，官太子舍人，死後贈金紫光祿大夫。梁武帝爲皇帝期間，再沒立過皇后，只寵幸貴人丁令光。丁令光的父親丁道遷，任歷陽太守，爲人粗俗。丁令光生了第三個兒子蕭續時，梁武帝高興地告訴岳父大人，說：「賢女又生個男孩。」沒想到丁道遷楞頭楞腦地說：「莫道豬狗子。」時人以爲笑料。後來，丁道遷當到兗州刺史、宣城太守，死於任上。

隋文帝岳父獨孤信

三代皆為外戚，自古以來少有

西元五八一年，楊堅受禪稱帝，建立隋朝，是爲隋文帝。八年後，隋滅南朝的陳朝，結束了南北朝分裂的局面，中國重新歸於統一。

隋文帝的皇后是鮮卑族人，姓獨孤，名伽羅。其父獨孤信是西魏、北周的柱國大將軍，拜大司馬，封衛國公。獨孤信有許多兒子和女兒。長女是北周明弟宇文毓的皇后；第四女嫁李昞，即唐高祖李淵的父親，李淵建立唐朝後，追贈李昞爲世祖，追贈生母爲元貞皇后；第七女則是隋文帝楊堅的皇后。所以史稱：「周、隋及皇家三代皆爲外戚，自古以來，未之有也」。

獨孤信，本名如願，名字「信」乃西魏文帝元寶炬所賜。獨孤信自小美容儀，善騎射，成人後從軍，愛裝飾，軍中號稱「獨孤郎」。北魏末，他爲武衛大將軍，封受德縣侯。又進爵浮陽郡公，拜衛大將軍，都督三荊州諸軍事，兼尚書右僕射、東南道行台、荊州刺史。西元五三四年，北魏滅亡，獨孤信一度投奔南朝梁武帝，三年後歸附西魏文帝元寶炬。魏文帝器重獨孤信的才幹，拜他爲驃騎大將軍，加侍中、開府，改封河內郡公。接著除隴右十一州大都督、秦州刺史。他在那裡對百姓示以禮教，勸以耕桑，致使公私富實，流民歸附，建立了崇高的威信。大統十四年（西元五四八年），進位柱國大將軍，諸子封爵：獨孤善爲魏寧縣公，獨孤穆爲必要縣侯，獨孤藏爲義寧縣侯，獨孤順爲武成縣侯，獨孤陁（陁，讀作椅）爲建忠縣伯。兩年後，獨孤信升任尚書令，拜大司馬。北周時，他遷大宗伯，封衛國公，食邑萬戶。當時，北周孝閔帝宇文覺的哥哥宇文護掌握著朝政大權，生殺予奪，擅作威福。恰巧，獨孤信與謀反的趙貴有牽連，宇文護忌恨他權勢過重，遂免其職。宇文護一心要殺死獨孤信，又顧慮他的名望很高，不敢輕率。最後巧妙地逼令獨孤信自盡於家中，時年五十五歲。隋文帝開國後，追贈這位岳父爲太師、上柱國、十州諸軍事、冀州刺史，封趙國公。

獨孤信的兒子在隋朝俱封官賜爵。長子獨孤羅襲爵趙國公，官至上柱國、左武衛大將軍。獨孤善封河內郡公，獨孤穆封金泉縣公，獨孤藏封武平縣公，獨孤陁封武喜縣公，獨孤整封千牛備身。其中，獨孤陁與獨孤皇后同父異母，爲人詭祟，性好左道，在任遷州刺史期間，用「巫蠱」咒詛獨孤皇后。隋文帝發現後，大怒，賜死。獨孤皇后寬宏大度，勸導丈夫說：「獨孤陁如果爲政害民，死了活該，我也不敢說什麼。然而他這次只是咒詛我，論罪當死，我懇請陛下予以赦免，饒他一命。」隋文帝見皇后說情，也就把獨孤陁罪加一等，遣之回家。不久，獨孤陁死於家中。

隋文帝的妻族外戚除獨孤氏外，還有陳氏。南朝陳宣帝陳頊有一女兒，陳朝滅亡，因其貌美被隋文帝看中，納爲嬪，後得寵幸，拜宣華夫人。陳頊，字紹世，自西元五六九年至五八二年在位，活了五十三歲。他當皇帝期間，北有北周、北齊，陳朝偏安江南，風雨飄搖，朝夕不保，只能修飾城郭，作捍禦之備。他生了一大堆兒女，其中長子便是那個荒淫昏庸的陳後主陳叔寶。陳叔寶登基以後，驕奢淫逸，不虞外難，荒於酒色，以政事爲兒戲，朝政腐敗不堪。他成天與美人、狎客一起飲酒，尋歡作樂，還自作靡靡之音《玉樹後庭花》，讓歌舞伎人演唱。終於有一天，隋文帝興兵伐陳，攻陷陳都建康（今江蘇南京）。陳叔寶攜帶寵愛的張貴妃、孔貴人鑽進一眼枯井中藏身。隋軍把他們吊出來，陳後主及皇族成員均成了俘虜，陳朝滅亡。

隋文帝的外戚，還有呂氏，即他的母舅家。隋文帝的父親楊忠，娶一個名叫呂苦桃的女子爲妻，因呂苦桃家世微賤，加上戰亂，呂氏漸漸湮沒，好像從世界上消失了似的。隋文帝登基後，突然冒出個叫呂永吉的男人，自稱呂苦桃是他的姑母，他就是隋文帝的舅舅。隋文帝派人調查勘驗，情況屬實，大喜，立即追贈外祖父呂雙周爲上柱國、太尉、八州諸軍事、青州刺史，封齊國公，謚曰敬；追贈外祖母姚氏爲齊敬公夫人。呂永吉襲爵，留於京師。隋煬帝楊廣時，呂永吉官授上黨郡太守。然而此人沒有文化，性識庸劣，不知道如何當太守，因此去官，不知所終。

呂永吉的從父叫呂道貴，性尤頑劣，言詞鄙陋，因呂永吉發跡，他也來到京師。隋文帝見了他，又驚又喜，高興得直流眼淚。誰知呂道貴無動於衷，臉上一點表情也沒有，既不高興，也不悲傷，連呼隋文帝的名字，說話不著邊際。堂堂皇帝，稱謂講究，不能犯諱。呂道貴粗陋不堪，數犯忌諱，動致違忤。因此，隋文帝恥於有這門親戚，命人厚加供給，讓他過優裕的生活，不許接對朝士。不久，隋文帝任命呂道貴爲濟南太守，一再交代，以後再不許入朝。呂道貴到職以後，頗以皇親國戚自居，開口閉口自稱皇舅，還經常擺出儀衛，吹吹打打出入閭里，與故人游宴，藉以大出鋒頭。當地官吏百姓苦不堪言，怨聲載道。後來他死了，子孫無聞。

隋煬帝岳父蕭巋

偏安一隅，傀儡皇帝

隋煬帝楊廣是以殺兄、弒父、淫母而上臺的荒淫暴君。他在位期間，濫用民力，開鑿運河，建造行宮，巡遊江都（今江蘇揚州），窮兵黷武，誇耀聲威，是歷史上著名的獨夫民賊之一。

隋煬帝是隋文帝的次子，初封晉王，娶了後梁皇帝蕭巋（巋，讀作虧）的女兒為妻。隋煬帝登基，蕭女被立為皇后，因此蕭巋父子成了隋煬帝的重要外戚。

蕭巋的父親叫蕭詧（詧，讀作察），字理孫，是南朝梁武帝蕭衍的孫子，昭明太子蕭統的兒子。初封岳陽郡王，官東揚州刺史，領會稽太守。梁武帝沒有立蕭詧為嗣君，使他非常惱火，心中常懷不平。於是利用會稽（今浙江紹興）人傑地靈的有利條件，積蓄錢財，交通賓客，招募俠義人物，以圖大事。一時，有勇有智之士都投奔他，共有數千人之多。

後來，蕭官任中郎將、雍州刺史，都督五州諸軍事，常駐襄陽（今湖北襄陽），又利用天時地利，廣修刑政，立志幹一番事業。梁武帝死後爆發了侯景之亂，蕭詧起兵爭奪帝位，爲向西魏借兵攻打梁元帝蕭繹。宿將尹德毅勸他千萬不要引狼入室，可是他根本不聽，借用西魏軍攻破江陵（今湖北江陵），殺死蕭繹。西元五五五年，西魏立他爲皇帝，以江陵爲都城，是爲後梁宣帝。

蕭詧少有大志，不拘小節，雖多猜忌，而知人善任，體恤將士。他不飲酒，不好色，安於儉素，奉母至孝，但有一大怪癖：討厭看到人的頭髮。所以凡是在他跟前服役的人，上自朝臣，下止役吏，一年四季必須裹頭巾、戴帽子，免得頭髮顯露，被他看見。他即帝位以後，西魏只給他荊州一帶三百里土地，又駐兵江陵，名爲助威，實爲監視。境內金銀財寶也被西魏擄掠一空，王公貴族及數萬百姓被西魏押往長安，淪爲奴婢。還有很多人被殺，城中只留士庶三百家。蕭詧送走西魏軍，四顧這殘破荒涼的景象，禁不住長嘆說：「我眞後悔沒有聽尹德毅的話啊！」此後，他常以威略不振爲恥，既憂憤，又悲傷，每當吟唱曹操「老驥伏櫪，志在千里；烈士暮年，壯心不已」的詩句時，總要扼腕嘆息，熱淚縱橫。

蕭詧死後，蕭巋繼位。蕭巋，字仁遠，機辯而有文才，善於撫御，能得下屬歡心。他即位時，後梁已經依附於北周了。其間，北周與南朝的陳朝發生多次戰爭，蕭巋首當其衝，一再攻陳，有勝有負。北周武帝宇文邕自高自大，並不怎麼看重蕭巋。蕭巋爲了給自己爭得地位和榮譽，經常同周武帝進行爭論，「辭理辯暢，因涕泣交流」。周武帝亦「爲之歔欷」，漸漸改變了對蕭巋的態度。一次，周武帝與蕭巋飲酒，酒酣之際，周武帝取來琵琶自彈，說：

「當爲梁主盡歡。」

蕭巋不敢怠慢，起身請舞。周武帝說：「你能爲朕跳舞嗎？」

蕭巋說：「陛下既然自彈琵琶，我等跳舞獻醜又有什麼？」

兩國皇帝，實際上是一君一臣，一主一僕，且彈且舞，盡歡方休。事後，周武帝把自己乘坐的一匹駿馬賜給蕭巋，又賜雜繒萬段、良馬數十匹及齊後主的妓妾多人。

當楊堅執掌北周朝政，尉遲迥等發動叛亂的時候，蕭巋的部將皆勸蕭巋趁機興兵起事，與尉遲迥相呼應，這樣進可以盡節於北周，退可以席捲長江中游地區。蕭巋權衡利弊，沒有採納部將的意見，按兵不動，謹守本土。因此，楊堅對蕭巋比較讚賞，建隋以後恩禮彌厚，派人賜給蕭巋黃金五百兩、白銀一千兩、布帛一萬匹、良馬五百匹。開皇二年（西元五八二年），隋文帝與蕭巋結爲兒女親家，隋文帝次子楊廣娶了蕭巋的女兒爲妻。從此，蕭巋就成了隋朝的國戚，定期入朝。

隋文帝尊重蕭巋，朝會時令他居位於百官之上。蕭巋衣著華麗，進退閒雅，天子矚目，百僚傾慕。隋文帝在蕭巋面前，並不掩飾自己要用兵江南、統一中國的企圖，一次拉著蕭巋的手說：「梁王久滯荊楚，未復舊都，朕當振旅長江，相送旋返。」

蕭巋在位二十四年，孝悌慈仁，生活節儉，御下有方，境內安定。西元五八五年去世，其子蕭琮繼位。

蕭琮，字溫文，性格俶儻不羈，博學有文義，兼善弓馬，騎馬射箭，百發百中。他即位後，改年號爲「廣運」，有人據此預言：「『運』之爲字，『軍』走也，吾君將奔走乎！」

隋文帝對蕭琮不像對蕭巋那麼信任，一方面把蕭琮的叔父蕭岑召到長安，拜大將軍，封懷義公，扣作人質；一方面又恢復江陵總管一職，派人監視蕭琮的言行。西元五八七年，隋文帝平定西北後，準備攻滅東南各政權，命令蕭琮入長安朝見。蕭琮明知此行凶多吉少，但又不敢違抗，只好帶領臣屬二百餘人赴大興城（今陝西西安）。臨行時，江陵父老送他登船，哭泣著說：「我們的國君恐怕不會再回來了！」隋文帝又命令隋軍代爲防守江陵境土。蕭琮叔父蕭岩及弟弟蕭巘（巘，讀作演）擔心隋軍滅後梁，就暗暗與陳朝聯繫，願意投歸陳朝。陳朝出兵接應，蕭岩兄弟便驅趕文武百官及百姓共十萬人東奔陳朝。隋文帝對此早有準備，命大將高熲率兵擊敗了陳兵，並扣留了蕭琮。接著，隋文帝決定把江陵納入隋朝版圖，劃爲郡縣，派官吏治理，後梁滅亡。蕭琮被降爲莒國公，留居大興城。

隋煬帝楊廣對於妻兄蕭琮比較親重，拜他爲內史令，改封梁公。蕭琮失國降封，心甚快快，借酒消愁，百無聊賴。後來有民謠唱道：「蕭蕭亦復起。」隋煬帝怕蕭琮東山再起，遂罷免其一切官爵，廢處於家。蕭琮死，追贈太光祿大夫。

唐高祖岳父竇毅

畫孔雀於門，比射箭招婿

隋煬帝楊廣荒淫殘暴，激起了全國範圍內的農民大起義。太原留守李淵趁機起兵，西入關中，攻陷大興城，暫立隋煬帝之子楊侑為帝。西元六一八年三月，隋煬帝被部將宇文化及殺死於江都。五月，李淵逼迫楊侑禪位，自稱皇帝，改國號為唐，他便是唐朝的開國皇帝唐高祖。唐朝仍以大興城為國都，恢復長安的名稱。

唐高祖的外戚主要是妻族竇氏。竇氏家族在北周時很有名望，竇熾封鄧國公，官宜州刺史，徵拜太傅，極受周武帝宇文邕的賞識，軍國大謀，常與參議。

他積極主張北周伐北齊，以實現「誅翦鯨鯢，廓清寰宇」的願望。周武帝採納竇熾的主張，滅了北齊，竇熾拜賀說：「陛下眞不負先帝矣！」周武帝喜形於色，封竇熾為上柱國大將軍。繼任雍州牧，改任京洛監作大匠，協助楊堅平定尉遲迥的叛亂，功勛卓著。楊堅建隋，竇熾官太傅，加殊禮，讚拜不名，於開皇四年（西元五八四年）去世，死年七十八歲，謚曰恭。

竇熾有個兄弟叫竇岳，竇岳生子竇毅，竇毅尚北周武帝姐姐襄陽公主。

竇毅，字天武，性格溫和，爲人謹慎，深沉有器度，事親以孝聞。早在西魏末，就任驃騎大將軍、開府儀同三司、大都督，出爲幽州刺史。北周時，拜大將軍，進位杜國，又歷同州刺史，蒲、金二州總管，加上杜國，入爲大司馬。入隋後，拜定州總管，封神武公。

竇毅與襄陽公主的第二個女兒，自小長得聰明伶俐，討人喜歡。北周武帝疼愛這個外甥女，把她收養於皇宮，給予良好的教育。她念了不少書，知識豐富，見解過人。當楊堅取代北周而建隋朝的時侯，她感到痛心疾首，撲倒在床上，說：「可恨我不是男孩，不能拯舅家之禍。」竇毅夫婦大驚失色，急忙捂住她的嘴說：「不敢胡說，我的小祖宗！這是殺頭滅族的話！」

竇毅夫婦見女兒有志氣有膽略，常悄悄議論說：「此女有奇相，且見識不凡，不可隨便嫁人。」他們決心給女兒選個才貌出眾的如意郎君，選法別出心裁：在自家門上畫兩隻孔雀，求婚者每人允許射兩支箭，兩支箭必須分別射中兩隻孔雀的眼睛，才算合格。

消息傳出，許多豪門闊少都興致勃勃地前來一試身手，企圖用箭射得美滿姻緣。可惜他們都不走運，不是射空，就是射偏，誰也沒有射中孔雀的眼睛。

這一天，又來了個瀟灑俊美的年輕將領，頭戴金盔，身披金甲，左手持弓，右手搭箭，只聽得「嗖嗖」兩聲響，兩支箭飛出，恰恰射中了兩隻孔雀的眼睛。

竇毅夫婦十分歡喜，當即決定把女兒嫁這個年輕將領爲妻。這個年輕將領就是李淵，時任隋朝的譙、隴州刺史。

竇氏做了李淵的妻子，心滿意足。她傾心悉力侍奉婆婆，有時累月不解衣履。她還能文善書，書法尤精，模仿李淵的筆跡，幾乎能以假亂眞。李淵喜愛名馬，蓄養優良品種的駿馬上百匹。竇氏說：「當今皇上（指隋煬帝）也喜愛名馬，爲什麼不把它們獻給皇上呢？你擁有這些名馬，沒有任何益處，相反只能因此獲罪。」李淵不聽，果然受到貶譴。後來，李淵學乖巧了，幾次向隋煬帝進獻鷹犬異駒之類。隋煬帝大喜，馬上提拔李淵爲將軍。事後，李淵流著眼淚感慨地對兒子們說：「早聽你們母親的話，我早就封爲將軍了！」

竇氏爲李淵生了四個兒子：李建成、李世民、李玄霸、李元吉。她沒有活到李淵當皇帝的時候，於四十五歲時病故。李淵建唐，竇氏家族基本上斷根，追贈竇毅爲司空、使持節、總管十州諸軍事、荊州刺史，封杞國公。

竇氏還生有一個女兒，封平陽昭公主，下嫁柴紹，柴紹便是李淵女兒夫族外戚。

柴紹，字嗣昌，晉州臨汾（今山西臨汾）人。驕悍武勇，生性豪放。李淵起兵太原時，他與妻子住在長安，意欲從軍建功立業，說：「岳父大人將以兵清京師，我欲前往，恐怕不能成天陪伴你，怎麼辦呀？」平陽昭公主通曉大義，說：「公行矣，我自爲計。」於是，柴紹前往太原，平陽昭公主則到戶縣（今陝西戶縣）招兵買馬，準備迎接父親入關。柴紹前往太原，爲岳父效力，打回長安，因功進右光祿大夫，封臨汾郡公，又拜右翊衛大將軍，進封霍國公，遷右驍衛大將軍。唐太宗李世民時，柴紹轉左衛大將軍，出爲華州刺史，加鎭軍大將軍。貞觀二年（西元六二八年）病死，贈荊州都督，謚曰襄。

唐高祖還有兩個女婿都是突厥人；執失思力、阿史那社爾。執失思力，突厥的酋長，貞觀年間護送隋煬帝的蕭皇后入唐，授左領軍將軍。他尙唐高祖女兒九江公主，拜駙馬都尉，封安國公。阿史那社爾，突厥處羅可汗的兒子，貞觀年間入唐，授左驍衛大將軍，尙唐高祖女兒衡陽公主，拜駙馬都尉。少數民族成爲皇家外戚，反映了唐朝國家昌盛、民族團結的繁榮景象。

唐太宗妻兄長孫無忌

赤膽忠心，投繯自盡

西元六二六年，唐高祖李淵之子李世民發動玄武門之變，殺死兄長李建成、弟弟李元吉，迫使唐高祖禪位，自己當了皇帝，就是唐太宗。唐太宗以愛才、納諫、善兵等而馳名，開闢了唐朝「貞觀之治」的新時期，史稱：「自古功德兼隆，自漢以來未之有也」。

唐太宗的外戚首推長孫氏。長孫氏的祖先是北魏鮮卑族人。到了隋朝時，長孫晟官右驍衛將軍。長孫晟生有兒子長孫無忌和女兒長孫惠。長孫惠嫁李世民。李世民為秦王、太子、皇帝，長孫惠相應成為秦王妃、太子妃、皇后。長孫皇后性格仁善，知書達理，全力扶持丈夫的宏偉大業，堪稱中國后妃的典範。

長孫皇后的哥哥長孫無忌，字輔機，早年追隨秦王李世民，四處征伐，屢立戰功，官比部郎中，封上黨郡公。李淵建唐後，皇太子李建成與李世民之間存在著深刻而尖銳的矛盾，水火不容。長孫無忌堅定地站在李世民一邊，與杜如晦、房玄齡、尉遲敬德等，積極策劃、組織玄武門之變，終於擁立李世民登上皇位。

正因爲如此，加上親戚關係，唐太宗對長孫無忌非常器重，任命他爲吏部尙書，封齊國公，眷倚日厚，允許其出入臥內，參與大事。不久，長孫無忌晉升爲尙書右僕射，堅持主張對突厥可汗實行撫和政策，避免用兵，使新登基的唐太宗牢牢地鞏固了統治地位。

長孫無忌高官勛爵，必然會引起一些人的反對。有人上書說，他的權勢太大了，建議唐太宗採取限制措施。唐太宗襟懷坦蕩，把那人的奏書交給長孫無忌過目，說：「我與公是君臣關係，彼此間沒有絲毫疑忌。這種關係要繼續下去，不要讓別人鑽空子。」唐太宗還把奏書交給朝臣傳閱，說：「朕的兒子尙年幼，長孫無忌於朕有大功，朕把他看作是自己的兒子。有人挑撥離間朕與他的關係，這是朕不希望看到的。」

唐太宗信任長孫無忌，而長孫無忌比較自謙，懂得「貴極招禍」的道理。特別是長孫皇后，通曉大義，多次對唐太宗說：「妾托體紫宮，尊貴已極，不願私親據權朝廷，蒙受恩寵。漢朝呂氏、霍氏外戚專權亂政的教訓，應當引以爲戒。」

據此，唐太宗不得不解除長孫無忌尙書右僕射的職務，改授開府儀同三司。過了一段時間，唐太宗又任命長孫無忌爲司空，知門下、尙書省事。長孫無忌推辭不受。唐太宗說：「朕得公，遂定天下。你就不要推讓了。」然而，長孫無忌固執己見，不受就是不受。

貞觀十一年（西元六三七年），唐太宗念念不忘一批開國功臣，決定讓他們的兒孫世襲刺史，享受榮華富貴。長孫無忌、房玄齡、杜如晦等分任趙州、宋州、密州刺史，任命已經下達。長孫無忌等人認爲這樣不妥，推辭說：「群臣披荊斬棘，侍奉陛下。今四海混一，我等不願違離左右，而使世牧外州，蒙受遷徙之苦。」

唐太宗說：「割地封功臣，是爲了讓你們兒孫長久富貴。你們既然不願意，朕又何必強求？」於是收回任命，讓長孫無忌等仍居京城。久之，長孫無忌進位司徒。唐太宗經常幸其府第，飲宴勞賜，親如家人。

唐太宗初立李承乾爲太子，但李承乾荒淫無恥，親近小人，嬖愛妓女，收買刺客刺殺弟弟李泰，刺殺未遂，竟結黨謀反，準備發兵攻打皇宮。唐太宗聞訊大怒，果斷地廢李承乾爲庶人。唐太宗其他幾個兒子也覬覦皇位，明裡暗裡進行著尖銳的鬥爭。這使唐太宗非常傷心。

長孫皇后生有三個兒子，即李承乾、李泰、李治。李承乾被廢，李泰積極活動，想當太子。長孫無忌看到李泰不具備當皇帝的品行，所以建議唐太宗立李治爲太子。

李治在兄弟排行中居第九位，封晉王，性格忠厚。唐太宗想立李治爲太子，卻又認爲他比較懦弱，一時拿不定主意。眼看大唐江山，後繼無人，唐太宗心裡非常難過。一天罷朝後，他留下長孫無忌、房玄齡、李勣三人，談論立太子之事。李治也在場。唐太宗傷感地說：「朕有兒子有兄弟，但就是不知立誰爲太子才好，心裡好難受啊！」說罷，一頭撲到床上，解下佩刀，戳向自己的喉嚨。

長孫無忌等大驚失色，爭著抱住皇帝，奪下佩刀，並把它交給李治，請唐太宗立李治爲太子。唐太宗見其他兒子不成器、不爭氣，只好說；「朕也只能立李治了。」

長孫無忌說；「謹奉詔，異議者斬！」

唐太宗看了李治一眼，說：「舅舅已經答應立你了，還不趕快拜謝！」

李治非常乖巧，立即跪地，拜過長孫無忌。

唐太宗還有點不放心，說：「你們的意見與朕相合，但不知天下人怎麼說？」

長孫無忌回答說：「晉王以仁孝聞天下久矣，天下人肯定無異詞。如有不同意者，臣負陛下，即使死一百次，也在所不惜！」

由於長孫無忌等人的堅定態度，唐太宗終於決定立李治爲太子，以長孫無忌爲太子太師、同中書門下三品。後來，唐太宗又有所動搖，想立吳王李恪爲太子。長孫無忌私下力諫，迫使唐太宗打消了改立太子的念頭。

唐太宗東征高麗（今朝鮮半島古國之一）班師以後，長孫無忌辭去太子太師的職務，遙領揚州都督，實未到任。一天，唐太宗從容地對長孫無忌說：「朕聽說，君賢則臣直。人常缺乏自知之明，所以朕以後要你經常當面批評朕的過失。」

長孫無忌從與唐太宗的長期交往中，對唐太宗的德行充滿欽佩之情，由衷地說：「陛下文治武功，冠卓千古，性與天道，非臣等所能比及。說實在的，臣未見陛下有什麼過失。」

唐太宗說：「朕希望聽到批評朕的過失的話，你怎麼盡說好聽的話取悅於朕呢？」接著，唐太宗評論了好幾位大臣，肯定優點，指出短處。在評論到長孫無忌時，他說：「長孫無忌應對機敏，善避賢，求於古人，未有其比。然總兵攻戰，非所善也。」

貞觀二十三年（西元六四九年）六月，唐太宗患了重病，召長孫無忌進入臥室，二人淚眼相對，默默說不出話來。翌日，唐太宗又召長孫無忌、褚遂良入內受詔，命二人忠心輔佐李治。他特別關照褚遂良說：「朕有天下，無忌出力最大。你受命輔政，千萬別讓讒毀者陷害他。」說罷駕崩。太子李治非常悲慟。長孫無忌說：「先帝以宗廟、社稷付於殿下，宜迅速即位。」於是長孫無忌、褚遂良秘不發喪，擁立李治登上皇位後才宣布唐太宗的死訊。他們這樣做主要是爲了防止其他皇子搗亂，以維護國家的安定。

李治即位，是爲唐高宗。長孫無忌升任太尉，檢校中書令，知門下、尙書省事。長孫無忌不願兼任過多的要職，辭去知尙書省一職。這期間，長孫無忌與褚遂良悉心奉國，竭誠輔政，繼續唐太宗時的治國方略，以天下安危爲己任。唐高宗雖然柔弱，但能賓禮老臣，拱己以聽，所以政治清明，社會穩定，經濟發展，人民安居樂業。史稱：「永徽之政有貞觀風。」這與長孫無忌忠心輔佐唐高宗是分不開的。然而，隨著武則天的重新入宮，宮廷鬥爭變得激烈起來。長孫無忌站在正統的立場上，反對武則天，導致了不幸的厄運。

武則天原是唐太宗的才人，姿色嫵媚，極有心計。唐高宗爲太子時，與武則天有點曖昧關係。唐太宗死，武則天入寺爲尼。唐高宗登基後，王皇后與蕭淑妃爭寵，王皇后欲借助於武則天打擊蕭淑妃，故鼓動唐高宗接回武則天，封昭儀。武則天野心很大，詭計多端，取得唐高宗的寵愛後，千方百計陷害蕭淑妃和王皇后，致使二人被打入冷宮，廢爲庶人。

皇后的位子空缺，武則天全力以赴地角逐這一位子。唐高宗也有立她爲皇后的意思。但長孫無忌固言不可，堅持反對。唐高宗爲了取得舅舅的支持，暗裡給長孫無忌送了十餘車金銀珠寶，又親臨其府，提拔長孫無忌的三個兒子爲朝散大夫。武則天的母親楊氏也登門求情，懇請長孫無忌高抬貴手，支持武則天當皇后。但是，長孫無忌不爲金錢、人情所動，嚴詞拒絕，毫不妥協。一天，唐高宗召見長孫無忌、褚遂良、于志寧等，決心立武則天爲皇后。長孫無忌已多次表明了態度，不想再說什麼，只是說：「先帝把陛下托付給我和褚遂良，陛下不妨詢問褚遂良，聽聽他的意見。」

褚遂良的意見與長孫無忌一樣，也堅持反對立武則天爲皇后。唐高宗深感不快。褚遂良生氣地把手中的笏放置於地，叩頭流血，說；「還陛下此笏，乞歸田里。」

武則天躲在幕後偷聽他們的談話，見褚遂良態度堅定，厲聲說：「何不撲殺此獠！」長孫無忌大怒，大聲說：「褚遂良受顧命，即使有罪，也不得加刑！」危急時刻，長孫無忌救了褚遂良的性命。

唐高宗一心要立武則天爲皇后，佞臣李義府、許敬宗等也大力支持武則天。武則天終於於永徽六年（西元六五五年）成爲皇后。武則天仇恨褚遂良，施加壓力和影響，把他左遷爲潭州都督；接著對長孫無忌下手，給他揑造了一個謀反的罪名。

唐高宗不相信舅舅會謀反。許敬宗受武則天的指使，鼓動三寸不爛之舌，一口咬定長孫無忌的反跡已露，說：「無忌奸雄，天下畏伏，一旦竊發，陛下誰使御之？現在事情危急，只恐怕攘袂一呼，以嘯同惡，不可收拾，陛下可見隋室乎？」

唐高宗仍然猶疑。許敬宗催請立即逮捕長孫無忌。唐高宗流著淚說；「舅舅果眞謀反，朕也不忍心殺他。殺了他，叫後世人怎樣罵朕？」

許敬宗列舉了許多史事，說：「當斷不斷，反受其亂，趁機亟行，緩必生變！無忌與先帝謀取天下，天下伏其智，屬於王莽、司馬懿之流。今逆徒自承，何疑而不決？」

許敬宗妄言蠱惑，使唐高宗迷迷糊糊，六神無主。他最後還是頒詔，罷免了長孫無忌的官爵，放逐黔州（今四川彭水）安置。其子長孫沖流放嶺外，從弟長孫知仁貶官翼州司馬。數月後，唐高宗又下令審訊長孫無忌。長孫無忌不甘受辱，投繯自盡。唐朝著名外戚、一代功臣，竟這樣落了個悲劇下場。

唐太宗還有不少妻族外戚與女兒夫族外戚，其中女兒清河公主李敬，嫁程知節之子程處亮，程知節便是唐太宗的親家。程知節，就是演義小說中那個鼎鼎大名的程咬金，隋末農民起義軍領袖之一。

程知節爲人豪放悍猛，作戰異常英勇。他早年投奔秦王李世民，在消滅宋金剛、竇建德、王世充地方割據勢力的戰爭中，搴旗斬將，屢立戰功，封宿國公。唐高祖時，太子李建成詆毀程知節，使他出爲康州刺史。行前，他向李世民告別，說：「大王去左右手矣，身欲久全，得乎？知節有死，不敢去！」李世民即帝位後，程知節任太子右衛率，尋遷右武衛大將軍，後歷瀘州都督、左領軍大將軍，改封盧國公。唐高宗時，程知節因在作戰中屠殺少數民族，被免官，又起爲岐州刺史，致仕後病故，贈驃騎大將軍、益州大都督，陪葬昭陵。

唐高宗妻侄武承嗣、武三思

「一朝覆沒，遂無噍類」

西元六四九年，唐太宗李世民駕崩。皇太子李治繼位，是爲唐高宗。唐高宗原寵王皇后和蕭淑妃，後寵武則天。武則天使出手段，很快成爲皇后，進而控制唐高宗，掌握了朝政大權。唐高宗死後，她相繼立兒子李顯、李旦爲帝，旋即廢去，自己臨朝稱制。西元六八九年，武則天破天荒地宣布自己爲帝——中國歷史上第一個也是唯一的女皇帝，改唐國號爲周。武則天在位十五年，最後還帝位給兒子李顯，不久死去，終年八十一歲。武則天在臨朝稱制和當皇帝期間，重用武氏外戚，培植了一個龐大的武氏外戚集團。這個集團以她的侄兒武承嗣、武三思爲代表人物，呼風喚雨，興風作浪，險些取代了李唐王朝。

這段歷史須從武則天的父親武士彠（彠，讀作月）說起。

武士彠，字信，并州文水（今山西文水）人。世代經商，家境豪富。武士彠從青年時代起，喜好交結天下豪傑，所以遠近聞名。唐高祖李淵當初步入仕途時，曾在武士彠家住過，受到很好的接待。李淵為太原留守時，特引薦武士彠，使之當了行軍司鎧參軍。武士彠憑藉豪富的優勢，召募兵馬，幫助李淵擴充力量。

因此，李淵建唐後，武士彠任光祿大夫，封義原郡公。又遷工部尚書，進封應國公，歷利、荊二州都督。後病死，贈禮部尚書，謚曰定。

武士彠娶過兩個妻子，前妻相里氏生子武元慶、武元爽；後妻楊氏生了三個女兒，其中第二個女兒便是武則天。武士彠死後，武元慶、武元爽對楊氏不怎麼孝順，以致武則天對哥哥也冷眼相看，心懷怨恨。武則天長到十四歲時，青春煥發，貌美如花。唐太宗李世民聽說其人，悅其美貌，召她入宮。楊氏捨不得女兒遠離自己，悲泣不已。武則天神色自若，說：「我去侍奉天子，焉知非福，何必為女兒悲傷？」

武則天入宮，被封為才人，賜號武媚。其時，唐太宗已經年近五十歲了，而武則天還是個少女。唐太宗患病，武則天侍疾。太子李治前來探視，兩個少男少女免不了眉來眼去，心有靈犀，暗傳情意。唐太宗死，包括武則天在內的嬪御按規定都進寺院當了尼姑。如果武則天一直當尼姑，那麼唐朝的歷史或許會是另外一個樣子。偏偏李治登基以後，王皇后與蕭淑妃爭寵，王皇后又把武則天接進宮內，作為對付蕭淑妃的幫手。武則天使出渾身解數，討取唐高宗李治的歡心，先扳倒蕭淑妃，再扳倒王皇后，自己則由昭儀進升為皇后。武則天步步高升，武氏外戚由此發跡，武承嗣、武三思等相繼登臺，進行了最充分的表演。

武則天掌權後，追尊父親武士彠為并州都督、司徒、周國公；又加贈太尉兼太子太師、大原郡王。武則天臨朝稱制時，進一步追尊父親爲忠孝太皇。武則天的同父異母兄長武元慶、武元爽及侄兒武惟良，因對武則天的生母楊氏不孝，武則天實行報復，先把他們貶官，繼把他們處死。武則天稱帝後，更追贈武士彠。彠孝明高皇帝。武元爽有個兒子武承嗣，被武則天選中，奉武士彠嗣，繼承武氏香火。

西元六八三年，唐高宗駕崩。武則天先立兒子李顯爲帝，是爲唐中宗。唐中宗在位僅五十五天，武則天就把他廢爲廬陵王，改立另一個兒子李旦爲帝，是爲唐睿宗。但是，武則天規定，唐睿宗只能深居內宮，不准過問國事，由她臨朝稱制。武則天稱制五年，乾脆自己當了皇帝，直接號令天下。

武承嗣是武則天的侄兒，襲爵周國公，遷秘書監、禮部尚書，繼爲太常卿、同中書門下三品。武承嗣揣摩姑母的心思，積極鼓動武則天實行「革命」，盡去唐家李氏子孫，誅殺意見相左的大臣，倡儀立武氏宗廟，把武氏死去的和活著的人都封王爵：武元慶爲梁王，武元爽爲魏王，武士彠的兄弟武士讓、武士逸分別爲楚王、蜀王；武承嗣爲魏王，武元慶兒子武三思爲梁王；武士讓孫子武攸寧爲建昌王，武攸歸爲九江王，武攸望爲會稽王；武士逸孫子武懿宗爲河內王，武嗣宗爲臨川王，武仁范爲河江王；武承嗣兒子武延基爲南陽王，武延秀爲淮陽王；武三思兒子武崇訓爲高陽王，武崇烈爲新安王等，共二十五人。一家外戚，一下子封了這樣多的王，在歷史上是極少有的。

武承嗣受封魏王，還監修國史，極力爲武氏外戚歌功頌德，樹碑立傳。此人野心很大，一心想繼武則天之後當皇帝。爲此，他收買親信上書武則天，請立自己爲皇太子。武則天拿不定主意，徵求大臣岑長倩、格輔元的意見。岑長倩、格輔元表示反對。武承嗣大怒，揑造罪名，窮凶極惡地把岑長倩、格輔元給殺了。後來，武承嗣官特進、左相，賊心不死，處心積慮地想當皇太子。武則天又徵求大臣狄仁傑的意見，狄仁傑同樣表示反對。所以，武承嗣儘管野心勃勃，但始終沒能當上皇太子。西元七〇五年，當武則天決意重新立唐中宗李顯爲皇太子時，武承嗣遷太子太保，恨不得志，抑鬱而死。

武承嗣有兩個兒子：武延基和武延秀。武延基尙唐高宗女兒永泰公主。武則天爲帝時，武延基、永泰公主及邵王等，經常私下議論武則天與嬖臣張易之、張昌宗的隱私，並與張易之、張昌宗發生公開衝突，激怒了武則天，夫妻二人均被殺害。武延秀先娶突厥女，後與守寡的唐中宗女兒安樂公主私通，進而正式結婚。武延秀任太常卿兼右衛將軍，封恆國公。唐中宗時，皇后韋氏淫亂宮闈，也與女婿鬼混，武延秀越發驕縱恣肆。西元七一〇年，唐睿宗之子李隆基與姑母太平公主聯手，發動政變，誅滅韋氏外戚，把韋皇后、武延秀、安樂公主等一起誅殺。

武三思是武則天同父異母兄武元慶的兒子，先爲梁王，監修國史，後爲檢校內史、太子少保。此人極善阿諛逢迎，揣摩上意，痕探隱微，贏得武則天的極大信任。武則天多次到他的府第飲宴，賞予尤渥。他與武則天的嬖臣張易之、張昌宗、薛懷義等沆瀣一氣，狼狽爲奸，幹了許多下流無恥的醜事。武則天晚年厭居皇宮，武三思迎合其心理，在嵩山等地爲之修建了豪華壯麗的三陽宮、興泰宮等，請武則天每年臨幸，尋歡作樂。修建這些宮殿，「工役巨萬萬，百姓愁嘆」。

武三思的兒子武崇訓原尙唐中宗女兒安樂公主。唐中宗復位後，武崇訓爲駙馬都尉、太常卿、兼左衛將軍。武三思進位司空、同中書門下三品，進開府儀同三司。這時，武三思與唐中宗皇后韋氏私通，二人經常坐於御榻賭錢作樂，唐中宗站在一旁觀看，還幫著給他們數點籌碼。

武三思奸亂竊國，奉行「順我者昌，逆我者亡」的信條，明目張膽地宣稱：「我不知什麼叫善人、名人，唯順我者就是好人。」因此，他與佞臣宗楚客、紀處訥、崔湜、甘元柬等勾結在一起，招降納叛，迫害異己，殺人無數。崔湜、冉祖雍、宋之遜、李浚、姚紹之五人，心甘情願地替他賣命，號稱「三思五狗」。崔日用、冉祖雍、鄭愔三人，深得武三思的寵信，恃權驕縱，薰灸朝野，時有諺語曰：「崔、冉、鄭，亂時政。」這夥人「以爵賞自相崇樹，凡構大獄，污黜善良，破壞其宗，天下爲茫然」。唐中宗朝，皇帝昏庸，皇后淫亂，武三思專權，安樂公主亂政，奸臣、佞臣爲非作歹，朝綱敗壞，一片烏煙瘴氣。

武三思不僅與韋皇后私通，還與唐中宗昭容上官婉兒勾搭成姦。韋皇后一心想當女皇帝，女兒安樂公主一心想當皇太女，加上武三思、武崇訓，均視皇太子李重俊爲眼中釘、肉中刺。他們百般污辱李重俊，罵他爲「奴才」，並在唐中宗面前進讒，要廢掉李重俊的太子名號。李重俊氣憤不過，於神龍三年（西元七〇七年）調動羽林軍，包圍了武三思的府第，把武三思、武崇訓及其黨羽十餘人殺死。他接著發兵攻打皇宮，要殺韋皇后、安樂公主、上宮婉兒等，可惜兵敗未果，自己反被部下殺害。

武氏外戚徹底覆滅是在景龍四年（西元七一〇年）。韋皇后和安樂公主毒殺唐中宗，立了少帝李重茂。李隆基、太平公主發動政變，「分捕諸韋、諸武與其支黨，悉誅之」。

唐高宗武氏外戚並非清一色的都是壞人，其中武平一遠避權勢，潛心著文，名重一時。武平一，名甄，是武則天伯父武士逸的重孫、潁川王武載德的兒子。他博學多識，擅長文辭，武則天時隱居嵩山，不像其他人那樣，以外戚為榮耀，附炎趨勢。唐中宗復位後，武平一居母喪，被迫應召，官起居舍人。其時，唐中宗昏暗，韋皇后荒淫，武氏、韋氏外戚橫行霸道。武平一反對外戚干政，上書請抑母黨，說：「陛下天性孝愛，戚屬外家，恩洽澤濡。臣一家，階三等，家數侯，朱輪華轂，比漢代許、史、梁、鄧外戚勢力大得多。恩崇者議積，位厚者釁速，故月滿必虧，日中則移，時不再來，榮難久藉。……后妃之家，恩過寵深，一朝覆沒，遂無噍類（噍，讀作焦；噍類，活著的人）。願思抑損之宜、長遠之策，推遠時權，以全親親。」

唐中宗雖然承認武平一的話說得不錯，但拒絕採納，僅予慰勉而已。不久，武平一任考功員外郎。當時，太平公主、安樂公主各樹朋黨，招權攬勢。武平一再次上書，指出：「親權猜間，心腹患也。自頃權貴猜防，外和內離，怨結姻婭，疑生骨肉。過從絕，猜嫌構，親愛乖，黨與生。積霜成冰，禍不可既。願悉召近親貴人，會宴內殿，告以輯睦，申以恩勤，斥奸人，塞讒路。」然而，唐中宗昏庸腐朽，根本聽不進武平一的忠告。武平一對於唐中宗重用崔日用、崔湜之流，迷戀歌舞聲色等，也一再進諫，予以勸止。可是唐中宗充耳不聞，一件也沒有採納。

唐睿宗復位時，武平一兼修文館直學士。唐玄宗時，武平一因當初得寵於唐中宗，被貶爲蘇州參軍，徙金壇令。知道內情的人都知道，武平一雖然得寵於唐中宗，但他一貫潔身自好，從不同流合污。所以唐玄宗貶謫他，他是「既謫而名不衰」，人們對他始終懷有崇敬之情。他所說的「后妃之家，恩過寵深，一朝覆沒，遂無噍類」，實是經典之論。武氏外戚的下場，正是這經典之論的最好注腳。

唐中宗妻兄、妻侄

──夥利祿薰心之徒

唐中宗李顯是唐高宗李治與武則天的兒子，曾兩次登基爲帝。第一次在西元六八三年十二月承襲父位，僅一個多月即被武則天廢爲廬陵王。第二次在西元七〇五年，武則天退位，他又上臺，當了五年多皇帝。

唐中宗的外戚主要有兩家：韋氏和上官氏。還在唐中宗爲太子的時候，就娶了三個妃子；趙妃、韋妃、上官婉兒。趙妃被婆婆武則天害死；韋妃隨著唐中宗的命運而沉浮，兩次當皇后；上官婉兒非常有才學，進拜昭容。

韋皇后是普州參軍事韋玄貞的女兒。唐中宗第一次爲帝時，擢岳父爲豫州刺史；唐中宗被廢，韋玄貞跟著倒楣，被流放致死。他的四個兒子韋洵、韋浩、韋洞、韋泚均遭殺害。唐中宗第二次爲帝時，追贈韋玄貞爲上洛郡王、太師、雍州牧、益州大都督，繼追贈爲豐王；追贈韋洵爲吏部尚書、汝南郡王，韋浩爲太常卿、武陵郡王，韋洞爲衛尉卿、淮陽郡王，韋洮爲太僕卿、上蔡郡王。由於韋皇后的生父和嫡胞兄弟皆死，所以她得勢以後只能依靠從兄韋溫。

韋溫起初只是個小吏，因貪贓枉法而遭貶斥。唐中宗復位以後，根據韋皇后的意願，馬上把他提拔爲宗正卿，遷禮部尚書，封魯國公。他的弟弟叫韋湑，也由洛州戶曹參軍事，一下子進升爲左羽林大將軍，封曹國公。韋溫和韋湑的父親韋玄儼已死多年，也被追贈爲公爵、并州大都督。韋湑的兒子韋捷、韋溫的從弟韋濯分別尚唐中宗女兒成安公主和定安公主，並拜駙馬都尉，韋捷還兼任右羽林將軍。韋氏一門，因爲韋皇后的關係，眞是「一人得道，雞犬升天」。

當初，唐中宗被廢爲廬陵王時，曾許諾韋皇后說：「一朝見天日，我不限制你的行動。」後來，唐中宗果眞遵守諾言，聽任韋皇后重用外戚，溺愛幼女，干政亂政。韋皇后生性淫蕩，不僅與宰相武三思私通，還與女婿武延秀鬼混，致使後宮穢亂不堪。韋皇后野心很大，意欲效法婆婆武則天，奢望能當女皇帝。所以，她竭力培植韋氏外戚勢力，特別注重讓他們掌握兵權。景龍三年（西元七〇九年），唐中宗、韋皇后任命韋溫爲太子少保、同中書門下三品，遙領揚州大都督。韋溫大權在手，結黨營私，獨攬朝政，公卿畏伏。然而由於他無德無能，非常平庸，所以韋氏外戚的淫威遠不如武氏外戚。

景龍四年（西元七一〇年），韋皇后及女兒安樂公主權欲薰心，全然不顧夫妻、父女情分，與散騎常侍馬秦客勾結在一起，凶狠地毒殺了唐中宗，並僞造遺詔，立溫王李重茂爲皇太子。她擔心局勢失控，暫不發喪，命韋溫統領重兵，守衛京城和皇宮；又命侄兒韋播，韋捷的從弟韋璇、韋高、韋嵩分領左右羽林軍，駐守各要害部門。然後才發喪，又矯詔立李重茂爲少帝，韋皇后自封皇太后，臨朝攝政。幾天以後，韋溫、武延秀及宗楚客等仰承韋皇后的鼻息，謊稱皇太后「當受命」，密謀企圖殺害少帝。但是，他們畏懼唐中宗之兄、相王李旦及太平公主，決定先除掉他們，而後擁立韋皇后登基。李旦的兒子、臨淄王李隆基早對韋皇后及韋氏外戚懷恨在心，得知韋皇后的密謀，立即與太平公主攜手聯合，搶先下手，發兵攻打皇宮。韋氏集團防不勝防，韋播、韋璇、韋高、韋嵩被殺，梟首以徇。韋皇后、韋溫、安樂公主、武延秀等均被活捉，次日斬於市。又「分捕諸韋子弟，無少長皆斬」。顯赫一時的韋氏外戚，頃刻覆滅。

唐中宗的昭容上官婉兒是韋氏集團的重要成員，同時被斬首。

上官婉兒是上官儀的孫女、上官庭之的女兒。上官儀，字游韶，幼時父親被殺，他冒充小和尚得免一死。長大後浸工文詞，涉貫經籍。唐太宗李世民時，上官儀擢進士第，召授弘文館直學士，遷秘書郎，轉起居郎。唐高宗李治時，上官儀任秘書少監，進西台侍郎、同東西台三品。他善詩能文，其詩風格綺麗婉媚，時人多仿效之，號稱「上官體」。

武則天當了皇后後，急於專權，制約唐高宗，擅作威福，使唐高宗非常惱火。一天，唐高宗專門與上官儀商量，意欲把武則天廢爲庶人。上官儀說：「皇后專恣，海內失望，宜廢之以順應人心。」唐高宗即命上官儀起草詔書，執意廢掉武則天。沒想到武則天早已得到報告，立即趕到朝殿，聲色俱厲地責問唐高宗廢己的理由。唐高宗見武則天橫眉怒目，滿臉殺氣，嚇得手足無措，把責任全部推給上官儀，喃喃地說：「這……這是上……上官儀教我做……做的。」

因此，武則天切齒痛恨上官儀。麟德元年（西元六四四年），她指使親信許敬宗，誣陷上官儀參與梁王李忠的謀反活動，把他下獄處死，並抄沒其家。上官儀的兒子上官庭芝，亦被殺。武則天稱帝後，欣賞上官婉兒的才氣，用爲貼身女官。唐中宗復位時，上官婉兒受到寵幸，拜昭容。上官儀被追贈爲中書令、秦州都督、楚國公；上官庭之被追贈爲黃門侍郎、岐州刺史、天水郡公。

上官婉兒天性韶警，寫得一手好文章，內秉機政，唐中宗的許多詔書都出自她手。然其性淫，先後與武三思、崔湜等私通，助紂爲虐，終於落得與韋皇后一樣的結局。

唐玄宗妻兄楊國忠

奸相罪臣，死有餘辜

唐玄宗李隆基是中國歷史上著名的皇帝之一。他前期勵精圖治，後期昏聵荒淫，既開創「開元盛世」的局面，又導致「安史之亂」的浩劫，從而使唐王朝迅速由興盛走向衰敗。

唐玄宗的外戚主要是妻族王氏、武氏和楊氏三家。

唐玄宗的妻子很多，但所立的皇后只有王氏一人。王皇后的父親叫王仁皎，哥哥叫王守一。王仁皎，字鳴鶴，曾任左衛中郎將。他成為皇帝的岳父後，擢將作大匠，進開府儀同三司，封祁國公。此人比較聰明，身居高位，避職不事，委遠名譽，唯以吃喝玩樂爲快事。他活了六十九歲，死後被追贈爲太尉、益州大都督。王守一尙清陽公主，爲皇家駙馬。他忠實地追隨妹夫唐玄宗，在平定太平公主的謀反中建立了功勛，由尙乘奉御遷殿中少監，累進太子少保，封晉國公。後襲父爵，寵遇良渥。唐玄宗後來寵幸武惠妃，王皇后嫉妒，與王守一祭告天地，祈求能生個皇子。唐玄宗以爲他們搞「巫蠱」，廢王皇后爲庶人，賜王守一死。

武惠妃是武則天侄兒武惟良從子武攸止的女兒。武攸止封恆安王，是武氏外戚集團的重要成員。李隆基和太平公主聯手誅滅韋氏、武氏外戚時，殺人無數，獨獨留下了武攸止的女兒。因爲此女姿容出眾，能歌善舞，深深地吸引了李隆基。李隆基納她爲妃，後來備受寵幸，封爲惠妃。唐玄宗廢了王皇后以後，一度想立武惠妃爲皇后。但遭大臣極力反對，理由是她姓武，武氏外戚剛滅，天人共憤，其女不能充當國母。武惠妃轉而想讓親生兒子、壽王李瑁成爲皇太子，走「母以子貴」的捷徑。於是便與奸相李林甫相勾結，栽贓陷害，謀殺了皇太子李瑛及鄂王李瑤、光王李琚。她這樣做，問心有愧，惡夢纏身，時時覺得李瑛等厲鬼不停地向她索命。她陷入沒完沒了的恐怖之中，身心俱裂，精神崩潰，不治而死。武惠妃一死，武氏外戚再沒剩下什麼知名人物。

楊氏外戚是指楊玉環家。楊家的介入，使唐朝及唐玄宗生出許多重大的事變來。

楊玉環是隋朝梁郡通守楊汪的第四代孫，蒲州永樂（今山西永濟）人。楊玉環自幼失去父母，由叔父楊玄珪將其撫養成人。她天生麗質，體態豐艷，光彩照人，且通曉音律，擅長歌舞，尤善逢迎，十七歲時被唐玄宗和武惠妃之子、壽王李瑁娶爲妃。開元二十五年（西元七三七年），唐玄宗寵愛的武惠妃死。唐玄宗遍閱後宮三千佳麗，竟無中意者。宦官高力士報告說，壽王妃楊玉環姿質艷麗，宜充掖廷。唐玄宗也就不顧什麼名分、天倫，採用專制手段，霸佔了兒媳。楊玉環入宮後，先封「太眞」，繼號「娘子」，天寶四年（西元七四五年）進冊爲貴妃。

貴妃得道，家人升天。唐玄宗追贈其父楊玄琰爲太尉、齊國公；提拔其叔父楊玄珪爲光祿卿，宗兄楊銛（銛，讀作先）爲鴻臚卿；宗兄楊錡爲侍御史，尙太華公主。楊貴妃還有三個姐姐，姿容皆美艷。唐玄宗稱呼她們爲「姨」，分別封韓、虢、秦國夫人，允許自由出入宮掖，恩寵聲焰震天下。

楊貴妃還有一個族兄叫楊釗，是武則天嬖臣張易之的私生子。此人不學無術，吃喝嫖賭，是個典型的流氓、無賴，因此不爲家族所齒。三十歲時仍是光棍一條，生活無著，只好入蜀郡（今四川）從軍，參加軍屯。「從軍屯優」，就是說軍屯成績不錯，應當升遷。可是節度使張宥鄙視其爲人，不僅沒有提拔他，反而把他處以笞刑。後來，他升任新都尉，繼被罷官，生活越發窘困。幸虧有豪富鮮于促通的接濟，他才不致於流落街頭。楊貴妃的叔父楊玄珪，算來是楊釗的從父，死於蜀郡，家中無人照管。楊釗由此承擔起監護楊玄珪家產的責任。楊玄珪的女兒即後來的虢國夫人，見楊釗身強力壯，長相魁偉，兄妹二人遂勾搭成姦。楊釗惡習不改，仍愛賭博，一次把楊玄珪的家產折成現金，拿去賭博，輸得精光。他沒有臉面再回楊府，遂逃亡在外，沒有定所。

劍南節度使章仇兼瓊與朝中宰相李林甫有隙，聽說楊貴妃極受唐玄宗寵幸，有心結交楊氏外戚，以打擊李林甫。章仇兼瓊經過調查，發現蜀郡還有楊釗這麼一個人。章仇兼瓊於是召見楊釗，見他能說會道，不禁大喜，立即派他爲推官，並帶蜀貨百萬，到長安活動。這給楊釗的飛黃騰達提供了難得的機遇。

楊釗到達長安，千方百計地打通關節，見到韓國夫人、虢國夫人和秦國夫人，贈送了大量奇珍異物。其時，虢國夫人剛死了丈夫，楊釗饋贈尤厚。於是二人重溫舊情，宣淫不止。通過韓、虢、秦夫人穿針引線，楊釗見到了楊貴妃。楊貴妃渴望娘家人能出人頭地，見了楊釗，歡喜不盡，特意在唐玄宗跟前提說，特別吹噓楊釗善於各種賭博的遊戲。唐玄宗很快召見楊釗，擢爲金吾兵曹蒲簿，任務是替皇帝賭博計算輸贏並記帳。楊釗擔任此職非常合適，計算精確，錙銖無誤，分毫不差。唐玄宗龍心大悅，說：「這人是做度支郎的好材料嘛！」馬上提拔他爲監察御史。章仇兼瓊的錢也沒有白花，榮遷戶部尚書御史大夫。

楊釗憑藉裙帶關係一步登天，宰相李林甫認爲可以利用。李林甫和武惠妃謀殺皇太子李瑛以後，唐玄宗又立了忠王李亨爲太子。這使李林甫感到害怕，李亨一旦登基，必然對己不利。於是，他又施展陰謀詭計，企圖去掉李亨，另立太子。李亨爲人謹慎，性格溫雅，無懈可擊。李林甫改從太子妃韋氏之兄韋堅身上下手，誣稱韋堅勾結邊將，鼓動李亨篡奪皇位，搶班奪權。唐玄宗不明眞相，命將韋堅下獄審訊。

李林甫看中楊釗怙寵驕縱、搏鷙敢幹的特點，讓其主持審訊事宜。楊釗抓住這個機會，舞文弄墨，無中生有，誇大其詞，肆意株連，先後誅滅百餘族近千人。然而事實證明，韋堅並未勾結邊將，更未鼓動李亨謀反，李亨的太子地位安然無恙。而楊釗在這場血腥的審訊中軟硬兼施，拉幫結派，陰險地培植了自己的勢力。這是李林甫始料所未及的。

這期間，楊釗依靠楊氏姐妹的指點，摸透了唐玄宗的心思。唐玄宗的喜好和厭惡，他瞭如指掌，所言所行無不投合皇帝的胃口。唐玄宗早期的英明已蕩然無存，受其所惑，一再誇讚楊釗聰明能幹，於是又任命他兼度支員外郎，主管國家財政。接著，大事小事都交給楊釗去辦，楊釗同時兼任十五個職銜。天寶七年（西元七四八年），楊釗又被擢爲給事中，兼御史中丞，專判度支，權力快要接近宰相了。

面對楊釗的崛起及楊氏外戚的榮寵，李林甫這才感到後悔，後悔自己小看和利用了楊釗，爲其發展勢力提供了機會和條件。

老天似乎也幫楊釗的忙。開元、天寶年間，風調雨順，連年豐收。中國封建社會進入鼎盛時期。大詩人杜甫在《憶昔》詩中描述當時的情況是：「稻米流脂粟米白，公私倉廩俱豐實。」楊釗貪天功爲己功，下令各地把多餘的錢物送到長安，「內富京師」，致使府庫充盈，古今罕見。他請唐玄宗參觀府藏，但見貨幣、絹帛堆積如山，五光十色。唐玄宗非常高興，重賞群臣，揮金如土。並賞賜楊釗紫衣、金魚，這是皇帝給予臣屬的最高榮譽。

楊釗又知太府卿事，專錢穀之任，可自由出入宮禁。這時，他上書唐玄宗，要求皇帝賜名。唐玄宗以爲他是「國家忠臣」，於是便賜名「國忠」。從此，楊釗就被稱作楊國忠了。

楊國忠是由李林甫的提拔而顯露其「才幹」的。他的羽毛豐滿以後還要往上爬，就與李林甫發生了矛盾和衝突。李林甫的親信有京兆尹蕭炅（炅，讀作民），御史中丞宋渾、御史大夫王鉷（鉷，讀作洪）、酷吏吉溫等。楊國忠針對他們的特點，或拉或打，予以分化瓦解。這些人的背後都有李林甫的影子，楊國忠漸漸掌握李林甫的大量罪狀。他不斷向唐玄宗耳中吹風，唐玄宗開始厭惡李林甫，並有意疏遠。李林甫雖然心猶不甘，但也無可奈何了。

楊國忠的人生目標很明確，就是扳倒李林甫，自己出任宰相。這時南詔王閣羅鳳發動叛亂，侵犯唐境。唐玄宗意欲親征，討伐叛逆。楊國忠時任兵部尚書，推薦好友鮮于仲通為蜀郡長史，率兵六萬前往征討。鮮于仲通全軍覆沒。楊國忠隱匿其敗績，自請拜劍南節度、支度、營田使，到邊鎮處理事務。俄加劍南道兼山南西道採訪處置使。實際上他並未到邊鎮去，只派了副手王竇華等前往，觀察情況，作作樣子。

李林甫心懷叵測，積極奏請批准楊國忠迅速赴邊。唐玄宗同意。楊國忠行前哭訴於唐玄宗，說李林甫有意陷害自己，自己此去性命難保。楊貴妃等也在唐玄宗面前說情。唐玄宗垂以隱惻之心，答應很快把楊國宗召回。楊國宗勉強動身，一月後果真被召還京師。

楊國忠回到長安，聽說李林甫已臥病在床，特以探病為由，前去察看虛實。李林甫見楊國忠很快就從邊鎮回來，知道他有皇帝和楊氏姐妹作後盾，而且知道自己死後必然由他出任宰相。李林甫感傷地說：「林甫將死矣，公必為宰相，以後的事就有勞你了。」

楊國忠見李林甫把話說得這樣露骨，難辨眞僞。又想到自己身在李府，萬一有事，很難脫身。不禁汗流滿面，除了唯唯諾諾以外，不敢多說一句話。

幾天以後，李林甫死了。楊國忠終於放下心來，隨即拜為右相，兼文部尚書、集賢院大學士、崇賢館大學士、太清宮太微宮使，監修國史，原先所任職銜如故。

天寶十一年（西元七五二年），楊國忠如願以償，終於登上了宰相的寶座。他氣高志滿，打擊迫害一切反對過他的人，就連死去的李林甫也不放過。一面，他唆使安祿山誣告李林甫；一面，他又誘使李林甫的女婿楊其宣出面，奏劾李林甫的種種罪惡。唐玄宗原先非常寵信李林甫，這時聽了楊國忠的話，翻臉無情，下令削奪李林甫生前的全部官爵，而且剖其棺柩，剔珠去紫，葬以庶人之禮。又籍沒其家，放逐其子，使「口蜜腹劍」的李林甫得到了應有的下場。

楊國忠在李林甫問題又立新功，更加博得唐玄宗的歡心，進封魏國公，徙封衛國公，大大小小，共領四十餘個職銜，恩寵莫比，權勢莫比。

楊國忠爲宰相，本質上與李林甫一樣，欺上壓下，極力擴張權勢，樹立自己的威信。他在做法上與李林甫稍有不同，敢於明目張膽地擅權亂政，培植私黨，籠絡人心。以致朝綱敗壞，制度鬆弛，賄賂公行。他把歷年來科舉落選者全部錄用，錄用官吏的程序盡廢，全由他一人說了算。他濫用職權，一而再再而三地欺騙唐玄宗。一年大雨成災，糧食減產。唐玄宗深感憂慮。楊國忠不知從什麼地方尋來幾株碩大的穀穗，蒙蔽唐玄宗說：「雨不爲災。皇上請看，這穀穗多大呀！」扶風太守房琯如實彙報實情。楊國忠大怒，即派御史追究房琯的責任。因此，各州縣官吏雖憂天災，更懼人禍，再也不敢如實彙報實情。唐玄宗放心不下，詢問寵愛的宦官高力士。高力士回答說：「自從陛下授權宰相，賞罰無章，陰陽無度，臣何敢言！」唐玄宗聽出高力士話裡有話，默然無語。

楊國忠大權在握，與楊銛、楊錡及韓、虢、秦國夫人刻意追求享受，窮奢極欲。他們各家都修建了富麗堂皇的府第，連棟接宇，猶如宮禁，一座房屋往往費錢數千萬緡。各家還互相攀比，一旦見別人家的府第超過自己，立即拆毀重建，「務以瑰侈相夸詡」，土木工程不息，時人謂之「木妖」。

楊國忠雖然已有妻室，但與虢國夫人居同第，出並騎，恣意在馬上調情逗樂，不以爲羞，路人無不恥笑，鄙稱楊國忠爲「雄狐」。唐玄宗每年十月巡幸華清宮（今陝西臨潼境），必親臨楊氏兄妹的別墅，賞賜財物各家一份，價值不可勝計。「遠近饋遺閹稚、歌兒、狗馬、金貝，踵疊其門」。

唐玄宗每次必帶楊貴妃出遊，韓、虢、秦國夫人先在楊國忠家會合，車馬僕從無數。然後諸楊充作先導儀仗，每家一隊數百人，各執一色旗、穿一色衣，威風豪華，氣概非凡。楊國忠所領的劍南節度使大旗是這支皇家隊伍的指揮，大旗擺動，隊形變換，但見五彩繽紛，燦若雲霞，山川河谷一片錦繡。隊伍走過，香聞數十里，遺落在地上的彩珠碎玉琳琅滿目，任人拾取。

楊國忠看到自家兄妹如此顯赫，眉飛色舞地說：「我本出身微寒，憑幾位夫人才得到今天的地位，至於皇上的恩典更是報答不盡。然而，像我這樣的人終究難得好名聲，爲什麼不盡情享受這榮華富貴呢？」

楊國忠的巨額家產主要來自三個方面：唐玄宗的賜予、各地官吏的饋贈以及自己的巧取豪奪。他的家產到底有多少？很難說得清楚，僅家藏的絲織品就多達三千萬匹！

唐玄宗荒淫，楊國忠逞奸，楊氏外戚窮極奢靡，從而激發了「安史之亂」，使唐王朝從繁榮的頂峰迅速跌落下來。

「安史之亂」的罪魁安祿山是胡人，因有邊功升任平盧兵馬使。他陰險狡猾，極善僞裝和逢迎，特別巴結楊貴妃，無恥地認她爲「娘」，因此受到唐玄宗的格外寵信。他被任爲范陽、平盧、河東三鎮節度使，掌握了東北、河北一帶的軍政民財大權。安祿山多次入朝打探朝廷虛實，目睹皇帝年邁、朝政腐朽、禁軍虛弱，遂生叛逆之心。但他對唐玄宗還是有所畏忌，只是在暗中積蓄力量，準備在唐玄宗死後發動叛亂。

楊國忠憑其野心家、陰謀家的嗅覺，意識到安祿山潛藏逆志，日後必反。他把自己的意見反覆上奏，唐玄宗卻充耳不聞。天寶十三年（西元七五四年），楊國忠自作聰明，對唐玄宗說：「陛下不妨宣召安祿山進京，他若存心謀反，必不敢來。」

唐玄宗於是宣召安祿山進京。沒料想安祿山接到詔令，火速馳京，入謁於華清宮。安祿山對楊國忠恨入骨髓，流著淚說：「臣本胡人，不識文字，唯知陛下恩重如山，只想忠心圖報。無奈楊國忠時時刁難，必欲置臣於死地。」

唐玄宗見安祿山一副忠厚、誠懇的模樣，堅信他怎麼也不會謀反。其後，唐玄宗還有意讓安祿山入朝爲相，並起草好了詔書。楊國忠深恐安祿山得寵，自己失勢，急諫說；「安祿山雖有軍功，但目不識丁，豈可爲相？詔書一下，恐怕四夷都要輕視朝廷了。」

唐玄宗覺得此話有理，遂停詔待議。不過，他還是加安祿山左僕射的職銜，同時把楊國忠進位司空，極力調和、平衡二人的關係。

安祿山積極招兵買馬，加快叛亂步伐。楊國忠爲了證明自己意見的「正確」，採取一系列過激行動，促使安祿山提前了叛亂的時間。

楊國忠一面派人監視安祿山，蒐集其反狀，一面把安祿山在京城的耳目吉溫放逐邊地，並指使京兆尹李峴包圍安祿山在長安的府第，誅殺多人。安祿山怒不可遏，上書自陳，指責楊國忠有二十條大罪。楊國忠仍然存心激怒安祿山，進一步向唐玄宗建議，削奪安祿山的兵權，調任平章事，以賈循、呂知誨、楊光翽分任范陽、平盧、河東節度使。唐玄宗猶疑不決，派輔璆琳爲使者，前往察看安祿山的動靜。輔璆琳接受安祿山的大量賄賂，回京後彙報說安祿山不會叛亂。唐玄宗聽了彙報，大放寬心，堅信安祿山「無二心」，對之毫不防範。

終於，天寶十四年（西元七五五年）冬，「漁陽鼙鼓動地來，驚破霓裳羽衣曲」，安祿山及其副將史思明率兵十五萬，號稱二十萬，浩浩蕩蕩地殺向長安。

安祿山反叛的理由是以誅楊國忠爲名，兼斥楊貴妃及楊氏姐妹之罪。消息傳來，唐玄宗和朝臣們驚惶失措。楊國忠自欺欺人，大言不慚地說：「今日謀反的不過安祿山一人，其他將士不會追隨他。臣敢擔保，不出十日，安祿山的首級一定會送抵京師。」

然而，由於長時間的和平環境，朝政腐敗，武備鬆弛，官軍全無戰鬥力，所以安祿山叛軍勢如破竹，很快攻陷東都洛陽。情勢危急，唐玄宗本想親征，以皇太子李亨監國。楊國忠得知皇帝的意圖，大驚失色，首先想到的是李亨一旦執政，自己及楊氏外戚必將大禍臨頭。

他回家對妹妹們說：「太子監國，吾屬盡誅矣！」說到傷心處，幾個人抱頭痛哭了一場。隨後，楊國忠決定求救於楊貴妃，只有她才能使唐玄宗改變親征的主意。

楊貴妃聽了哥哥的話，在唐玄宗面前痛哭流涕，甚至以死相請，要唐玄宗放棄親征和以太子監國的打算。唐玄宗寵憐貴妃，果然不再提親征和太子監國的事了。

天寶十五年（西元七五六年）正月，安祿山在洛陽自稱大燕皇帝，接著兵鋒指向關中，很快攻克潼關。京師長安告警，唐玄宗驚恐萬分，召集大臣問計。楊國忠似乎胸有成竹，提出幸蜀避難。楊貴妃及楊氏姐妹也隨聲附和。唐玄宗於是執意西行。是年六月十二日凌晨，楊國忠安排唐玄宗、楊貴妃及楊氏姐妹、太子、部分宦官和宮人等，在龍武大將軍陳玄禮的護衛下，悄悄逃離了長安。早朝時，朝臣們照例上朝，卻不見皇帝的面。原來，唐玄宗已經拋棄他們，艱苦跋涉在逃亡的路上了。

唐玄宗等倉皇西逃，於次日抵達馬嵬驛（今陝西興平馬嵬坡）。由於事前沒有任何準備，途中缺吃少喝，士兵們饑困交加，怨聲四起，無不咒罵楊國忠。陳玄禮早對楊國忠不滿，利用士兵們的情緒，煽動說：「如今天下震盪，社稷不守，黎民百姓肝腦塗地，難道不是楊國忠一手造成的嗎？我欲殺了他以謝天下，你們說怎麼樣？」

士兵們齊聲喊道：「我們早就想做了，為此身死，在所不惜！」

陳玄禮指揮士兵，悄悄向楊國忠包圍過去。就在這時，恰有隨行的吐蕃使者與楊國忠說話，商量什麼事情。士兵們高呼：「楊國忠夥同蕃人謀反！」一邊高呼，一邊擁上去。楊國忠見勢不妙，策馬突圍，鼻梁上已中一箭。士兵們緊緊追趕，刀劍齊下，霎時間便把楊國忠剁成肉泥，爭啖其肉，又砍了他的腦袋，高懸示眾。

唐玄宗聞報，不勝驚駭，說：「楊國忠真的謀反了嗎？」他派御史大夫魏方進去責問士兵說；「何故殺害宰相？」

士兵憤怒至極，不管三七二十一，又把魏方進殺了。

陳玄禮殺了楊國忠，又指揮士兵包圍了唐玄宗的驛館。唐玄宗命高力士詢問原因。士兵們回答說：「禍根尚在。禍根不除，我等絕不西行！」他們所說的「禍根」是指楊貴妃，此人留在皇帝身邊，終究是個危險，不殺不足以洩恨。

高力士回報唐玄宗。唐玄宗徵求高力士的意見。高力士說：「楊國忠謀反，貴妃不宜供奉了，願陛下割愛正法。」

唐玄宗雖然寵愛楊貴妃，但這時還是趕快西逃，保住自己的性命要緊。關鍵時刻，他只能「割愛」，別無他法。他嘆了口氣，命高力士前去處置楊貴妃。

高力士奉命，把楊貴妃引到一株梨樹下，一條白綾，結束了她的生命。

同時被殺的還有楊國忠的兒子、戶部侍郎楊暄。楊國忠另外三個兒子楊昢（昢，讀作配）、楊曉、楊晞，以及楊國忠的妻子、虢國夫人等，也相繼被殺。至此，顯赫的楊氏外戚徹底覆滅。楊國忠作爲奸相罪臣，惡貫滿盈，死有餘辜。

唐肅宗妻弟吳湊

忠謹清正，世人景仰

當安祿山、史思明叛軍迅速向長安推進，唐玄宗倉皇奔蜀逃命的時候，皇太子李亨率領部分兵馬，北趨靈武（今寧夏靈武西南），尊唐玄宗爲太上皇，自己稱帝，他就是唐肅宗。唐肅宗在位六年，依靠郭子儀、李光弼等功臣宿將浴血奮戰，收復了長安和洛陽，基本上平定了「安史之亂」。

唐肅宗的外戚主要有張氏、吳氏兩家，均爲妻族外戚。

唐玄宗有個女兒封常芬公主，下嫁張去逸，生有女兒張氏。這個張氏實是唐肅宗的外甥女。唐肅宗爲太子時，納外甥女爲妃，封爲良娣。這樣，張去逸就由唐玄宗的女婿變成唐玄宗的親家，被追贈爲尚書左僕射，張去逸的兩個兒子張清、張濳分別尙大寧、延和郡主，親上加親。

張良娣爲人狡黠，非常自私。唐肅宗即皇帝位，她成爲皇后。唐玄宗既是她的外祖父，又是她的公公，而她為指使宦官李輔國，老大不敬，硬將唐玄宗遷出了風景如畫的興慶宮，以致唐玄宗晚年的生活相當孤獨和淒涼。後來，她又誣陷太子李豫，甚至企圖另立太子。李豫登基後，毫不客氣地把她廢為庶人，繼而殺之。他的哥哥張清、張潛及其舅舅竇履信，均遭流放，黨羽伏誅。所以，張氏外戚還沒形成氣候，就煙消雲散了。

唐肅宗另一個愛妃吳氏，即唐代宗李豫的生母，死後被追贈為章敬皇后。吳氏的父親吳令珪，當過郫縣丞，早坐事死。吳氏的胞兄吳漵、胞弟吳湊，作為唐肅宗的外戚，在唐代宗、唐德宗朝，是很出名的人物。特別是吳湊，為官四十餘年，剛正不阿，廉政愛民，興利除弊，全無外戚常有的驕奢之氣，頗受時人讚譽。

西元七六二年，李豫登上皇位，是為唐代宗。唐代宗在追贈生母吳氏的同時，也封舅舅吳漵、吳湊以高官，位從三品。但是，吳湊知道自己是罪臣的兒子，原為布衣百姓，突然顯貴，絕非好事。所以，他懇請免去太子詹事這個職務，改任檢校賓客兼家令的虛職。唐代宗不願委屈這個舅舅，屢加提拔，使之進為左金吾衛大將軍。

吳湊「才敏銳，而謙畏自將，帝數顧訪，尤見委信」，常被唐代宗派去執行非常艱難的使命。

「安史之亂」以後，各地藩鎮擁兵自重，不願服從朝廷號令，甚至出現不待朝廷任命就由兒承父職、弟承兄職情況，挾兵耀武，偃蹇搖亂。永平軍節度使令狐彰死，部下起鬨，欲立其子令狐建；汴州節度使田神功死，部下騷亂，竟然劫掠官府錢財。吳湊奉唐代宗之命，緊急出使永平軍（今河南滑縣）和汴州（今河南開封），宣示朝廷恩威，以義情曉諭將士，站在朝廷的立場上，解決他們的實際問題。他是欽差大臣，沒有欽差大臣架子，不驕不卑，誠懇地與當地將士們對話，贏得眾人的信任。「軍中歡附」，這是吳湊處理這兩次動亂的結果，有效地維護了中央政權的統治。

吳湊在實際中顯示出了才幹，深得唐代宗的信任和重用。當時，宰相元載專權，飛揚跋扈，拉幫結派，賣官鬻爵，貪財納賄，堵塞言路，陷害忠良，幹了很多壞事。元載愎狀日肆，引起唐代宗的不滿，意欲除之。但唐代宗考慮，元載權重勢大，黨羽眾多，自己稍有不愼，不僅不能鏟除權臣，反而可能招致殺身之禍。因此他表面不動聲色，暗中與忠誠可靠的舅舅密議。吳湊經過周密的部署，使人密報元載圖謀不軌。據此，他利用左金吾衛大將軍的身分，率兵包圍了宰相處理政事的政事堂，逮捕了元載，又以迅雷不及掩耳之勢，把元載的爪牙全部捉獲。略加審訊，元載被處以極刑，其家被抄，抄出的家產無數，僅胡椒就多達八百石。

唐代宗痛恨元載，還欲嚴厲處置其黨羽和親屬。吳湊不同意這樣做，進諫說；「法律規定，首惡必辦，協從不問。如果不加區別，全部施用極刑，虧德傷仁。」唐代宗聽了他的話，赦免了協從者王縉、楊炎等人的死罪，大大安定了人心。

西元七七九年，唐代宗死，唐德宗李適立。唐德宗同樣器重吳湊，命其爲福建觀察使、陝州虢州觀察使。由於吳湊爲政勤清，所以美譽四起。貞元八年（西元七九二年），宣武軍節度使劉玄佐死，部下欲立其子劉士寧繼爲節度使。唐德宗考慮其地特別重要，任命吳湊爲檢校兵部尙書兼宣武軍節度使，騎快馬火速到職。但是宰相竇參支持劉士寧，迫使皇帝改變了主意，中途召還吳湊，改任右金吾衛大將軍。

貞元十四年（西元七九八年），吳湊出任京兆尹，成爲京城長安的最高行政長官。他在任期間，恪盡職守，奉公愛民，建言廢「宮市」，省雜役資課和傜役，儘量減輕民眾的負擔。同時採取嚴厲的措施懲治猾吏，維護京師的社會秩序。吳湊爲官清正，政績卓著，很快進兼兵部尙書。

這時，吳湊已經七十歲了，不久患了重病。患病期間，他不讓請醫生、巫師，又不肯吃藥。家人哭泣著請求爲他治病，他淡然一笑，說：「吾以庸謹起田畝，位三品，顯仕四十年，年七十，尙何求？自古外戚令終者可數，吾得以天年歸侍先人地下，足矣！」

次年，吳湊死，終年七十一歲。唐德宗追贈他爲尙書右僕射，謚曰成。先時，長安街道多栽樾樹、榆樹，樹稀敗落，不像樣子。吳湊任京兆尹後，命改栽槐樹，嚴加管理。吳湊死時，這些槐樹已經蓊然成蔭了。人們每在槐蔭下行走乘涼，都要指指點點，觸景生情，並說和緬懷吳湊的功績，表達不能忘懷的景仰之情。

吳湊的一生，是忠謹的一生，清正的一生。《新唐書》給予他很高的評價：「唐興，後族退居奉朝請者，猶以事失職，而吳湊任中外，未嘗以罪過罷，爲世外戚表（楷模）云。」

吳湊的哥哥吳溆，字士矩，屬於另一種類型的人物。他擅長文學，喜愛交遊，朋友很多。唐文宗開成年間，曾任江西觀察使，饗宴侈縱，一日費用常花十數萬錢。他剛到職時，庫錢有二十七萬緡。三年後揮霍了三分之二，只剩九萬緡。以致軍用匱乏，無所仰藉。事情暴露，有人主張治吳潊的罪。但唐文宗礙於皇親的情面，只把他貶爲蔡州別駕。御史中丞狄兼謨巧妙地進諫說：「陛下擢任士矩，非私也；士矩負陛下而治之，亦非私也。今請派遣御史前往秉公調查處理，以杜絕其他鎮將循其惡習。」唐文宗沒有辦法，只好同意把吳潊處以流放。

唐憲宗妻祖郭子儀

忠臣良將的典範

唐朝「安史之亂」以後，藩鎮割據，宦官弄權，外戚勢力相對地比較軟弱。西元八二〇年，唐憲宗李純被宦官陳弘志等殺害，其三子李恆被擁立登基，他就是唐穆宗。唐穆宗的生母郭氏，在唐憲宗時封貴妃，沒有當上皇后，死後才被追贈為懿安皇后。郭氏是汾陽王郭子儀的孫女、郭曖與升平公主的女兒。因此在唐憲宗和唐穆宗兩朝，郭氏外戚在朝廷中具有舉足輕重的地位和作用。

郭子儀，華州鄭（今陝西華縣）人。唐代中期傑出的軍事家。唐玄宗時，他當過左衛長史、軍使、九原太守，「安史之亂」爆發後，出任衛尉卿．靈武郡太守，充朔方節度使，率軍攻安祿山的同夥史思明，屢戰屢勝，加御史大夫。天寶十五年（西元七五六年），唐肅宗李亨即位於靈武（今寧夏靈武西南），郭子儀與另一位大將李光弼，率步騎兵五萬人赴行在，接受唐肅宗的調遣。此舉使唐肅宗有了一支可以依靠的軍事力量，由是「國威大振」。

郭子儀拜兵部尚書、同中書門下平章事，總節度，擔當起平定「安史之亂」的重任。郭子儀和李光弼率十五萬兵馬與安史叛軍展開激戰，一舉收復了淪陷的京師長安；繼乘勝追擊，收復了東都洛陽。唐肅宗非常讚賞郭子儀的軍事才幹，加其官爲司徒，封代國公。郭子儀班師，唐肅宗親到城郊迎接，說：「國家再造，卿之力也。」

乾元元年（西元七五八年），郭子儀進位中書令統領唐軍，繼續對安史叛軍作戰，取得了一系列的勝利。繼留守洛陽，任東畿、山南東道、河南諸道行營元帥。唐肅宗爲了節制將帥，特設觀軍容使一職，由宦官魚朝恩擔任。魚朝恩嫉妒郭子儀功勛卓著，惡意中傷，迫使唐肅宗召回郭子儀，使之閒居京師。這時，安史叛軍的殘餘勢力死灰復燃，史思明再度攻佔洛陽。朝野有識之士強烈呼籲起用郭子儀，徹底平定「安史之亂」。唐肅宗迫於壓力，只得任命郭子儀爲諸道兵馬都統，又爲副元帥，進封汾陽郡王，屯兵絳州（今山西新絳）。不久，唐肅宗患病，日見嚴重。郭子儀上書說：「老臣受命，將死於外，不見陛下，難能瞑目。」唐肅宗體察他的忠心，命其回京，直入寢殿。唐肅宗鄭重地對郭子儀說：「河東諸事，就全部託付給卿了。」郭子儀嗚咽流涕，泣不成聲。唐肅宗賜給他御馬、銀器、雜彩等，又別賜絹布九萬匹。

唐代宗李豫繼位，重用宦官程元振。程元振忌恨功臣宿將，唆使皇帝罷了郭子儀的副元帥之職，任唐肅宗山陵使。郭子儀憎恨宦官弄權，把唐肅宗當初寫給自己的千餘篇詔敕進呈給唐代宗。唐代宗閱後深感內疚，說；「朕不德，詒大臣憂。朕甚自愧，自今公毋有疑，朕絕對相信公。」

廣德元年（西元七六三年），回紇、吐蕃兵入侵長安，唐代宗逃亡陝州（今河南陝縣），投靠宦官史朝義。郭子儀臨時出任關內兵馬副元帥，憑其聲望和才幹，瓦解了回紇與吐蕃的聯盟，很快收復了長安。唐代宗收到捷報，頗感欣慰，詔令郭子儀爲京城留守。這時，宦官程元振積極鼓動唐代宗遷都洛陽。唐代宗表示同意。郭子儀得知消息，立即上書奏稱：「雍州古稱天府，右隴、蜀，左崤、函，襟憑終南、太華之險，背負清渭、濁河之固，地方數千里，帶甲十餘萬，兵強士勇，眞用武之國，秦、漢所以成帝業也。」他堅持反對遷都洛陽，誠懇希望唐代宗「斥素餐，去冗食，抑閹寺，任直臣，薄徵弛役，恤隱扶鰥，委宰相以簡任能，付臣以訓兵御侮，則中興之功，日月可冀。」由於他的力諫，唐代宗遂罷遷都之議，流著淚對身邊的人說：「子儀，固社稷臣也，朕西決矣。」唐代宗回到長安，歉意地說：「用卿晚，故至此。」他賜給郭子儀免死鐵劵，並畫像於凌煙閣，以示寵信。

而後，郭子儀任河東副元帥、河中節度使，鎭河中。又進太尉，兼領北道邠寧、涇原、河西道和吐蕃及朔方招撫觀察使。郭子儀爲人謙遜，國辭太尉不受。再拜尚書令，郭子儀仍不受。

永泰元年（西元七六五年），叛臣僕固懷恩糾集吐蕃、回紇、黨項、羌、渾等少數民族軍隊，號稱三十萬，進攻長安，京師大震。唐代宗急命郭子儀屯兵涇陽（今陝西涇陽）禦敵。回紇兵首領不明唐軍情況，打聽誰是唐軍的統帥。當他得知是郭子儀時，不由大驚失色，連呼：「上當了！上當了！」

原來，郭子儀在平定「安史之亂」時，曾借用回紇兵，雙方建立了非常友好的關係。僕固懷恩謊稱郭子儀已死，才糾集了回紇兵入夥，侵犯長安。郭子儀在敵強己弱的情況下，大膽地帶領數十名騎將，免冑會見回紇兵首領，曉以利害。回紇兵首領目睹郭子儀的風采，拜伏於地，自責不義，當夜引兵退去。郭子儀於是率兵，集中進攻吐蕃軍，斬首五萬人，俘擄一萬人，從而再一次解了長安之危。

郭子儀在唐肅宗、唐代宗朝建立了顯赫的功勛，德高望重。唐德宗李適即位後，詔郭子儀還朝，攝冢宰，充山陵使，賜號「尙父」，進位太尉、中書令，賞賜無數。建中二年（西元七八一年），郭子儀以八十五歲的高齡去世。唐德宗悼痛不已，廢朝五日，追贈其爲太師，陪葬建陵，謚曰忠誠。

《新唐書》載，郭子儀「事上誠，御下恕，賞罰必信」，「歲入官俸無慮二十四萬緡」，「宅居親仁里（坊）四分之一，……家人三千相出入，不知其居。前後賜良田、美器、名園、甲館，不勝紀」，「以身爲天下安危者二十年，校中書令考二十四。八子七婿，皆貴顯朝廷。諸孫數十，不能盡識」。《資治通鑒》評價說：「功蓋天下而主不疑，位極人臣而眾不疾，窮奢極欲而人不非之。」郭子儀，堪稱中國古代忠臣良將的楷模和典範。

郭子儀的八個兒子依次名爲郭曜、郭旰（旰，讀作贛）、郭晞、郭昢（昢，讀作配）、郭晤、郭曖、郭曙、郭映。其中郭曜官至太子少保，襲封代國公；郭晞官至太子賓客，封趙國公；郭曖尚唐代宗女兒升平公主，拜駙馬都尉，寵冠戚里，官至太常卿。郭曖一次與妻子吵嘴，升平公主擺出皇家派頭，盛氣凌人。郭曖非常生氣，說：「你倚仗你爸爸是皇帝嗎？我爸爸只是不願意當皇帝而已。你別拿大，我不怕你！」

升平公主見丈夫公開頂撞自己，也非常生氣，坐車飛奔宮中奏稟父皇，告了郭曖一狀。唐代宗聽了女兒的話，實話實說：「這你可能不知道。他們郭家眞是這樣，假使他們要當皇帝，早就當了，天下怎麼會是我們李家的呢？」唐代宗又是安慰又是開導，叫女兒趕快回婆家。

郭子儀聽說了此事，怒斥郭曖說話沒有分寸，當即把當他關了起來，然後入朝請罪。唐代宗顯得寬宏大量，幽默地說：「俗話說『不癡不聾，不作家翁』。他們小兩口私房裡說的話，怎能當眞呢！」

郭子儀可不原諒兒子，回家後把郭曖狠狠打了幾十棍子。由此可見，郭子儀作爲外戚，對兒女要求是極爲嚴厲的，不允許他們恃寵驕忌，無法無天。

後來，郭曖與升平公主的女兒又成爲唐憲宗的貴妃，他們的兒子郭釗、郭鏦（鏦讀匆）、郭銛（銛，讀作現）就是國舅，分別擢任刑部尚書、金吾大將軍和殿中監。郭鏦又尚唐順宗的女兒德陽公主，郭銛又尚西河公主，郭家便是雙重外戚，榮耀無比。

郭貴妃歷唐憲宗李純、唐穆宗李恆、唐敬宗李湛、唐文宗李昂、唐武宗李炎五朝，後被尊爲皇太后、太皇太后，直到唐宣宗李忱時才死去。郭氏外戚伴隨著她享受榮華富貴，長久不衰，在歷史上傳爲佳話。

唐文宗舅父蕭洪、蕭本、蕭弘

假國舅，冒牌貨

唐敬宗李湛和唐文宗李昂都是唐穆宗李恆的兒子。西元八二四年，唐穆宗死，唐敬宗繼位。西元八二七年，宦官劉克明等殺死唐敬宗，立了唐穆宗另一個兒子李悟爲帝。兩天後，宦官王守澄等殺死李悟，擁立了唐文宗。唐文宗在位期間，出了三個舅父，都是假貨色，這是中國外戚史上的一大奇聞。

唐文宗的生母蕭氏，是唐穆宗的寵妃。唐文宗登基後，她被尊爲皇太后。這位蕭太后是閩地（今福建）人，早年離家時，只記得有一個弟弟，事隔多年，這點記憶也變得相當模糊了。唐文宗存心隆崇舅氏外戚，特派人前往閩地尋訪舅舅。消息傳開，許多人蠢蠢欲動，都想冒充蕭太后的弟弟，嘗嘗當國舅的滋味。

先有一個叫蕭洪的男人，經蕭太后侄女婿呂璋推薦，到長安見蕭太后。蕭太后根本記不清弟弟的模樣了，誤把蕭洪當弟弟，悲不自勝。唐文宗於是拜蕭洪爲金吾將軍，出爲河陽三城節度使，賞賜極爲優厚。

不久，又有一個叫蕭本的男人，也自稱是蕭太后的弟弟。宦官仇士良於是把蕭洪下獄拷問，發現他是冒充的國舅，奏明唐文宗，詔令流放，並賜死於途中。蕭本由是一步登天，歷任讚善大夫、衛尉卿、金吾將軍，旬日之間，累賜巨萬。

可是幾個月以後，再冒出一個蕭弘的男人來，也聲稱是蕭太后的弟弟。唐文宗這下子眞被弄糊塗了，不知誰是誰非。他於是派三司官員高元裕等，把蕭本、蕭弘叫到一起，進行對質和訊問。結果發現，他二人同蕭洪一樣，「皆妄」，即都是冒牌貨。唐文宗氣壞了，命把蕭本、蕭弘流放邊地。

這連續三起假國舅案是唐朝外戚史上的一場鬧劇，說明皇親國戚也有假的，某些利祿之徒爲了分享皇恩，什麼樣的醜事都做得出來。

宋太祖妻弟王繼勛

烹食人肉的惡魔

西元九六〇年正月，後周禁軍首領、殿前都檢點趙匡胤在陳橋驛（今河南開封東北）發動兵變，黃袍加身，自立爲帝，改國號爲宋，奠都汴京（今河南開封），是爲宋太祖。宋朝奉行「臥榻之側，豈容他人酣睡」的立國精髓，對於外戚的限制比較嚴厲。《宋史・外戚列傳》稱：「宋法待外戚厚，其間有文武才諝（諝，讀作許，才學、機謀）皆擢而用之；怙勢犯法，繩以重刑，亦不少貸。仁、英、哲三朝，母后臨朝聽政，而終無外家干政之患。」這一評估基本符合宋朝的實際情況。

宋太祖的生母杜太后是個精明能幹的女人。當宋太祖登基即位的時候，她又高興又犯愁。別人問其犯愁的原因，她說：「自古以來，天子難當。天子置身於億萬百姓之上，如果治得其道，則此位可尊；反之，如果失去控制，則求爲匹夫而不可得。這正是我所擔憂的啊！」爲使宋朝的江山長治久安，杜太后在臨死的時候，鄭重地告誡宋太祖說：「四海至廣，萬幾至眾，能立長君，社稷之福也。」她要宋太祖立下誓約，保證日後把皇位傳給弟弟趙光義，而不是傳給兒子。宋太祖謹遵母訓，後來，皇位傳弟不傳子，表現了一位開明皇帝的襟懷。

杜太后高瞻遠矚，通曉大義，爲杜氏外戚樹立了很好的榜樣。杜太后共有五個兄弟：杜審琦、杜審玉、杜審瓊、杜審肇、杜審進。其中，老大、老二早在後唐時就已死去，到宋太祖建國時，老三、老四、老五都以母舅身分被封官賜爵。

杜審瓊官至點檢侍衛步軍司事，「性醇直，在公畏愼，宿衛勤謹，徼巡京邑，里閈（閈，讀作喊早，巷門、城垣）清肅，人皆稱之」。

杜審肇任右驍衛上將軍，出知澶州（今河南濮陽南）。宋太祖知道這位舅舅缺乏處理州郡事務的知識和能力，另命郎中姚恕通判州事，充當杜審肇的副手。杜審肇到任不久，黃河決口，淹了數郡，大量農田被毀，百姓流離失所。杜審肇、姚恕束手無策，既沒有採取救災措施，又不把情況報告朝廷。宋太祖大怒，遣使案鞫（鞫，讀作菊，審訊），追究杜、姚二人的罪責。結果，姚恕被斬首棄市，杜審肇被免官回家。

杜審進長期鎭守陝州（今河南陝縣），累官至檢校太師，加開府儀同三司，活了七十九歲。史稱其人「鎭陝二十餘年，勸農敦本，民庶便之。雖居位節制，無驕矜之色，人推其醇厚」。

「醇直」、「醇厚」，大體上概括了宋太祖母族的爲人。至於宋太祖的妻族，則遠不如母族那麼安分和忠謹。

宋太祖賀皇后有個侄兒叫賀令圖，宋太宗時任平州刺史，充幽州行營壕寨使，護瀛州屯兵。此人帶兵鎮守邊郡十餘年，恃藩邸舊恩，多次上言，要求宋太宗收取被北方遼國佔領的幽薊地區（今北京一帶）。宋太宗聽了他的話，發兵攻遼，慘遭失敗。人們由此都歸罪於賀令圖，指責他貪功生事。

不僅如此，賀令圖還有一大弱點是輕敵而無謀。雍熙二年（西元九八五年），遼國大將耶律遜寧化名于越，派人捎話給賀令圖，說：「我在遼國獲罪遭斥，近日願投奔宋朝，無路自拔，還望君侯留意提攜。」對於這樣一件沒根沒據的事，賀令圖既不作調查，又不向朝廷報告，居然輕信了，還私下贈給于越禮物。

是年底，于越率兵南侵，賀令圖作為宋軍先鋒迎戰，被于越重重包圍。于越放話說：「但願能見到賀君侯。」賀令圖聽了此話，樂得眉開眼笑，以為于越急於見他，一定是要投降宋朝，那樣他不動一刀一槍，就能建立大功，豈不美哉！於是，他在沒有任何防範的情況下，擅自帶領數十名騎兵去見于越，一直走到于越的軍帳內。于越還從沒見過這樣的傻瓜，坐於胡床，指著賀令圖罵道：「你不是愛好鎮守邊郡嗎？今天竟找上門來送死！」于越一邊罵，一邊命部下把賀令圖的隨從全部殺死。賀令圖張口想說什麼，可是于越一揮手，他便被五花大綁，當了俘虜，繼被殺害，死年只有三十九歲。

宋太祖王皇后有個弟弟叫王繼勛，長相倒是非常俊美，然其性格凶殘暴戾，多行不法之事。他因爲是皇帝的小舅子，所以步步高升，當了州刺史，又遷保寧軍節度觀察留後，領虎捷左右爲都虞侯、權侍衛步軍司事。

一次，王繼勳召募千餘名新兵，新兵行將出征。宋太祖詔令，新兵中未婚者可以結婚後開赴前線，不過婚禮儘量辦得簡單些，喝杯喜酒就行了。王繼勳依仗自己是皇帝的近親，根本不執行姐夫皇帝的詔令，縱容沒有妻室的新兵公開搶掠民女，突擊結婚。一時間，汴京天昏地暗，新兵橫衝直撞，見了女人就搶，老百姓嚇得大白天也不敢開門。

宋太祖知道了這一情況，又驚又怒，下令把搶了民女的百餘名新兵全部斬首，人情始定。事後，有人告發了王繼勳，王繼勳因而被削了兵權，改任彰國軍留後。這樣一來，這位皇親國戚深感失去職位的痛苦，快快不樂，轉而在奴婢身上發洩自己的怨恨，專以臠（臠，讀作鸞）割爲樂。「臠割」即將肉切成小塊。他凶狠地臠割自家的奴婢，那是一種怎樣慘無人道的情景？

王繼勳臠割奴婢，起初外人不知詳情。一次數日大雨，泡倒了他家的圍牆。一群活著的奴婢得以衝了出來，跑到皇宮門前，替她們慘死的姐妹喊冤。宋太祖聞知此事，驚駭不已，急忙命人調查，掌握了王繼勳的大量罪證。宋太祖大怒，詔令削奪王繼勳的所有官爵，勒歸私第，並命甲士看守監視。接著又下令，把王繼勳流放登州（今山東蓬萊）。誰知宋太祖中途卻改變了主意，不僅收回了流放的詔令，反而任命王繼勳爲右監門率府副率，遷住洛陽。

王繼勛孌割奴婢，得不到應有的懲罰，因此變得更加凶狠殘暴，肆無忌憚。

他強使普通人家的女兒到他家當奴婢，稍不如意，就加以殺害，而且還與一個名叫廣惠的和尚，烹食人肉。他先後雇用男、女劊子手十一人，充當烹人肉的「廚師」。殺了人，吃了肉，而「棺其骨棄野外」，致使「鬻棺者出入其門不絕，洛民苦之而不敢告」。

宋太祖的弟弟趙光義早就聽說王繼勛吃人肉之事。他即帝位以後，接到訴狀，立命戶部員外郎雷德驤逮捕王繼勛，嚴刑拷問。王繼勛供認，自開寶六年（西元九七三年）至太平興國二年（西元九七七年），四年裡共殺了奴婢一百多人，至於多少人被吃了肉，他也說不清楚。他的供認駭人聽聞，簡至讓人難以置信！宋太宗趙光義秉公執法，斷然下令：把王繼勛這個視殺人爲兒戲，烹食人肉的惡魔斬於洛陽示眾。

宋太宗岳父、妻侄、女婿
各以軍功和政績報效朝廷效力

宋太祖趙匡胤死後，其弟趙光義繼承皇位，是爲宋太宗。宋太宗在位二十二年，逼死侄兒趙德昭，迫害弟弟趙廷美，理直氣壯地把皇位傳給了自己的兒子趙恆，改變了宋太祖皇位傳弟不傳子的做法。

宋太宗的外戚，《宋史》著重提到這幾個人：符彥卿、李昭亮、柴宗慶、王貽永、李遵勖和劉知信。

符彥卿，字冠侯，陳州宛丘（今河南淮陽）人。他的父親符存審是後唐的名將，官至宣武軍節度使、蕃漢馬步軍都總管兼中書令。三個哥哥符彥超、符彥饒、符彥圖，也是能征善戰，聲名遠播。符彥卿自小繼承父兄的遺風，熱愛武事，騎馬射箭，樣樣精通。他歷後唐、後晉、後漢、後周、北宋五朝，歷任刺史、節度使，兼侍中、中書令，拜太保、太傅、太尉、太師等職，受封祁國公、魏國公、淮陽王、衛王、魏王等爵。而且，他的兩個女兒是後周世宗柴榮的皇后，一個女兒是宋太宗的妃子（死後謚懿德皇后）。這樣，符彥卿就既是周世宗的岳父，又是宋太宗的岳父，好生了得。

五代時，符彥卿驍勇善戰，威震華夷，聲名顯赫，如日中天。然而進入宋朝，他受到了猜忌和防範。他官位和爵位高了，並沒有任何權力，還時時遭人陷害，不斷遷徙，最後連節度使的職務也丟了。從此，他消極厭世，玩弄人生，遊寺廟，逛園林，放鷹走犬，飲酒行樂，變成一個老朽庸夫，七十八歲時死去。

符彥卿的曾孫叫符惟忠，字正臣，因是皇親國戚的後人，年紀輕輕，就任三班供奉，後擢爲閤門通事舍人、勾當東排岸司。他爲人比較正直，與三司使寇瑊、開封主簿樂誥都發生過正面衝突。還治理過惠民河和刁河，除涇原路兵馬鈐轄兼知涇州，遷西上閤門使。最後發疽病死。

李昭亮是宋太宗明德皇后之兄李繼隆的兒子，四歲時就補東頭供奉官，自由出入宮禁。李繼隆北征契丹，李昭亮曾持詔前往軍中，詢問作戰方略及營陣部署等情況。由於他是欽差大臣，所以李繼隆還得向兒子彙報軍務。李昭亮長大成人，歷任許多要職，當過州刺史、團練使、副招討使、副都指揮使等，最後官至眞定路都總管，守代州（今山西代縣）。

一次，保州（今址不詳）發生兵變，焚燒城池，殺害官吏，形勢緊張。朝廷派王果前去招降，毫無效果。叛軍說：「除非李昭亮來，否則我們不會投降。」朝廷於是派李昭亮星夜前往，執行這一艱難的使命。李昭亮只帶隨從數十人，不帶任何兵器，叩城門喊話說：「你們趕快投降吧！我保證你們的人身安全。不然，你們恐怕一個也活不了！」叛軍相信李昭亮的話，開門投降。李昭亮成功地解決了這場危機，受到朝廷的嘉獎，升任淮康軍節度觀察留後，復知定州（今河北定縣），受賜黃金三百兩，並享受節度使的俸祿。接著，李昭亮任武寧軍節度使，又爲殿前副都指揮使。

其時，天下比較太平，將士循樂縱弛，缺少節制。李昭亮作爲皇親國戚，熟知軍務，從嚴治軍，嚴禁將士爲非作歹。一次，萬勝軍與猛龍軍因比武發生爭執，竟至大打出手，互相毆鬥，士民大駭。李昭亮毫不留情，捕殺了肇事者，還把頭面人物處以杖刑，諸軍爲之股慄。又一次，宋太宗外出祭祀，侍衛中一人丟失了弓箭。李昭亮說：「宿衛不謹，不可寬赦！」嚴厲處置了那個侍衛，「禁兵自是頓肅」。

宋眞宗和宋仁宗時，李昭亮當過南院使、北院使，鎭守過許多地方，又拜同中書門下平章事，判大名府。宋仁宗曾親書「李昭亮親賢勛舊」的條幅贈給他，以表彰他的功績。晚年再徙定州，改任天平、彰信、泰寧軍節度使，回朝任景靈宮使，又改昭德軍節度使。史稱：「昭亮爲人和易，練習近事，於吏治頗通敏，善委任僚佐，以故數更藩鎭無他過。」這大體上概括了李昭亮的一生。李昭亮死後，贈中書令，謚良僖。

柴宗慶是宋太宗的女婿，娶宋太宗第四女楊國公主。因此，皇帝把他的輩分提高一級，與其父柴宗亮同爲其祖父柴禹錫的兒子。拜左衛將軍、駙馬都尉，領恩州刺史，又拜康州防禦使、復州防禦使。柴宗慶依仗皇親身分，販賣木炭、木材、馬匹等，不予交稅。宋眞宗曾經批評過他，但他充耳不聞，升任彰德軍節度使。宋仁宗時，他鎮守過很多地方，因慫恿部下侵犯民眾利益，被召還京師，歲為俸祿四百萬錢。史稱：「宗慶歷官多過失，性極貪鄙，積財巨萬，而薄於自奉，甚至優人（藝人）以為戲（嘲諷），宗慶雖知，莫能改也。」說明此人既貪財又吝嗇。柴宗慶死後，贈中書令，謚榮密。

王貽永也是宋太宗的女婿，娶宋太宗第五女雍國公主，授右衛將軍、駙馬都尉。宋真宗時，他任高州刺史，遷右監門衛大將軍、獎州團練使，轉知單州。宋真宗告誡他說：「和眾靜治，卿所當先也。」此後，他又在許多地方任職，當過節度使，官至宣徽南院使，進樞密院使，再拜同中書門下平章事，加兼侍中。王貽永曾經患病，宋真宗臨問，派太醫診視，還親自取糜粥餵他，使他非常感動。宋仁宗至和元年（西元一〇五四年），王貽永以疾辭官，拜尚書右僕射、檢校太師兼侍中、景靈宮使。死後贈太師、中書令，謚康靖。王貽永為官，能遠權避勢，在機樞十五年，迄無過失，人稱其謙靜。

宋太宗還有一個女婿李遵勖，尚萬壽公主。他少學騎射，一次騎馬練武，墜於山崖，眾人以為他必死無疑，誰知他卻慢慢地爬了上來，安然無恙。成年以後，愛好文詞，舉為進士。宋真宗朝，他任左龍武將軍，拜駙馬都尉。他與公主的府第是皇帝賜的，雕梁畫棟，上邊有許多龍鳳圖案。他命人把龍鳳圖案全部除掉。公主的衣服上也有不少龍飾，他讓公主把這些衣服收藏起來。宋真宗見他為人本分，處處謹慎，不禁又嘆又喜。李遵勖繼領澄州刺史，因與妻子的乳母關係曖昧，一度被貶官。不久又起為太子左衛率府副率、左龍武將軍，領寵州團練使，拜康州團練使，遷澤州、宣州、澶州防禦使和觀察使等。在澶州任上，黃河泛濫，李遵勖徵集民工，構築大堤，七日竣工。此後升任寧國軍節度使。宋仁宗時，劉太后垂簾決事。久之，李遵勖向太后進言，要她及早歸政於宋仁宗。劉太后的乳母林氏倚老賣老，屢屢干預國事。劉太后死，李遵勖悄悄向宋仁宗進言，把林氏遷居別院，派人嚴密監視，不准她自由出入，杜絕她干預國事的機會。李遵勖有一大嗜好：愛石如命。即使在千里以外發現了奇石，也不惜重金，非把它買到手不可，並募人運送京師，置於自家的後園，供自己和友人觀賞。李遵勖晚年好佛學，死後贈中書令。他有三個兒子：李端愿、李端願、李端愨（愨，讀作確），均以忠謹、誠實而知名。尤其是李端愨，宋神宗曾讚嘆說：「近世之賢戚也！」

劉知信，字至誠，是杜太后妹妹即宋太宗姨母的兒子，宋太宗應把他叫表弟。宋太祖時，劉知信官至西京武德、皇城、宮苑使。皇帝車駕出巡，他充大內留守。宋太宗即位，劉知信拜武德使、行宮使、皇城使等職。太平興國七年（西元九八二年），宋太宗處治弟弟趙廷美，劉知信站在趙廷美一邊，以致獲罪遭貶，降爲右衛將軍。兩年後起爲左衛將軍，領營州刺史。雍熙初年，劉知信任左神武軍將軍、檀州團練使，隨宋太宗北伐。班師時，多數將領迷失道路，唯劉知信率本部人馬，整齊地回歸大本營。一天，宋太宗設宴犒勞將士，契丹騎兵突然襲擊宋軍。劉知信來不及穿上甲冑，縱馬而出，追擊敵人數十里，斬獲甚眾，因功拜邕州觀察使。以後又知杭州，知天雄軍。宋眞宗時，劉知信拜建武軍節度觀察留後，知永平軍府，又知天雄軍。宋眞宗北巡，他任駕前副都部署，改任東京都巡檢使。六十三歲時病死，死後贈太尉、天平軍節度使。史稱：「知信以戚里致貴，尤被親任，中外踐歷，最爲舊故。雖無顯赫稱，亦以循謹聞於時。」表明他是一個安分守己、謹愼小心的人。

宋太宗的岳父、妻侄、女婿、表弟，除柴宗慶外，大多忠於皇室，老實本分，或有軍功，或有政績，爲鞏固宋朝的封建統治作出了貢獻。

宋眞宗妻兄劉美

鍛銀匠成了皇帝大舅子

宋眞宗趙恆是宋朝的第三個皇帝。他的后妃很多，因而外戚也多，最重要的當是章懷皇后的父親潘美。

潘美，字仲詢，大名（今河北大名）人。他是宋朝初期的著名將領，在宋太祖、宋太宗時參加攻滅南漢、南唐、北漢的戰爭中，建立了卓越的功勛。後任宣徽南院使、開府儀同三司，又任三交都署，負責北部邊防。雍熙三年（西元九八六年），宋兵大舉攻遼，潘美為主帥，王侁任監軍，指揮失當，致使名將楊業孤軍被陷於陳家谷口（今山西朔縣南），重傷被俘，絕食而死。事後，楊業妻子佘太君提出控訴，潘美受到降級處分。後又加官至同平章事，於淳化二年（西元九九一年）死去，終年六十六歲。

後人演繹這段歷史，編成楊家將故事，潘美又叫潘仁美，被描寫成大奸臣，專門陷害楊業父子。其實這是不正確的。楊業之死，潘美固然負有責任，但身為監軍的王侁責任更大。

因爲當時的監軍代表皇帝，有權節制將帥，發號施令，獨斷專行，潘美不聽他的指揮和調度，行嗎？

章懷皇后潘氏在宋眞宗登基以前就死了。宋眞宗登基以後所立的皇后姓郭。郭皇后的父親郭守文，官至宣徽南院使；弟弟郭崇仁官至崇儀副使兼閤門通事舍人。景德四年（西元一〇〇七年），郭皇后病死，謚章穆皇后。郭崇仁除莊宅使、康州刺史，再遷宮苑使、昭州團練使。此後，他還任雲麾將軍，拜解州團練使。郭崇仁雖爲外戚，但生性愼靜，不願過多地享受朝廷恩澤。在解州任上，十年不遷，儘管有兩次升遷的機會，他都放棄了，後來病死。死後贈彰德軍節度觀察留後。

郭皇后死後，宋眞宗又立了皇后劉氏。劉氏出生於官宦世家，祖父劉延慶，當過右驍衛將軍；父親劉通，當過嘉州刺史。她的祖籍在并州（今山西太原），後徙益州（今四川成都）。劉通死於軍中，家境敗落，她被寄養於外祖母家，淪爲藝人，學得出色的搖撥郎鼓的本領，能歌善舞。當地有個鍛銀匠叫龔美，看到劉氏色藝雙全，有利可圖，便把她帶到京師，幾經安排，使她會見了當時還是皇太子的趙恆。趙恆一見傾心，立即把她納入東宮。趙恆即帝位，是爲宋眞宗。劉氏被封爲美人。郭皇后死，由她塡補空缺，被立爲皇后。龔美自稱是劉皇后的哥哥，改姓劉，平步青雲，成了皇帝的大舅子。

龔美，亦即劉美，以皇親身分步入仕途，極受宋眞宗的寵信。他從三班奉職起步，歷侍禁、監軍、巡檢等職，充閤門祗侯。他還帶兵鎭守過漢州和嘉州，與士兵的關係非常親密。

尤其是在士兵生病的時候，他問這問那，給醫給藥，關懷備至。後來，他又被調回朝廷任職，當過內殿崇班、提點在京倉場、東西八作司、洛苑副使等。不管當什麼官，幹什麼事，他都很稱職。天禧初年，劉美官至洛苑使，領勤州刺史，與宦官周懷政共事。周懷政爲人奸詐，劉美不買他的帳，顯得耿直無私。他一如既往地關心隨從、士兵，把所有的人同等看待，不分親疏，一視同仁。宋眞宗見這個大舅子忠實厚道，幾次想重用他，委以兵權。劉皇后通情達理，懇請不要讓外戚擁有太大的權勢，宋眞宗這才作罷。天禧三年（西元一〇一九年），宋眞宗還是任命劉美爲龍、神衛四爲都指揮使，領昭州防禦使，改侍衛馬軍都虞侯。兩年後又加武勝軍節度觀察留後。就在劉美官運亨通、飛黃騰達的時候，他卻得病死了，終年六十歲。死後贈太尉、昭應軍節度使。

劉美有兩個兒子：劉從德和劉從廣。宋眞宗死後，宋仁宗趙禎繼位，劉皇后以太后身分垂簾爲事。劉從德官至州刺史及州兵馬都總管，缺德少才，二十四歲時病死。劉從廣十七歲便拜崇州團練使，又爲滁州防御使，改任群牧都監，參加抗擊西夏戰爭，十年沒有升遷。最後官至眞定府路馬步軍副都總管，死後贈昭慶軍節度使。

劉美的女婿馬季良，《宋史》也把他列爲外戚。劉太后臨朝時，馬季良爲光祿寺丞，不久擢爲秘閣校理、同判太常禮院，後來官至尙書工部員外郎、龍圖閣直學士、同知審官院，再遷兵部郎中。劉太后死後，馬季良走了下坡路，有人指責他沒有本事，完全靠裙帶關係當官，而且還強佔別人的土地等。他因此被降爲屯衛將軍，不久病死。

宋眞宗另有一個李宸妃，即宋仁宗趙禎的生母，死後被謚爲章懿太后。李宸妃弟弟李用和，自幼家貧，居京師鑿紙錢產業。李宸妃生了宋仁宗以後，進位婉儀。劉太后派劉美等尋訪其親屬，才找到了貧困潦倒的李用和。他由此得福，入朝爲三班奉職，累遷右侍禁、閤門祗侯，權提點在京倉草場、考城縣兵馬都監。明道元年（西元一〇三二年），李宸妃死，李用和受到宋仁宗的重用，遷禮賓使，同領皇城司，遷崇儀使、賀州刺史。此後，宋仁宗非常寵信這個舅舅，封官賜賞，不一而足。李用和以年老爲由，要求辭去軍職。宋仁宗便任命他爲宣徽北院使，一個月後又拜他爲彰信軍節度使、同中書門下平章事、景靈宮使。李用和生了病，宋仁宗賜予銀飾肩輿，親臨病榻前問疾。李用和病死，宋仁宗失聲痛哭，輟朝五日，親書「親賢之碑」刻石紀念；又贈李用和爲太師、中書令、隴西郡王。史稱：「用和列位將相，能小心靜默，推遠權勢，論者以此稱之。」可見李用和貴不忘賤，富不忘貧，保持有當初的某些本色。

李用和有三個兒子：李璋、李瑋、李珣。李璋以忠孝著稱，宋仁宗曾親書「忠孝李璋」的條幅賜給他。他以武成軍節度使知鄆州時，當地常發洪水，禍害百姓。他組織人們修路數十里，夾道栽種柳樹，人稱「李公柳」。李瑋，尙宋仁宗長女兗國公主，拜附馬都尉。因其長相醜陋，兗國公主不喜歡他，夫妻二人常鬧矛盾。公主生氣回宮，李瑋兩次被貶官，後官至建武軍節度使，檢校太師。李珣，初爲閤門祗侯，遷均州防禦使、相州觀察使。曾出使契丹，參加釣魚會，釣獲甚多，受賜一些黃金。他回國後，把黃金全部上交。宋仁宗讚賞他的做法，另外給了他豐厚的賞賜，還親書「李珣忠孝」四字相賜。宋哲宗時，李珣官泰守軍留後，提舉萬壽觀，七十四歲時去世。

宋眞宗還有一個楊淑妃，因撫養宋仁宗有功，死後被謚爲章惠太后。楊淑妃有個堂弟叫楊景宗，很不安分。他從小就愛賭博、毆鬥，是個無賴，獲罪被遷徙邊地。楊淑妃入宮爲美人，向宋眞宗求情，他得以重回京城，還當了小官，從茶酒班殿侍升到閤門祗侯。不久因過失降職，累遷東染院副使。宋仁宗登基，楊淑妃被尊爲太后。楊景宗跟著沾光，進崇儀使，領連州刺史、揚州兵馬鈐轄，直至舒州兵馬總管。景祐三年（西元一〇三六年），楊太后死，楊景宗遷成州防禦使。他忘乎所以，醉酒後擅入皇儀殿大喊大叫，故被貶官。有人趁機告發他肆志不悛，多行不法，所以被一貶再貶，徙爲鄆州鈐轄。宋仁宗懷念楊太后，不久又提拔他爲建寧軍節度觀察留後，知潞州，俸祿與節度使相等。誰知楊景宗惡習不改，放縱部下闖入禁中搗亂，故又被貶官。不久恢復原職，他的隨從又攜帶利刃擅入皇城，犯有行刺皇帝之嫌，再次坐事被貶，任汝州鈐轄。他依仗是皇親國戚，求爲郡官。宋仁宗看透了他，說：「楊景宗性貪虐，老而益甚，不能讓他當郡官。」他酗酒任氣，醉後即爲非作歹，暴戾凶狠，敢打州裡的通判。皇帝嚴厲告誡他，不許酗酒。他答應得挺好，甚至還把皇帝的話寫在紙上，作爲座右銘。然而一會兒就忘得乾乾淨淨，大醉如初，其俸祿大部分花在了買酒上。楊景宗是個幾起幾落、屢教不改的外戚，人人恨他，死後卻被贈爲安武軍節度使兼太尉，眞是笑話！

宋仁宗妻伯張堯佐

「種豆得瓜」，尸位素餐

宋仁宗趙禎從西元一〇二三年至一〇六三年在位，是宋朝享國時間最長，並以「仁政」聞名的皇帝。他立過郭、曹兩個皇后，又寵幸張、苗、周、楊、馮等貴妃，所以妻族外戚很多，其中曹修、張堯佐二人最爲有名。

曹修是曹皇后的弟弟，其祖父是宋初大將軍曹彬。曹彬，字國華，眞定靈壽（今河北靈壽）人。宋太祖趙匡胤時，曹彬任都監，參加伐後蜀之役。開寶七年（西元九七四年）任統帥伐南唐，次年攻克金陵（今江蘇南京），禁止將士殺掠，受到宋太祖的高度評價。宋太宗時任樞密使，輔佐宋太宗決策滅北漢。雍熙三年（西元九八三年）率兵攻遼，因諸將不服從指揮，降爲右驍衛上將軍。宋眞宗時復任樞密使，於咸平二年（西元九九九年）去世，死後被追贈爲周武惠王。

曹修，字公伯，性和易，美儀度，通音律，善奕射，喜爲詩。宋仁宗時，他從右班殿直開始，累官進殿前都虞侯、安化軍留名，不滿四十歲，就出知澶、青、許三州，徙河陽（今河南孟縣）。又以建武軍節度使為宣徽北院使，知鄆州（今山東鄆城），改保平保靜軍節度使、同中書門下平章事、景靈宮使，加兼侍中，封濟陽郡王。

宋神宗趙頊時，經常向曹修詢問政事，曹修坦率地陳述自己的意見和看法，然而退朝以後，絕口不談公事。宋神宗對此非常讚賞，對大臣們說：「曹王雖用近親貴，但不驕忌，善於自保，眞純臣也！」

曹修在朝中為官日久，升任司徒兼中書令、中太一宮使。他請求到州郡去任職。宋神宗說：「我見到舅舅，猶如見到太后。你為何要遠離我，得是我有什麼禮遇不周嗎？」

曹修聽了這話，誠惶誠恐，再不敢提到州郡任職的事。

宋神宗好大喜功，想在京城南郊鑿一園池，引惠民河的水注入，工程浩大，勞民傷財。曹修極力進諫，指出此舉有百害而無一利，終於使宋神宗取消了原定的計劃。由於曹修忠心耿耿，所以宋神宗對舅舅非常尊敬。一年，高麗進貢一條玉帶，玉質純淨，做工精巧。宋神宗命工匠用黃金仿做一條金帶，賜給曹修。曹修過生日的時候，宋神宗賜以珍貴禮物，勝過宰相和親王，盡量顯示其尊崇。

西元一〇八五年，宋哲宗趙煦繼位，加曹修少保官銜。不久，曹修病死，終年七十二歲，詔贈太師，追封沂王。

曹修有兩個兒子：曹評、曹誘。曹評性喜文史，書有楷法，尤善射箭，左右開弓，即使在黑暗中也能射中靶的。一次與契丹使者比試射箭，他一箭射中雙的，使在場的人驚嘆不已。宋徽宗趙佶時，曹評官至平海軍節度使、佑神觀使，四次出使契丹，以湛厚著稱。曹誘性格謹密，習熟典故，宋神宗時官至文州刺史，出使契丹，不辱君命。宋徽宗時官至安德軍節度使、禮泉觀使，與兄長曹評同日封拜，戚里榮之。

宋仁宗寵愛的張貴妃只活了三十一歲，死後謚溫成皇后。張貴妃的父親張堯封，舉進士，爲石州推官，未行，卒於京師。張堯佐是張堯封的從兄，是個貪權謀位的角色。當張堯封去世的時候，張堯佐正準備去蜀地做官。張堯封的妻子錢氏孤兒寡母，沒有依靠，曾求助於張堯佐，請他能收養孤弱無助的女兒。然而張堯佐爲人勢利，以路遠爲由，一口回絕，拒不收養侄女。錢氏無奈，只得把三個女兒送入皇宮當侍女，其中第二個女兒後來得到宋仁宗的寵愛，「有盛寵……勢動中外」。她便是張貴妃，即溫成皇后。

張堯佐起初歷憲州、筠州推官，主管司法事務。他斷獄判案還是有一套的。一次有個道士與商人夜飲，商人暴死，道士擔心受到牽累，畏懼逃跑。官府把道士抓獲，認定他是凶犯，並牽涉了百餘人。道士不服，一再上告，當地轉運使命張堯佐復審此案。張堯佐通曉訟律，通過明查暗訪，很快弄清事實眞相，道士無罪釋放。這件事使張堯佐聲名鵲起，很快被提拔爲大理寺丞、知汜水縣（今河南滎陽）；又遷殿中丞，知犀浦縣（今四川郫縣東）；再知開州（今四川開縣），還京師後判登聞鼓院。

這時，張貴妃已被封爲修媛。皇帝的后妃一般都很注重門第出身，張貴妃也不例外，

「欲以門閥自表異」，即要抬高娘家的地位來提高她自己。為此，她不顧當初張堯佐對自己的苛薄和寡情，反覆請求宋仁宗擢拔伯父。這樣一來，張堯佐「種豆得瓜」，步步高升，先權開封府推官，又提點府界公事，很快當到兵部郎中、權知開封府，加龍圖閣直學士，再遷給事中、端明殿學士，拜三司使。進而又任戶部侍郎，拜淮康軍節度使、群牧制置使、宣徽南院使、景靈宮使，官從三品。

張堯佐「起寒士，……以戚離棣進，遽至崇顯，戀嫪思寵，為世所鄙」。就是說，他的驟然進用，靠的並非德行和才幹，而是侄女的裙帶關係。因此，朝臣們憤憤不平，表示強烈的反對。諫官包拯、陳升之、吳奎等人明確地指責張堯佐是「小人」，說：「天下皆謂堯佐主大計，諸路困於誅求，內帑（帑，讀作淌，國庫所藏金帛）煩於借助，法制刓敝（刓，讀作玩；刓敝，凋敝），實自堯佐。」監察御史陳旭更直截了當地說：「堯佐以後宮親，非才也，不宜使制國用。」

朝臣們反對任用張堯佐，張貴妃則拚命活動，唯恐伯父失勢。一天，宋仁宗上朝，張貴妃把他送到寢殿門口，嬌聲嬌氣地說：「官家今日不可忘了宣徽使的事呀！」宋仁宗點頭答應。誰知到了朝上，群臣異口同聲，不同意委張堯佐以重任。宋仁宗左右為難，回到宮中責怪張貴妃說：「你只管要宣徽使宣徽使，豈不知包拯為御史乎！」

圍繞任用張堯佐問題，宋仁宗與朝臣意見不一，甚至產生了對立情緒。一次，宋仁宗生氣地驅散百官，並下了一道詔書，說：「先前，台諫官一再要求罷免張堯佐的三司使職務，認為他不可用心執政，只能授予有名無實的官銜，以成全外戚恩禮。可是，現在授予他宣徽使等職，台諫官又連連反對，前後反覆，出爾反爾，依法而論，應當罷黜。」

張堯佐倒也識相，見勢不妙，自找臺階下臺，請求辭去宣徽使和景靈宮使兩項職務。宋仁宗勉強同意。可是沒過多久，宋仁宗還是讓他當了宣徽使，並判河陽。這一行動的背後，無疑是張貴妃在起作用。

張堯佐在河陽任上，原先的精明強幹不見了，表現只是尸位素餐而已。後來被召還，徙鎭天平軍（今山東東平），死在那裡，贈太師。他的兒子張山甫，官至樞密副都承旨，能力不如父親，人品卻比父親強得多。

南宋高宗舅父、岳父、妻弟

以庸瑣之才，恃親暱之勢

宋朝後期社會黑暗，政治腐朽，階級矛盾和民族矛盾異常尖銳。西元一一二六年，北方金國又一次大舉南侵，攻陷汴京（今河南開封），俘擄了宋徽宗趙佶和宋欽宗趙桓，宋朝滅亡。次年五月，宋徽宗的兒子趙構在南京（今河南商丘）即帝位，繼承宋朝的正統統治，他就是宋高宗。宋高宗後來定都臨安（今浙江杭州），史稱他所建立的宋朝為南宋，而宋太祖建立的宋朝為北宋。

宋高宗的生母是宋徽宗的韋賢妃，隨宋徽宗、宋欽宗一起被金兵俘擄，在異域他鄉熬過了長時間的艱苦生活。紹興十二年（西元一一四二年），經宋高宗一再交涉和懇求，金國才放她回歸南宋，被尊為太后。她晚年享福，活了八十歲，死後謚顯仁太后。

韋太后的親屬，都是宋高宗的母族外戚，升官進爵者共有十七人。她的父親韋安道封郡王，早死；弟弟韋淵沾著皇親，坐享榮華富貴。

韋淵，北宋末任拱衛大夫、忠州防禦史、勾當軍引見司。宋高宗即帝位後，他遷親衛大夫、寧州觀察使、知東上閣門事。韋淵於國家於外甥，未見有什麼功勢，然其性格暴戾，不循法度，經常做些出格的事。宋高宗擔心舅舅無法無天，有失皇家體面，所以不想讓他待在京城，改任爲福建路副總管。可是韋淵嫌到外地吃苦受累，以身體有病爲藉口，拒不接受任命。宋高宗搖頭苦笑，奈何不得。

不久，韋淵提出，自己久未升官遷秩，要求朝廷予以考慮。吏部官員回答說，按照法律，橫行不法的人不能升官遷秩，使他碰了一鼻子灰。後來，宋高宗還是照顧他，讓他當了德慶軍節度使、開府儀同三司。這時，建康軍節度使邊順患了重病，有人提議讓韋淵代替邊順的職務。宋高宗一則對舅舅不放心，二則不想讓外戚掌握軍權，沒有採納提議。韋淵沒有當成節度使，轉而要求生活上給予優待。宋高宗這次答應了，按例賜田五十頃，外加每天二萬緡房錢。韋淵過著優裕的生活，也就不好再說什麼。

這一年，韋太后從金國回來了。宋高宗乃封韋淵爲平樂郡王，派他到邊境去迎接太后。分散多年的姐弟重新見面，大有一種恍如隔世之感，喜極而泣，慶幸不已。

韋淵封王，只是臨時的。迎接太后的任務完成後，宋高宗就命舅舅致仕。後來又任命他爲少師，虛職，無權無勢。韋淵自覺當官無聊，乾脆辭掉少師之職，自由自在地尋歡作樂。時間一長，宋高宗又擔心舅舅橫行無忌，遲早會出事，所以又讓他當了少師。一天，韋淵去見姐姐韋太后，大發脾氣，肆意詆毀外甥，主要的意思無非是皇帝不給他權不給他勢，使他與閒人無異。

宋高宗得知這一情況，命侍御史余堯弼鞫治韋淵的「謗上」之罪。韋淵倒也痛快，承認自己所說的一切。宋高宗礙於韋太后的情面，不敢對舅舅怎麼樣，只是把他貶為寧遠軍節度副使，徙袁州安置。幾年後，韋淵又恢復原職，累遷太保、太傅，死後贈太師。

宋高宗嫡妻邢氏，也被金國俘擄，卻死在異國，被追謚為懿節皇后。邢皇后的父親邢煥，字文仲，汴京人。原先官位不高，宋高宗即位後，升右文殿修撰，進徽猷閣待制，改光州觀察使，除樞密都承旨。邢煥為人比較正直，任職期間，多次奏稱馬伸言事切當，宗澤忠勞可倚，黃潛善、汪伯彥奸邪誤國等，意見非常中肯。可是宋高宗聽不進岳父的忠告，導致了「明受之變」：苗傅、劉正彥憑藉武力，迫使宋高宗禪位於皇子趙旉（旉，讀作敷），下臺一個多月。在這次事變中，邢煥自認為沒有盡到責任，愧為皇帝岳父，以病為由，自動去職。不久，他又以保靜軍承宣使兼提舉萬壽觀，改江州太平觀，徙居忠州（今四川忠縣）。紹光二年（西元一一三二年），邢煥在實地考查的基礎上，向宋高宗進言：川、陝一帶地理形勢險要，朝廷應該在那裡招兵買馬，聚集力量，收復北方失地。宋高宗只顧苟且偷安，嘴上「甚嘉之」，心裡犯嘀咕，很快把岳父的話置諸腦後。邢煥後來擢慶遠軍節度使，提舉洞霄宮，涉學有文，節檢自持，未嘗恃恩有所私請，頗受時人稱譽。死後贈開府儀同三司，又加贈少師，追封嘉國公。

宋高宗稱帝後所立的皇后姓吳，死後謚憲聖慈烈皇后。吳皇后的父親吳近，因女兒而顯貴，累官武翼郎。死後贈大師，追封吳王。吳皇后有兩個弟弟：吳益和吳蓋，均爲國舅。

吳益，字叔謙，依仗姐姐皇后，官成州團練使，娶奸臣秦檜長孫女爲妻。他與秦檜、王繼先互相勾結，交相薦引，所以三家姻族俱得高官。由於秦檜的影響和作用，吳益官至保康軍節度使，加太尉、開府儀同三司。又直秘閣、徽猷閣、寶文閣。秦檜死後，秦檜的兒子秦熺（熺，讀作喜）繼續稱譽吳益，使之升任敷文閣待制。

御史中丞湯鵬舉熟知吳益的爲人，進諫說：「吳益以庸瑣之才，恃親暱之勢，乞褫（褫，讀作斥，去掉）職名，以示至公。」

宋高宗說：「馮鵬舉所言非常切當。然而秦檜死時，朕曾告訴他的妻子，許以保全其家。現在如果遽去其婿，那麼顯得朕說話不算數，言而無信，有損皇恩。」他不讓朝臣諫說此事，吳益得以保住高官厚祿。後來，吳益官進少保，宋孝宗時又進少傅、太師，封太寧郡王。乾道七年（西元一一七一年）死，終年四十八歲。

吳蓋，字叔平，先官文州刺史，進寧武軍節度使，累升太尉、開府儀同三司、少保，封新興郡王。他比吳益早死兩年，終年四十二歲。

宋高宗的妃嬪中有一位潘賢妃，即趙旉的生母。潘賢妃的父親潘永壽，直翰林醫局官。叔父潘永思沾侄女的光，爲閤門宣讚舍人、帶御器械，一度權三省、樞密事。他與佞臣盧益關係密切，因此遭到諫官吳表臣、范宗尹的彈劾，吳、范二人建議把他驅逐出朝廷。宋高宗說：「這樣不妥，不如暫且罷職難爲難爲他，庶知悔過。」

潘永思被奪職，不久經人說情，復為帶御器械。事情剛剛平息，潘永思又牽連上一起偽告案，犯法獲罪。宋高宗說：「潘永思雖是皇親，既然有罪，豈可廢法？」於是他又被罷職，進了監獄。出獄後恢復了最早的官職閤門宣讚舍人，後遷同知閤門事。潘永思官小祿薄，難以維持外戚常有的豪華生活，請求朝廷補助。戶部官員說，皇帝沒有發話，補助不合規矩。事情也就作罷。紹興八年（西元一一三八年），潘永思總算升官了，自右武郎擢為右武大夫，知閤門事。俄而病死，銷聲匿跡。

宋高宗的舅父、岳父、妻弟、妻叔，生活在社會動亂時期，只顧苟且偷安，不思精忠報國，多是利祿之徒。「以庸瑣之才，恃親暱之勢」，這兩句話大體上概括了他們的生活特徵。

南宋寧宗妻祖韓侂胄

外戚兼權臣，一個有爭議的人物

南宋經歷高宗趙構、孝宗趙昚（昚，讀作慎）、光宗趙惇（惇，讀作敦）三朝，轉眼到了西元一一九四年。這一年，宋光宗患了重病，不能理事，中外洶洶，皇位出現危機。這時，知樞密院事、宗室成員趙汝愚，工部尚書、宗室成員趙彥逾等人，通過宋高宗皇后吳太后的外甥韓侂（侂，讀作妥）胄內外串連，爲行策立宋光宗之子、嘉王趙擴爲帝，是爲南宋寧宗。

宋寧宗登基，立韓同卿的女兒韓氏爲皇后。韓同卿是韓侂胄的侄兒，新立的韓皇后即韓侂胄的侄孫女。這樣，韓侂胄就成了新老相加的雙料外戚。

韓侂胄，字節夫，相州安陽（今河南安陽）人。他的曾祖父是北宋的名臣韓琦，死後封魏忠獻王。父親韓誠與宋高宗是連襟關係，韓誠的妻子即吳皇后的妹妹。韓誠官至寶寧軍承宣使，死後，韓侂胄步入仕途，歷閤門祗侯、宣讚舍人、帶御器械。淳熙末年，以汝州防禦使知閤門事。

西元一一九四年，宋高宗皇后吳太后還健在，策立新皇帝一事，必須得到她的同意和批准。趙汝愚、趙彥逾素知韓侂冑與吳太后的內侍張宗尹關係親密，於是便請韓侂冑走張宗尹的後門，要張宗尹密啓吳太后，同意並批准立嘉王趙擴爲帝。韓侂冑爽快答應，兩次去找張宗尹。可是，張宗尹膽小怕事，故意推諉。韓侂冑正在爲難之時，恰遇重華宮提舉關禮。關禮問明情況，自告奮勇地代他向吳太后進言，言詞非常懇切。吳太后被說服，同意立嘉王趙擴爲帝，並託關禮捎話給韓侂冑，說：「好爲之！」

韓侂冑得到吳太后肯定的答覆，如獲至寶，飛馬馳告趙汝愚。趙汝愚立即布置，調兵遣將守衛南宮和北宮，以防不測。次日凌晨，吳太后臨朝垂簾，命宰臣傳旨，宣布嘉王趙擴即皇帝位。

宋寧宗既立，按慣例要對策立有功的人加官晉爵。韓侂冑翹首以盼，誰知盼來的卻是一場空歡喜。原來，趙汝愚居中耍了個花招，有意排斥韓侂冑，說：「我，宗臣也；你，外戚也。我和你擁立新帝，何可以言功？所以還是給其他人封賞吧，我和你就算啦！」因此，韓侂冑只任宜州觀察使兼樞密都承旨，而趙汝愚卻從知樞密院事升爲參知政事，進而又取得右丞相的職位。

趙汝愚言行不一，謀取私利，不僅引起韓侂冑的不滿，而且激起趙彥逾的反感。由此，韓侂冑與趙汝愚之間並生了深刻的矛盾，起因就在於分贓不均。

趙汝愚信奉道學，爲此他引薦道學名家朱熹爲幫手，朱熹又引薦彭龜年爲同謀，利用給宋寧宗講讀經書之便，大肆攻擊韓侂胄，指斥他「假託聲勢，竊弄威福」。韓侂胄不甘示弱，利用給宋寧宗傳導詔旨的有利條件，極力詆毀趙汝愚。一次，他還找來幾個滑稽演員，峨冠寬袖，模仿道學家模樣，在宋寧宗面前咬文嚼字，扭來扭去，醜態百出。宋寧宗親幸韓侂胄，命朱熹免官，彭龜年外調，韓侂胄進保寧軍承宣使，提舉佑神觀。韓侂胄在鬥爭的第一個回合佔了上風，趙汝愚陷入被動。

韓侂胄爲了徹底扳倒趙汝愚，急欲擴大自己營壘的力量。爲此，他聽從好友劉弼的建議，利用職權，假借宋寧宗的名義，御筆批示任用心腹劉德秀、劉三傑爲監察御史，楊大法爲殿中侍御史。這樣一來，朝廷的言路皆爲韓侂胄所控制，對於趙汝愚更加不利。韓侂胄一心想把趙汝愚驅逐出朝廷，苦於沒有正當理由。

他向同僚京鏜問計，京鏜說：「彼宗姓，誣以謀危社稷可也。」

慶元元年（西元一一九五年），韓侂胄提拔李沐爲右正言，指示他上書奏稱趙汝愚是宗室成員，位列丞相，將不利於社稷。宋寧宗於是免去趙汝愚右丞相的職務，並放逐了趙汝愚的黨羽徐誼等人。朱熹、彭龜年等因攻擊韓侂胄而獲罪。太學生楊宏中、徐范等伏闕上書，指斥韓侂胄，均被處以流放。不久，韓侂胄升任保寧軍節度使，仍然提舉佑神觀。

韓侂胄並不以此爲滿足，必欲置趙汝愚於死地。他聯絡朝臣胡弦、沈繼祖等，進一步打擊趙汝愚、朱熹及道學勢力。他們攻擊道學是「僞學」，道學信徒是「僞黨」和「逆黨」，趙汝愚則是「僞學罪首」。胡弦奏稱，趙汝愚有「十不遜」。趙汝愚因次被貶謫永州（今湖南零陵）。韓侂胄不給政敵喘息的機會，指使親信錢鍪（鍪，讀作謀）於貶謫途中，將趙汝愚殺死。沈繼祖又奏稱，朱熹犯有「十罪」。朱熹因此被罷官罷學。一時間，列入僞學僞黨的共有五十九人，盡被削職。

凡與他們有牽連的人，一律不許任官或參加科舉考試。這便是歷史上著名的「慶元黨禁」。

韓侂胄又升官了，加開府儀同三司，拜少傅，封豫國公。再遷少師，封平原郡王，進太傅。他大權在握，順者昌，逆者亡。蔡璉說了他的壞話，被執而黥之。

呂祖泰請誅韓侂胄，被杖流欽州（今廣西欽州）。韓侂胄在朝廷上下編織了一張自己的權力網，時人有詩曰：「姓趙如今不似韓。」說明韓侂胄權勢顯赫，趙氏皇室成員遠遠處於下風。

此後，韓侂胄出於自身利益的考慮，追復了趙汝愚、朱熹的職銜，原任宰臣留正、周必大復秩還政，還起用了薛叔似、辛棄疾等人，僞學僞黨之禁盡解。

嘉泰三年（西元一二〇三年），韓侂胄拜太師，「群小阿附，勢焰薰灼」。他說話辦事，宰執惕息不敢有異議，三省不得預知。接著，他任平章軍國事兼國用使，總攬軍政大權和財政大權，三省大印全收藏在韓府。「自置機速房於私第，甚者假作御筆，升黜將帥，事關機要，未嘗奏稟，人莫敢言。」——活脫一副權臣的嘴臉。

開禧三年（西元一二〇六年），南宋與金國的關係再度緊張起來，廣大人民強烈要求南宋伐金，收復北方失地。韓侂胄也想順應潮流，建立功業，以鞏固自己的地位。於是他調兵遣將，從東線兩淮和西線川陝，分兩路大舉進攻金國。

開始戰事還算順利，打了幾次勝仗；可是後來漸漸不支，尤其是西線招撫使吳曦無恥背叛，受金命稱「蜀王」，打亂了韓侂胄的部署。韓侂胄屢屢受挫，只好遣使赴金議和。金國提出了五條苛刻的條件，其中一條就是斬首議用兵之臣韓侂胄等。這一條，韓侂胄當然不能接受。所以，他只能硬著頭皮，與金國對抗到底。

連續幾年用兵，使南宋人民遭受了巨大損失，死於兵戈者不可勝計，公私之力大虧，中外憂懼。朝廷內部的主和派、投降派逐漸形成勢力。開禧三年（西元一二〇七年）底，禮部侍郎史彌遠、參知政事錢象祖，以及楊皇后、皇子趙曮等人，密議謀殺韓侂胄。他們仿效韓侂胄的做法，也假作御筆，寫了一道詔令，說：「韓侂胄久任國柄，輕啓兵端，使南北生靈枉罹（罹，讀作離，遭遇）凶害，可罷平章軍國事及宮觀使。」同時密令夏震引兵三百人，暗殺韓侂胄。

整個部署非常機密，韓侂胄一無所知。這一天，韓侂胄照例上朝。夏震率領三百名士兵攔截於途，痛罵韓侂胄。韓侂胄不知是怎麼回事，士兵們發一聲喊，將他擁至玉津園的一側，刀砍劍刺，當場殺死。宋寧宗聞訊，驚駭萬分，然而事已至此，卻也無可奈何。

主和派、投降派殺了韓侂胄，又將其黨羽或殺或罷，清除乾淨。隨後派人與金國議和，答應了金人提出的各項條件。嘉定元年（西元一二〇八年），金人索求韓侂胄的首級。史彌遠等滿足其要求，命臨安府鑿開韓侂胄的棺材，砍下頭顱，送達金國。

《金史》記載，金章宗完顏璟收到韓侂胄的首級後，舉行了盛大的受降儀式，懸掛韓侂胄首級，並畫像於市，以露布形式告示中外。然而宋人張義端、葉紹翁、周密等人的筆記記載，金人哀嘆韓侂胄「忠於其國，繆於其身」，格外封他爲忠繆侯，把首級附葬於韓琦墓下，以表彰他效命於國家和皇帝的忠心。兩種記載迥然不同，說明韓侂胄是個有爭議的人物，站在不同的立場上對其有不同的評價。

不過有一點是肯定的：韓侂胄擁立宋寧宗，用事十四年，外戚兼權臣，威行宮省，權震天下。他的生活奢華靡費，曾鑿山爲園，下瞰皇家宗廟。嬖妾張、譚、王、陳氏，皆封郡國夫人，號稱「四夫人」。他隨意出入宮禁，每次內宴，必與宋寧宗的妃嬪混坐在一起，恃勢驕倨，人皆惡之。他手下心腹，受封者尤眾。韓侂胄的妻子是吳太后的侄女，無子。韓侂胄遇害，其家被抄，乘輿服飾，多有越僭之物。養子韓工因此被削籍，流放至沙門島（今山東長島西北），韓氏外戚退出歷史舞臺。

南宋理宗妻弟賈似道

奸詐圓滑，加速了南宋的滅亡

南宋的皇帝一代不如一代。西元一二二四年，宋寧宗趙擴死了，宋理宗趙昀登基。在議立皇后的時候，楊太后主張立謝渠伯的女兒謝道清爲皇后，而宋理宗卻主張立賈涉的女兒賈氏爲皇后，理由是賈氏有「殊色」，即姿色特別漂亮。宮人竊竊私語，笑著說：「不立眞皇后，乃立假（賈）皇后邪！」最後還是楊太后說了算，謝道清被立爲皇后，賈氏則被封爲貴妃。

賈涉曾任淮東制置使，台州（今浙江臨海）人。他已有妻子，賈貴妃就是這個妻子所生。後來他路過錢塘（今浙江杭州），見一浣衣婦姿色艷麗，頓生邪念，跟至其家，死皮賴臉地買下這個有夫之婦作妾。這個有夫之婦姓胡，人稱胡氏。

胡氏爲賈涉生了個兒子，就是賈似道。不久，賈涉帶著兒子賈似道離開家鄉，獨獨撇下胡氏。胡氏生活無著，只好改嫁當地的一個石匠。後來，賈似道發跡，訪得其生母，殘忍地把石匠沉於江中淹死，讓胡氏跟著自己享受榮華富貴。

賈似道，字師憲，「少落魄，爲遊博，不事操行」，形如流氓、無賴。長大以後，依靠父蔭補爲嘉興司倉，即替官府管理倉庫。忽然有一天，他的同父異母姐姐賈氏入宮，並很快升爲貴妃，大有寵於宋理宗。賈似道平步青雲，成了皇帝的小舅子，並擢爲太常丞、軍器監。

賈似道不學無術，升官以後越發恃寵不檢，白天在妓院鬼混，夜晚在西湖上泛舟宴遊。一天深夜，宋理宗憑高眺遠，只見西湖上有遊船來往，燈火閃爍，笑語喧嘩，便對左右說：「此必似道也。」次日一問，果然如此。宋理宗命京尹史岩之轉告賈似道，要他注意收斂，莫壞皇親名聲。沒料想史岩之卻說：「似道雖有少年習氣，然而材可大用也。」

宋理宗果眞「大用」賈似道了，使他步步高升：知澧州（今湖南澧縣），改湖廣總領，加戶部侍郎．以寶章閣直學士爲沿江制置副使，知江州兼江西路安撫使，再遷京湖制置使兼知江陵府（今湖北江陵），以端明殿學士移鎭兩淮。這時，賈似道不過三十多歲。

寶祐二年（西元一二五四年），賈似道又加同知樞密院事，封臨海郡開國公，威權日甚。兩年後，又加參知政事，加知樞密院事，改兩淮宣撫大使。昔日潑皮少年，如今一躍而爲朝廷宰執，掌握了國家的軍政大權。

宋理宗時，中國北方形勢發生了巨大變化。新崛起的蒙古帝國已經消滅了西夏和金國，迅猛向南推進，志在消滅南宋。開慶元年（西元一二五九年），蒙古憲宗皇帝的弟弟忽必烈率兵進攻鄂州（今湖北武漢武昌）。宋理宗驚慌失措，急拜賈似道為右丞相，救援鄂州。

賈似道既非相才，又非將才，是個貪生怕死的膽小鬼。他所謂的「救援」只是千方百計與忽必烈議和，甘願向蒙古稱臣，並輸歲幣。忽必烈先是拒絕，後因急於回國奪取皇位，同意議和，暫且撤兵北去。賈似道裝模作樣，襲殺了蒙古負責殿後的士兵一百七十人，然後上報朝廷，謊稱抗蒙取得了巨大的勝利。宋理宗稀里糊塗，竟以為賈似道有「再造之功」，召他入朝，百宮迎接「凱旋」。接著拜賈似道為少師，封衛國公，演出了一幕荒唐的鬧劇。

賈似道冒領軍功，反過來積極打擊抗蒙將領，排斥異己力量。左丞相吳潛被貶謫循州（今廣東龍川），卻死在那裡。大將高達、曹世雄、向士璧等均遭誣陷，流放邊地。

景定元年（西元一二六〇年），忽必烈當了蒙古國的皇帝，派使臣郝經向賈似道催要議和時答應的歲幣銀兩。賈似道害怕露餡，一面派人把郝經扣押於眞州（今江蘇儀徵），拖延時日；一面命心腹胡撰什麼《福華編》，吹噓他救援鄂州的「功勛」。以致南宋舉國上下，無人知道賈似道議和投降的醜事。

其時，宋理宗在位日久，寵信宦官董宋臣、盧允升之流，沉緬酒色，荒淫無度。賈似道不願有人與自己爭奪或分享權力，先後把董宋臣、盧允升等驅逐出朝廷，罷免他們所引薦的名利之徒。「由是權傾中外，進用群小」，完全把持了南宋朝廷。

為了緩解財政困難，彌補軍餉不足，賈似道實行「公田」法，即限定官員的佔田數量，官府壓低田價，買回部分田地作為「公田」出租，從中收取高額賦稅。

有人反對此法，賈似道實行高壓政策，嚴厲處置了蕭規、葉李等人，悉黥發配。致使「江南之地，尺寸皆有稅，而民力弊矣」。同時他還濫發紙幣，造成通貨膨脹，物價飛漲，城市工商業受到破壞，人民生活陷入水深火熱之中。

景定五年（西元一二六四年），昏庸的宋理宗死了。賈似道擁立宋理宗的侄兒、忠王趙禥（禥，讀作其）登上皇位，就是宋度宗。宋度宗比宋理宗更加昏庸，把朝政大小事務統統交給賈似道處理，自己只管吃喝玩樂。尤其滑稽的是宋度宗放棄了君臣禮分，尊稱賈似道為「師臣」而不叫名字。朝臣仿效皇帝，肉麻地稱賈似道為「周公」。

儘管如此，賈似道還不滿足，一天突然棄官而去，暗中派人散布謊言，說蒙古軍急攻下沱（今湖北宜都），弄得人心惶惶，滿朝大駭。新即位的宋度宗以及謝太后亂了方寸，趕緊手詔懇請賈似道回朝議事，並拜他為太師，封魏國公，加授鎮東軍節度使。賈似道對太師、魏國公的官爵很感興趣，至於節度使一職，根本看不上，說：「節度使？最粗俗的人才任此職哩！」

賈似道當了太師、魏國公，下沱方面報告說，蒙古軍根本就沒有出現過。人們恍然大悟，原來那消息是賈似道捏造的。

咸淳三年（西元一二六七年），賈似道故技重演，又乞歸養。宋度宗派大臣、侍從傳旨挽留，每天都有四五起人前往賈府。宋度宗又命宦官賞賜賈似道，每天又有十多起人前往賈府。賈似道裝腔作勢，不予接見。這些大臣、侍從、宦官夜晚就睡在賈府門前守候，生怕賈似道不聲不響地離去。宋度宗只好再給賈似道加官，授平章軍國重事，派左、右丞相輪流替他掌印。又賜府第一處——西湖葛嶺，讓他在那裡一邊休養，一邊辦公。

賈似道總算留任了。他在葛嶺處理政事，宰執如同虛設，僅在公文後邊署名而已。他又做起了售官鬻爵的買賣，大小官吏爭相行賄，以求肥差，一時貪風大行。

咸淳五年（西元一二六九年），賈似道再次稱疾求去。宋度宗泣涕挽留，沒有辦法，只得再賦予賈似道一系列特權：六日一朝，入朝不拜；退朝時，宋度宗起身離座，目送他出殿，方能坐下。不久，六日一朝又改爲十日一朝。時人編了歌謠嘲笑說：「朝中無宰相，湖上有平章。」

賈似道住在風光如畫的西湖葛嶺，廣建樓閣亭榭，取宮人娼尼有美色者爲妾，縱欲宣淫，恣意行樂。他邀集一幫狐群狗友，日夜賭博飲酒。還與群妾趴在地上鬥蟋蟀，大呼小叫，樂不可支。人們看到這種情景，戲謔地說：「此軍國重事邪？」

賈似道既貪婪又殘暴，酷嗜珍寶古玩，建造多寶閣，收藏掠奪的精品數千件。大臣余玠已死，一條珍貴的玉帶隨棺殉葬。賈似道硬是掘墓劈棺，把那條玉帶佔爲己有。他一個小妾的哥哥前來探親，立於府門前不敢擅進。賈似道看他不順眼，命人把他捆縛起來，扔進火中燒死。

賈似道尋歡作樂，醉生夢死，累月不朝宋度宗。即使宋度宗駕幸景靈宮，他也不從駕。一次，宋度宗祭祀遇雨，胡貴妃之父胡顯祖自作主張，決定聖駕提前回宮，事後才通知賈似道。賈似道大怒，說：「我爲大禮使，皇帝的舉動竟然不預先告訴我，豈有此理！」說罷，聲稱要罷政回家。宋度宗嚇得不知所措，只好含淚免掉胡顯祖的官職，令胡貴妃削髮爲尼。

賈似道就是這樣專橫霸道，「由是言路斷絕，威福肆行」，國人只知有賈太師，而不知有宋度宗。

咸淳五年（西元一二六九年），蒙古軍再次大舉進攻南宋。兩年後，忽必烈改蒙古國號爲元，進一步加強了攻勢。關鍵時刻，賈似道只用奴才，不用將才，致使襄陽守臣文煥降元，襄樊（今湖北襄樊）失守。賈似道幸災樂禍，說：「我當初就請求到襄樊去督戰，無奈先帝理宗不同意。如果早聽我的話，那麼事情何至於到現在的地步？」

賈似道推卸責任的行徑激起了朝臣的憤慨。陳仲微上書說：「襄樊失守，君相當分受其責。……幡然改悟，天下事尚可爲。」

然而，宋度宗和賈似道，一個昏君，一個奸相，怎麼可能「幡然改悟」呢？他們置國家利益、人民生死於不顧，照樣過著燈紅酒綠、醉生夢死的生活。

咸淳十年（西元一二七四年），宋度宗突然死了。賈似道擁立年僅四歲的趙顯爲帝，是爲南宋恭帝。宋理宗皇后謝太后臨朝決事。這時，元軍兵分兩路，一路攻鄂州，一路攻臨安。太學生和全國人民強烈要求抗元，指名道姓，非賈似道親出不可。賈似道嚇破了膽，哪敢「親出」？直到德祐元年（西元一二八五年），他才調集各路精兵十三萬人，由水路出兵，「金帛輜重之舟，舳艫相銜百餘里」，聲勢不小。不過，熟悉內情的人都知道，賈似道此舉，抗元是假，求和是眞。

果然，賈似道到了蕪湖（今安徽蕪湖）以後，立即放還俘擄的元軍，又向元軍統帥伯顏送去荔枝、柑橘等新鮮水果，表示願意議和進貢，稱臣輸幣。伯顏態度強硬，拒絕議和。賈似道碰了一鼻子灰，這才布軍設防，準備與元軍對壘。

這時，宋將孫虎臣、夏貴均臨陣脫逃，元軍趁勢掩殺，宋軍慘敗。賈似道只顧自己保命，乘一條小船逃到揚州（今江蘇揚州）。他逃到揚州後，根本不考慮如何抵禦元軍，卻上書建議遷都，讓宋恭帝等從海上出走逃命。

消息傳到臨安，群情激憤。樞密使陳宜中憤然上書，請斬賈似道。誰知謝太后卻說：「賈似道勤勞三朝，安忍以一朝之罪，失待大臣之禮？」只罷去了他的平章軍國重事和都督諸路兵馬的職銜，殺了和罷了他的幾個心腹黨羽。

大臣高斯德等繼續上書，請斬賈似道，以謝天下。賈似道見勢不妙，主動上表請求保他一命。朝廷將他的官職降了三級。

大臣王爚（爚，讀作躍）入見謝太后，說：「本朝權臣稔（稔，讀作忍，醞釀成熟）禍，未有如賈似道之烈者。文臣武將連篇累牘地上書，陛下皆抑而不行，違背眾怒，何以謝天下？」

謝太后這才同意把賈似道流放婺（婺，讀作務）州（今浙江金華）。婺州民眾聽說賈似道要來本州，到處張貼布告，拒絕讓他入境。

謝太后改而把他流放建寧府（今福建建甌）。朝臣翁合堅決反對，說：「建寧府乃名儒朱熹的故鄉，雖三尺童子都知禮儀，聽說賈似道要去，無不感到噁心，恥見其人！」

謝太后深感爲難，最後決定把賈似道貶爲高州團練副使，安置於循州，並籍其家。

福王趙與芮素恨賈似道，暗中召募心腹，要在途中殺死賈似道。會稽縣尉鄭虎臣欣然請行，押送賈似道前往循州。臨行時，賈似道身邊尚有侍妾數十人，鄭虎臣把她們全部趕走。途中，鄭虎臣命撤去車蓋，讓賈似道暴曬於烈日之下。車夫也用杭州方言唱歌，嘲笑、辱罵賈似道。賈似道又羞又氣，默不出聲。

一天，他們在一座古寺休息。古寺牆壁上有被賈似道迫害、流放至此的原丞相吳潛的題字。鄭虎臣故意問道：「賈大人，吳丞相何以至此？」賈似道惶恐不能答對。

八月，鄭虎臣等押著賈似道，來到漳州（今福建漳州）城南的木綿庵。鄭虎臣反覆暗示，要賈似道自殺。可是，賈似道裝聾作啞，倚仗謝太后的庇護，不願自殺，還說：「太皇許我不死，有詔即死。」

鄭虎臣記著福王趙與芮的叮囑，不管有詔無詔，說：「我爲天下殺賈似道，雖死何憾！」說罷，命人把賈似道就地殺害，結束了他惡貫滿盈的一生。

賈似道無德無才，奸詐圓滑，僅憑外戚身分而飛黃騰達，專權擅政，禍國殃民，從而加速了南宋的滅亡。

遼景宗岳父蕭思溫

死後八年方才真相大白

當中國歷史上五代十國開始的時候，契丹族首領耶律阿保機在北方建立了契丹國。西元九四七年，耶律阿保機的兒子耶律德光改國號爲遼，他就是遼太宗。此後經遼世宗耶律阮、遼穆宗耶律璟，西元九六九年，遼景宗耶律賢登基。遼景宗的皇后蕭綽，又名燕燕，史稱睿智皇后。她輔助丈夫任用漢臣，刷新政治，使遼國的力量大增。她還精通軍事，在遼景宗死後，作爲皇太后攝國政，多次率兵攻宋，有勇有謀。傳奇楊家將故事裡的「蕭太后」，就是指這位北國女傑。這裡，著重介紹她的父親蕭思溫，即遼景宗的岳父。

蕭思溫，小字寅古，其父忽里沒，事蹟不詳，只知他是北府宰相蕭敵魯的族弟。蕭敵魯是遼太祖耶律阿保機皇后述律平的弟弟，對於契丹族的崛起和遼國的建立，作出過突出的貢獻。蕭思溫出身於后族，且通書史，又娶了遼太宗的女兒燕國公主爲妻，因此拜駙馬都尉，前途不可限量。遼太宗時，他任禿里太尉，轉群牧都林牙。「禿里」、「林牙」都是契丹語，前者是管理邊疆部族、部落的官職，掌管詞訟和糾察；後者是文翰官名，相當於學士，掌管簿書。遼世宗和遼穆宗在位期間，蕭思溫在軍中服役。由於他性格內向，注重小節，所以僚佐們都看不起他，認爲他不是當將帥的材料。遼穆宗時，蕭思溫出任南京（今北京）留守。

蕭思溫任南京留守時，中原地帶正處於五代的後周統治之下。後周曾南下攻揚州（今江蘇揚州），遼穆宗遂命蕭思溫尾隨其後，趁勢攻後周。但是，蕭思溫畏敵怯戰，藉口暑熱不敢貿然進兵，只攻掠邊境的幾座小城，交差了事。

後周對於遼國攻掠邊境的舉動反應強烈，回過頭來兵分兩路，北上攻遼，聲勢很大。蕭思溫非常害怕，急請遼穆宗增派援軍。遼穆宗指示說：「敵來，則與統軍司併兵拒之；敵去，則務農作，勿勞士馬。」蕭思溫率部退過滹沱河（今河北境），屯兵觀望。他卻爲自己的行爲辯解，對諸將說：「敵眾而銳，戰不利則有後患。不如頓兵以疲其師，躡而擊之，可以必勝。」此後，雙方沒有發生大規模的軍事對抗，後周撤兵，蕭思溫亦回師南京。

遼應曆九年（西元九五九年），後周世宗柴榮率兵攻遼，勢如破竹，直逼遼國南京。遼穆宗駐蹕潢河（今內蒙古西拉木倫河），命蕭思溫爲兵馬都總管，負責指揮抵禦戰事。蕭思溫還像以前一樣，畏敵怯戰，計無所出，把希望寄託在遼穆宗鑾駕早晚就到上。部下將士奮躍請戰，蕭思溫不予批准。後周軍迅速向北推進，南京士民震駭，紛紛逃入西山避難。蕭思溫見邊防失利，唯恐朝廷怪罪，乃上表請求遼穆宗親征。正在這個時候，一個偶然事件使蕭思溫擺脫了困境：柴榮暴染重病，倉促撤兵。蕭思溫長長地喘了口氣，班師南京。

這次戰事失敗，使蕭思溫丟掉了南京留守的官職，改任侍中。西元九六〇年，趙匡胤滅了後周，建立了宋朝。後周與遼的對抗改爲宋朝與遼的對抗。遼穆宗是個荒淫殘暴的皇帝，沉緬酒色，畋獵無厭，賞罰無章，特別嗜殺，視人命如草芥。蕭思溫以密戚預政，無所匡輔，對遼穆宗的行爲睜一隻眼閉一隻眼。應曆十九年（西元九六九年）春，遼穆宗又慘殺了很多人。這一天，他外出打獵，射中一隻熊，蕭思溫等進酒上壽。遼穆宗喝得醉醺醺的，深夜還宮，近侍小哥、輿人花哥、庖人辛古等六人不堪忍受遼穆宗的殘殺，攜手聯合，神不知鬼不覺地把這個暴君殺死。

這一事變來得突然，誰也沒有心理準備。況且，遼穆宗無子，皇位出現空缺。在這關鍵時刻，蕭思溫與南院樞密使高勛、飛龍使女里密議，擁立了遼世宗耶律阮的兒子耶律賢爲皇帝，是爲遼景宗。遼景宗登基，立即拜蕭思溫爲北院樞密使兼北府宰相，封高勛爲秦王，加女里爲政事令。接著，遼景宗選蕭思溫女兒蕭綽入宮，先封貴妃，進而立爲皇后。蕭思溫成爲遼景宗的岳父，加尚書令，封魏王。一時間，朝政大權完全掌握在蕭思溫的手裡。

時隔一年，蕭思溫隨遼景宗到閭山打獵，夜宿盤道嶺。是夜，一群身分不明的刺客闖進蕭思溫的營帳，出其不意地把他刺殺了。遼景宗聞訊，非常震驚，任命耶律賢適爲北院樞密使，調查蕭思溫被刺殺的事件。兩個月後，調查有了結果，刺殺蕭思溫的乃國舅蕭海只及海里所爲。二人伏誅，蕭海只之弟蕭神覩處以流放。至於蕭海只、海里爲什麼要刺殺蕭思溫，當時並沒有搞清楚。

直到八年以後，眞相方才大白：女里犯法，抄沒其家，意外抄出一封信來。信是當年刺客寫給女里的，說的就是刺殺蕭思溫之事。信中還牽連到高勛，是高勛和女里共同謀劃，指使蕭海只和海里刺殺了蕭思溫。

高勛和女里爲什麼要這樣做呢？

原來，高勛是後爲北平王高韜之子，後降遼，屬於降將。他雖與蕭思溫、女里一起擁立遼景宗，封秦王，但遼景宗並不信任他。高勛因此懷恨，常與獨攬大權的蕭思溫發生衝突。女里原先只是遼景宗的侍從，因爲擁立遼景宗有功，加官政事令，品位不高，因此也怨恨蕭思溫。權欲、勢利使高勛、女里不謀而合，二人遂指使蕭海只、海里派刺客殺害了蕭思溫。

結果，高勛和女里被處死。

蕭思溫收養侄兒蕭繼先爲兒子，因其聰明伶俐而深受蕭皇后蕭綽的喜愛。蕭綽生有一個兒子，便是遼聖宗耶律隆緒；三個女兒，長女封齊國公主。蕭綽讓蕭繼先娶了齊國公主爲妻，蕭繼先拜駙馬都尉，進拜北府宰相。遼聖宗時，蕭繼先多次率兵攻宋，未嘗失利，名重戚里。他雖然位高權重，但崇尚儉素，爲政以善治著稱，於五十八歲時病死。

《遼史》是這樣評價蕭思溫和蕭繼先父子的：如果說，蕭思溫是一個鄙夫的話，那麼蕭繼先則是一個賢臣。蕭繼先處尊不驕，居貴不貪，忠於職守，能文能武，爲蕭太后和遼聖宗稱雄北方，建立了卓越的功勛。

遼天祚帝妻兄蕭奉先

挾私滅公，首禍構難

遼國歷時二百一十八年，最後滅亡在天祚帝耶律延禧手裡。遼國的滅亡，皇帝應負主要責任。外戚蕭奉先挾私滅公，首禍構難，更加速了這個滅亡的進程。

天祚帝荒淫好色，在位期間立了一后多妃。一后即蕭皇后，名叫奪里懶，奪里懶的哥哥就是蕭奉先。

蕭奉先出身於名門望族，世代皇親。上篇所說的蕭思溫之子蕭繼先，就是蕭奉先的五世祖。奪里懶成爲天祚帝的皇后，極受寵幸。蕭奉先則以國舅身分累官樞密使，封蘭陵郡王，亦極受重用。他的兩個弟弟蕭嗣先、蕭保先也在朝遷任職，官高爵顯。

天慶二年（西元一一一二年）冬天，天祚帝帶領文武百官及后妃，在鴨子河（今黑龍江肇源境）接受了當地部落酋長們的朝貢以後，按照慣例又駕幸混同江（今松花江）鑿冰釣魚，並舉行「頭魚宴」。契丹族舊制，皇帝四時巡狩，境內的女眞族部落酋長都要到皇帝的行在朝拜，違者以大不敬論處。這一次，女眞族各部落酋長都來了，其中包括完顏部都勃極烈（部落聯盟首領）烏稚束的弟弟完顏阿骨打。當時，遼國對女眞族部落殘酷壓迫和剝削，向他們索取牛、馬、羊及名鷹海東青，激起女眞族的滿腔仇恨。完顏阿骨打正是帶著這種仇恨來朝拜天祚帝的。

天祚帝興致勃勃地釣罷魚，又舉行「頭魚宴」，君臣同歡。酒酣，他命各部落酋長依次唱歌跳舞，引以爲樂。當輪到完顏阿骨打時，這個女眞族漢子端立直視，堅持推辭。天祚帝下了三次命令，完顏阿骨打拒不從命，致使「頭魚宴」不歡而散。

天祚帝怒不可遏，密召蕭奉先，說：「完顏阿骨打當著朕的面，竟敢這樣固執跋扈，這還了得！你不妨找個藉口，替朕把他殺了！」

蕭奉先是個外寬內忌的人，低頭想了想，說：「完顏阿骨打是個粗人，不知禮義，且無大罪，殺了恐怕有傷和氣，使女眞人寒心。如果他果懷異志，憑其一個小小的部落，又能有什麼作爲？」

天祚帝聽了蕭奉先的話，也就放棄了殺害完顏阿骨打的打算。

誰知此舉鑄成了大錯。天慶四年（西元一一一四年），完顏阿骨打迅速統一了女眞族各部，誓師起兵攻遼，進軍寧江州（今吉林扶餘東南），大敗遼東北路統軍使蕭撻不也。天祚帝發了慌，急派蕭奉先弟弟蕭嗣先都統，率領蕃、漢軍征討完顏阿骨打。完顏阿骨打用兵如神，悄悄渡過混同江，趁蕭嗣先未備之時，發動突然襲擊，打得遼軍丟盔掉甲，狼狽逃竄。

次年正月初一，完顏阿骨打正式即位稱帝，建立金國，在遼國的大後方舉起了反遼的大旗。

蕭嗣先打了敗仗，蕭奉先擔心弟弟有被殺頭的危險，乃搶先向天祚帝進言說：「東征失敗後潰逃的軍卒，害怕治罪，沿途燒殺搶掠，不敢回歸本部。如果不實行大赦，恐有嘯聚之患。」

天祚帝聽了他的話，赦免東征敗軍無罪。自然，蕭嗣先得以活命，僅是免官而已。從此以後，遼國軍無鬥志，遇敵即潰，許多郡縣都被金國攻陷佔領。

當完顏阿骨打的金國迅速崛起的時候，遼國統治集團內部的矛盾日益激化。天慶五年（西元一一一五年）春，發生了耶律章奴政變未遂事件，把天祚帝嚇得膽戰心驚。天慶六年（西元一一一六年），東京（今遼寧遼陽）留守蕭保先被殺，其裨將高永昌趁機稱帝，建立渤海國，其地大亂。蕭奉先見一弟被免官，一弟被殺害，深感孤掌難鳴，遂千方百計籠絡朝官，拉幫結派，以鞏固自己的地位。

這時，蕭奉先考慮最多的是天祚帝之後的皇位繼承人問題。他一心想使妹妹蕭皇后親生的兒子——梁王耶律雅里爲皇太子，而其他人則多看中文妃所生的兒子——晉王敖魯斡。文妃共有姐妹三人，姐姐嫁耶律撻葛，妹妹嫁耶律餘覩。文妃對天祚帝信用蕭奉先及蕭奉先專權多有諷諫，曾在一首詩中寫道：「丞相來朝兮劍佩鳴，千官側目兮寂無聲。養成外患兮嗟何及！禍盡忠臣兮罰不明。親戚並居兮藩屏位，私門爲畜兮爪牙兵。可憐往代兮秦天子，猶向宮中兮望太平。」蕭奉先當然不希望看到她的兒子成爲太子。

蕭奉先窺測方向，以求一逞。保大元年（西元一一二一年），蕭奉先抓住文妃的姐姐和妹妹在軍中會晤一事大做文章，捕風捉影地造謠說，耶律撻葛、耶律餘覩與駙馬都尉蕭昱秘密謀劃，企圖脅迫天祚帝退位，擁立晉王敖魯斡爲帝。文妃姐妹在軍中相會，就是給她們的丈夫傳遞消息。

猜忌多疑的天祚帝不辨眞僞，盛怒之下，誅殺了耶律撻葛和蕭昱，賜文妃死。耶律餘覩時任南軍都統，無辜受誣，有口難辯，一跺腳投奔了金國。敖魯斡暫時留得一命。

敖魯斡不死，蕭奉先心病不除。恰逢耶律餘覩降金以後，又任金國監軍，領兵攻遼。蕭奉先趁機煽動說：「耶律餘覩乃皇室後裔，此來實無亡遼之心，只是爲了擁立爲王敖魯斡。陛下若爲社稷考慮，不必愛惜一個兒子，把他殺了，耶律餘覩必不戰而退。」

天祚帝昏頭昏腦，果眞賜敖魯斡死。此舉使「中外莫不流涕，人心益解體」。

完顏阿骨打決消滅遼國，攻陷遼上京（今內蒙古巴林左旗）、中京（今內蒙古寧城西）以後，略事整頓，準備發動最後的攻擊。蕭奉先錯誤地估計了形勢，認爲金國放緩攻勢是國力不濟的表現，遂迎合天祚帝的心理，說：「女眞人雖攻取我上京、中京，終不能遠離其巢穴。」

這是一種自欺欺人的自我安慰。天祚帝信也得信，不信也得信。因爲當時遼國已經是眾叛親離，軍隊完全喪失了戰鬥力。保大二年（西元一一二二年）三月，完顏阿骨打以耶律餘覩爲先鋒，越過青嶺，直搗雲中（今內蒙古托克托東北）。

天祚帝驚惶萬狀，計無所出，只好帶著王公、妃嬪、公主等逃亡西京（今山西大同）。西京兵力單薄，無可拒守。蕭奉先遂挾持天祚帝逃亡夾山（今內蒙古土默持左旗西北）。

夾山一帶人煙稀少，滿目荒涼。天祚帝略有所悟，意識到蕭奉先專權用事，誤國害民，給遼國帶來了災難。他指責蕭奉先說：「你們父子誤朕害朕，使朕落到今天的地步！今天即使殺了你，又有何益？你趕快離去吧，不要再跟朕在一起了，免得軍心憤怒，禍必及朕。」

這時，蕭奉先也感到沒有臉面再待在天祚帝的身邊了，領著兒子蕭昂、蕭昱等下馬，哭拜而去。行未及數里，部下出於義憤，把蕭奉先父子捆綁起來，交給了金國的軍隊。金軍殺了蕭奉先的長子蕭昂，隨後把蕭奉先及其次子蕭昱押送完顏阿骨打。途中遭遇遼軍，遼軍奪以歸遼。天祚帝憎恨蕭奉先父子，詔令賜死。

蕭奉先父子死了，三年以後，遼國也就滅亡了。《遼史》評價說：「遼之滅亡也，雖孽降自天，亦柄國之臣有以誤之也。」這裡的「柄國之臣」，主要指蕭奉先，他對於遼國的滅亡應承擔不可推卸的責任。

金世宗舅父李石

輔佐外甥，定策建功

北宋徽宗政和五年和遼天祚帝天慶五年，就是西元一一一五年，遼國境內的女眞族首領完顏阿骨打，最終統一了女眞族各部，在會寧府（今黑龍江阿城南）宣布建立國家，國號爲大金。金國存在一百二十年，曾攻滅遼國和北宋，爲中國北方社會發展和民族融合作出了貢獻。

西元一一六一年，金國第四個皇帝海陵王御駕親征南宋，東京留守完顏雍在遼陽府（今遼寧遼陽）發動政變，獲得成功，當上了皇帝，他就是金世宗。這次政變是金世宗的舅父李石一手策劃的。李石輔佐外甥，定策建功，表現了過人的膽略和才幹。

李石，字子堅，出身於遼陽渤海大族。李石的祖父李仙壽、父親雛訛只，都是遼國的官吏。金國興起，李氏家族歸附於金。金太祖完顏阿骨打時，李石的姐姐被金太祖兒子宗輔（訛里朵）納爲妃。天輔七年（西元一一二三年），李妃生子烏祿。這個烏祿，大名叫做完顏雍，就是後來的金世宗。

李石青年時代，家境比較貧寒，以致生活經常需要姐姐的接濟。李石頗有志氣，說：「國家正在用人之際，我當奮發努力，不能因爲貧困而潦倒。」李妃聽了非常高興，流著淚說：「弟弟能這樣想這樣做，我還有什麼可擔憂的呢？」

金太宗天會二年（西元一一二四年），李石被授予世襲謀克，並任行軍猛安。「謀克」和「猛安」都是女眞官名，相當於一支軍隊的臨時首領。天會五年（西元一一二七年），宗輔出任金國的副元帥，駐兵燕京（今北京），李石得以在姐夫麾下效力。李石善文不善武，所以大多擔任文職，歷任禮賓副使、洛苑副使、汴京都巡檢使、大名府少尹、景州刺史等。

皇統九年（西元一一四九年），完顏亮凶狠地殺死金熙宗完顏亶（亶，讀作旦），登上皇位，是爲金海陵王。海陵王登基後，殘酷地殺害宗室貴戚，血腥恐怖，人人自危。這時，宗輔早死，完顏雍封葛王。完顏雍和海陵王是叔伯兄弟，爲免殺身之禍，只能委曲求全，韜誨自保。海陵王狂妄自傲，也就沒把他當回事。

天德三年（西元一一五一年），海陵王決定遷都燕京，在燕京廣建宮室。李石奉命，以景州刺史身分，負責監修燕京的端門。貞元元年（西元一一五三年），海陵王正式遷都燕京，改燕京爲中都。李石參見海陵王。海陵王大爲詫異，說：「這不是葛王的舅舅嗎？」這話的潛詞等於是說：「哎！你怎麼還活著呀？」李石接著任興中府少尹，爲了避開海陵王的疑忌，乾脆託疾辭官，回到了遼陽。

正隆六年（西元一一六一年），海陵王傾全國之兵，大舉進攻南宋。這年，完顏雍的母親李氏病故，他亦回至遼陽為母守喪，繼為東京留守。海陵王的南侵，引發了金國的全面動亂，「天下始騷然矣」。鑒於此，李石積極鼓動外甥，抓住時機，發動政變，奪取皇位。

完顏雍手下士兵僅有千餘人，對於政變缺乏信心。李石認眞地給外甥分析形勢，指出：海陵王智足以拒諫，言足以飾非，欲為君則弒其君，欲伐國則弒其母，屠戮宗族，翦滅忠良，把婦姑姐妹都納為嬪御，荒淫無恥到極點。特別是海陵王窮兵黷武，意欲呑併江南，兵伐南宋，國內空虛，人民怨恨。作為皇家親王的完顏雍，享有一定的聲望，只要登高一呼，必然會受到廣大官民的擁戴。若此，政變完全能夠成功。

完顏雍聽了舅舅的話，信心提高，勇氣大增。他以鎮壓契丹人起義為由，在遼陽大量徵集丁壯為兵，然後四面出擊，掃蕩遼陽周邊的地方勢力，特別具有戰略意義的是攻佔了沈州（今遼寧瀋陽），實力迅速壯大起來。

身在前線的海陵王時時注視著完顏雍的一舉一動。東京副留守高存福是海陵王的岳父，留守的主要任務就是監視完顏雍。高存福已經覺察到了一些跡象，一面派人向海陵王報告，一面與留守司推官李彥隆謀劃，打算利用擊球的機會，捕殺完顏雍。高存福的家奴告發了主人的陰謀。李石於是當機立斷，說服完顏雍搶先下手，以召開軍事會議為藉口，一舉抓住高存福和李彥隆，當場斬首。接著，全面清洗高存福和李彥隆的黨羽，以及忠於海陵王的官員，徹底控制了遼陽城。幾天後，海陵王的部將完顏福壽、高忠健、盧萬家努等率兵二萬人，歸附完顏雍。李石不失時機，果斷地擁立完顏雍為皇帝，宣布廢海陵王為庶人，並派兵扼守要塞，阻斷海陵王的歸路。隨後，海陵王被謀反的部將殺死。

金世宗完顏雍沒有想到奪取皇位竟是這樣的容易。他感激舅舅，以李石為戶部尚書，又遷參知政事，實際上主持尚書省的事務。當時，百廢待興，百業待舉。

李石協助金世宗，很好地處理了各種棘手的問題。特別在人事安排上，實行相容並包的政策，讓前朝的許多大臣留任中央政府和軍隊的重要職務，極大地穩定了人心。接著圍繞新政權的國都問題，上層人物之間發生了分歧。海陵王為了消滅南宋，已將國都從中都燕京遷至汴京，稱為南京（今河南開封）。金世宗有意建都於上京會寧府。李石表示反對，主張建都中都燕京。經過一番爭論，金世宗採納了李石的意見，最終確定以燕京為國都。

金世宗登基以後，將李石的一個女兒納為妃，後來進升為貴妃、元妃。這樣，李石就具有了舅父和岳父的雙重身分，貴寵至極。但是，金世宗深知外戚專權的禍患，對於李石「厚賞而深制之」，並不給予他太多的權力。對此，李石心安理得，並不在乎，長期擔任參知政事一職，盡心盡力。

大定三年（西元一一六三年），李石涉及到一樁採取不正當手段，從國庫領取祿米的案件，因而被降為御史大夫。這一職務，一幹又是數年。大定七年（西元一一六七年），李石日見其老了，進拜司徒，兼太子太師，封道國公。大定十年（西元一一七〇年），升任太尉、尚書令。金世宗明確地告訴他說：「太后的兄弟只有你一人，所以命你領尚書省事。軍國大事，關乎國計民生，繁瑣雜務，你就不必過問了。」

所以，李石晚年，雖然官居一品，位極人臣，但實際上卻不管事。金世宗放開手腳，對外與南宋議和，對內任用各類人才，注重恢復和發展農業生產，興辦教育事業，使金國的社會經濟和文化呈現出一時的繁榮，成爲金國的全盛時期。金世宗因此獲得了「小堯舜」的美譽。

大定十四年（西元一一七四年），李石以太保的職銜致仕，進封廣平郡王。兩年後病逝，金世宗輟朝致哀，爲之舉行了隆重的葬禮。

西夏崇宗岳父

獻女求榮，裂土分國

北宋和南宋期間，中國西北地區出現了一個以黨項族爲主體民族的地方政權——西夏，定都興慶府（今寧夏銀川），轄境包括今寧夏，以及陝西北部、甘肅西部、青海東北部和內蒙古的一部分。西夏經歷太祖李繼遷、太宗李德明、景宗李元昊、毅宗李諒祚、惠宗李秉常諸朝，西元一〇八六年，李乾順登基即位，是爲西夏崇宗。夏崇宗的岳父任得敬是漢族人，他用卑劣手段，登上西夏高層政治舞臺，裂土分國，險些導致了西夏分裂的厄運。

夏崇宗即位時年僅三歲，由太后梁氏和權臣梁乙逋（逋，讀作布）執政。十三年後，梁太后被遼國毒死，夏崇宗開始親政。這期間，任得敬還是北宋西安州（今寧夏海源西）的通判，官小人微，沒沒無聞。

夏崇宗親政後，政治上搖擺不定，曾經分別歸附於遼國、金國和宋朝，隨即又叛離自立，沒個準頭。元德八年（西元一一二六年），夏崇宗叛宋，攻取了西安州。任得敬投降西夏，由宋臣變爲夏臣，權知州事，官升數級。

任得敬嘗到了投降的甜頭，傾心巴結夏崇宗。大德三年（西元一一三七年），他爲了上爬，竟將十七歲的女兒獻給五十歲的夏崇宗當妃子。此前，夏崇宗已娶一位曹氏漢女爲妃，並生了兒子李仁孝。如今再得年輕貌美的任氏，歡喜不盡。任得敬成爲皇帝的岳父，升任靜州防禦使。

夏崇宗雖有很多妻妾，卻一直未立皇后。任得敬想到長遠的利益，一心想讓自己的女兒成爲皇后。爲此，他上躥下跳，四出活動，不惜用重金賄賂朝廷顯貴和宗室執政，如御史大夫芭里祖仁等人。結果，凡受賄賂的高官都向著任得敬說話。夏崇宗順應眾大臣的意見，果眞立了任氏爲皇后。任得敬的地位又提高了，升任靜州都統軍。

大德五年（西元一一三九年），夏崇宗病死。年方十六歲的兒子李仁孝繼位，是爲西夏仁宗。夏仁宗尊任皇后及生母曹氏並爲太后。任得敬作爲太后的父親，突然間成了西夏的頭號外戚，地位特殊，身分尊崇。

西夏的政局長期動盪，麻煩不斷。大慶元年（西元一一四〇年），夏州都統蕭合德勾結契丹人，起兵反叛，攻佔西平府（今青海樂都）和鹽州（今陝西定邊），聲勢浩大。夏仁宗剛剛登基，不知該如何應對。任得敬覺得這是自我表現的大好機會，主動請求率兵平叛，一舉取得勝利，蕭合德敗死。這樣一來，任得敬又成了平叛的功臣，升任翔慶軍都統軍，封西平公，勢力大增。隨後，他多次率兵，鎮壓西夏各地的人民起義，如黨項族蕃部起義，莊浪族隴逋、龐拜部起義等，爲鞏固西夏的統治秩序建立了功勛。

這時的任得敬，手中握有一定的兵權，但還只是個地方軍閥。他不滿足於這樣的情況，進而要進入朝廷，進入統治中樞，參與和掌握國政。大慶四年（西元一一四七年），他上書夏仁宗，要求入朝覲見皇帝。夏仁宗拿不定主意，徵求朝臣的意見。以濮王、中書令嵬名仁忠爲首的多數朝臣表示反對。御史大夫熱辣公濟一針見血地說：「任得敬請求入朝，實是想干預國政。自古以來，外戚干政，國家沒有不亂的。任得敬雖是皇親，但終究不是黨項族人，誰能保證他沒有二心呢？」

任得敬入朝之事暫時被擱置起來。接著，嵬名仁忠死，晉王察哥掌握軍政大權。這個察哥，殘忍暴戾，生性貪婪，最愛錢財。任得敬立刻用戰爭中掠得的大量金銀珠寶賄賂察哥，請他爲自己說項。察哥滿口答應，在夏仁宗跟前盡說任得敬的好話。有錢能使鬼推磨。任得敬依靠金錢的力量，終於在天盛元年（西元一一四九年）入朝，官拜尚書令。次年升爲中書令，擠進了西夏的最高統治層。天盛八年（西元一一五六年），察哥死，任得敬進爲相國，成爲一人之下、萬人之上的權臣。

任得敬一朝權在手，便把令來行。他所做的第一件事就是發展家族的勢力，提拔弟弟任得仁爲南院宣徽使，任得聰爲殿前太尉，任得恭爲興慶府尹。後來又提拔侄兒任純忠爲樞密院副都承旨。任氏兄弟叔侄統統顯貴，形成「戚黨」，完全控制了皇帝，操縱了權柄。

任氏外戚專權，飛揚跋扈，引起了眾多朝臣的反對。任得敬則利用權力，殘酷打擊和迫害異己。秘書監王舉、蕃漢教授斡道沖、御史中承熱辣公濟、樞密都承旨焦景顏等，皆因彈劾過任得敬，所以不是被罷官，就是被逼令致仕。任得敬專橫暴恣，倒行逆施，舉朝側目，就連他的女兒任太后也覺得過分，「屢戒不聽，日以盛滿為憂」。

隨著地位和權勢的上升，任得敬的政治野心日益膨脹起來。天盛十二年（西元一一六〇年），任得敬進爵為楚王。楚王出入的儀仗幾乎與夏仁宗相等，儼然一派無冕皇帝的架勢。進而，他進爵為秦晉國王，享有西夏王朝的最高封號。同時還是太師、上公、總領軍國重事，掌握了朝廷的所有軍務政務大權。接下來，他開始覬覦皇帝的寶座了。

天盛十七年（西元一一六五年），任得敬徵發十萬民夫修築靈州城（今寧夏靈武西南），並建造宮殿，陰謀裂土分國，自己也成為皇帝。他的打算是：自己據有靈州和夏州（今陝西靖邊北），而讓夏仁宗出居瓜州（今甘肅安西東）和沙州（今甘肅敦煌東），彼此都是皇帝，平起平坐。當時，任得敬的女兒任太后還健在，任得敬有所顧忌，還不便把裂土分國的計劃付諸實際行動。

天盛十九年（西元一一六七年），任得敬害了一場大病。其時，遼國已滅，西夏歸附於金國。夏仁宗出於好心，特地請來金國的醫師，將他治癒。事後，任得敬威逼夏仁宗，派遣他的弟弟任得聰為使臣，去向金國皇帝致謝。任得聰獻給金世宗完顏雍的表章和禮物，用的均是任得敬的名義，這等於把任得敬抬高到國主的地位。金世宗拒不接受表章和禮物，正色告訴任得聰說：「任得敬自有定分，君臣有別，他的表章和禮物，皆不可收。」

任得敬試探金國的態度，碰了一鼻子灰。乾祐元年（西元一一七〇年），任太后憂慮而死。任得敬肆無忌憚，加快了裂土分國的步伐。他脅迫夏仁宗，分出西南路及西平府等地，另立一國，國號爲「楚」，由他出任楚國的皇帝。夏仁宗受制於人，被迫同意。但是，新立楚國是大事，需要得到金國的冊封，方才名正言順。任得敬再次脅迫夏仁宗，派遣左樞密使浪訛進忠等爲使臣，前往金國，商談冊封事宜。

金世宗斷然否定了冊封的要求，嚴厲地說：「有國之主，怎會無故分國於他人？這必定是受權臣逼迫，絕非夏主的本意。再說，夏國向金國稱臣多年，一旦屈服於逆臣賊子，朕身爲四海之主，怎麼能夠容忍？如果夏主沒有力量自治，那麼我們金國就當出兵，消滅賊臣。」

金世宗遣回西夏的使臣，並給夏仁宗寫了一封信，信中說：「自我國家戡定中原，懷柔西土，始則畫疆於乃父（指夏崇宗），繼而錫（賜）命於爾躬（指夏仁宗），恩厚一方，年垂三紀，藩臣之禮既務踐修，先業所傳亦當固守。今茲請命，事頗靡常，不知措意之由來，續當遣使以詢爾（你）。」

任得敬又一次碰壁，大丟臉面。他惱羞成怒，掉轉頭來，秘密聯絡南宋，約會南宋共攻金國，孤立西夏。南宋正當宋孝宗趙昚（昚，讀作慎）朝，丞相虞允文派遣密使攜帶蠟丸書，回報任得敬，同意共攻金國的提議。不想這個密使在途中被夏兵捕獲，蠟丸書落到夏仁宗手裡。夏仁宗發覺了任得敬所有的陰謀活動，勃然大怒，迅速將情況報告金世宗，取得支持，然後不動聲色地巧作安排，部署誅殺任得敬。

任得敬眼巴巴地等待南宋的消息。八月，夏仁宗命弟弟嵬名友仁率領禁軍，設計誘捕了任得仁、任得聰、任得恭等人，接著又以迅雷不及掩耳之勢，捕捉了任得敬，立即斬首。朝中任氏黨羽，也被一網打盡。任純忠時在駐鎮的邊城，倉皇出逃，則被生擒斬殺。

任得敬和任氏外戚專權西夏，時間長達二十年。任得敬人頭落地，裂土分國的企圖沒能實現，西夏避免了一場國家分裂的災難。

元順帝岳父燕鐵木兒

歷事八帝，權重懾主

宋朝以後，元朝統治中國達一百五十多年。元朝的締造者是孛兒只斤鐵木眞，即那位「只識彎弓射大鵰」的成吉思汗。亡國者是孛兒只斤妥權帖睦爾，即元順帝，他在當了三十七年皇帝以後被明軍趕下皇位。元順帝荒淫昏庸，先後立過三個皇后，其中答納失里皇后父親燕鐵木兒，是元朝最重要的外戚。

燕鐵木兒，欽察氏，原爲元武宗海山的宿衛，忠心耿耿，特見愛幸。元武宗時，燕鐵木兒拜正奉大夫、同知宣徽院事。元仁宗愛育黎拔力八達時，襲左衛親軍都指揮使，歷元英宗碩德八剌朝，至泰定帝也孫鐵木耳時，加太僕卿。致和元年（西元一三二八年），以僉書樞密院事出鎭大都（今北京）。是年，泰定帝突然駕崩於上都（今內蒙古正藍旗東閃電河北岸）。泰定帝未立太子，這樣，圍繞皇位問題，元朝統治階級內部再次展開了激烈的鬥爭。

上都方面，丞相倒刺沙專權，宗室諸王脫脫、王禪等附之，主張立一個小皇帝，以利他們掌握朝政，作威作福。大都方面，燕鐵木兒忠誠於元武宗，主張擁立元武宗的兒子爲皇帝。他這樣主張，是有他的理由的。

原來，元武宗海山和元仁宗愛育黎拔力八達是嫡胞兄弟。當初，元武宗即位，得到過弟弟的大力支持。元武宗爲表示感激之情，作出一個決定：皇位傳弟不傳子。正是這個決定，愛育黎拔力八達得以成爲皇帝，是爲元仁宗。兄弟二人還有約定，元仁宗駕崩以後，再把皇位還給元武宗的兒子。但是，元仁宗食言自肥，說話不算話，在位期間卻立了自己的兒子碩德八剌爲皇太子，而把兩個侄兒即元武宗的兒子驅逐出京城：和世㻋，封周王，出鎮雲南，徙阿爾泰（今蒙古國境）；圖帖睦爾，封懷王，貶瓊州（今海南海口），徙江陵（今湖北江陵）。所謂元武宗之子「一居朔漠，一處南陲」，說的就是這件事。

西元一三二〇年，碩德八剌成爲皇帝，就是元英宗。三年後，元英宗被殺害，晉王也孫鐵木耳搶先即位，就是泰定帝。泰定帝死後，皇位總該還給元武宗的兒子了吧？不曾想，倒剌沙、脫脫、王禪等經過緊張籌劃，卻立了泰定帝的兒子、年僅九歲的阿剌吉八爲皇帝，他就是天順帝。

這使燕鐵木兒非常生氣。燕鐵木兒認爲，天下原是元武宗海山的天下，這時皇位應該歸於元武宗的兒子才合情理。爲此，他與心腹、黨羽合謀，率領武士入居大都的興聖宮，會集百官，亮出刀劍，宣布說：「祖宗正統屬於武宗皇帝之子，敢有不服者，斬！」接著，他任命了一大批官員，並派人日夜兼程，前往江陵迎接元武宗次子——懷王圖貼睦爾，讓他火速趕到大都。同時，燕鐵木兒調兵遣將，防守各地關隘，封閉府庫，封存官印，嚴密監視上都的來人，自己則宿衛禁中，夜無定居，有時坐以待旦。他的弟弟撒敦、兒子唐其勢時在上都。他秘密派人把他們召回大都，命二人分別率兵扼守居庸關（今北京昌平西北）和古北口（今北京密雲東北），防止上都方面南犯。

圖帖睦爾很快到達大都，入居大內。上都的倒刺沙、脫脫、王禪等意識到燕鐵木兒另有圖謀，派出兩路兵馬，南下進攻大都。燕鐵木兒發兵迎擊，大獲全勝。

進而認爲，干戈擾攘之際，急需端正名分，否則不足以維繫人心。因此，他與大都的諸王、大臣伏闕勸進，要求懷王圖貼睦爾登基即位，以與天順帝相抗衡。

圖貼睦爾推辭說：「兄長和世㻋正在阿爾泰，我豈敢紊亂天序？」

燕鐵木兒說：「人心向背之機，間不容髮，一或失之，後悔無及。」

圖帖睦爾說：「必不得已，就當明詔布告天下，兄長一旦到來，我就讓位給他。」於是，圖帖睦爾在大都即帝位，改元天歷，大赦天下，是爲元文宗。

這樣一來，元朝在上都和大都同時有兩個皇帝：天順帝阿速吉八，元文宗圖貼睦爾。元文宗感激燕鐵木兒，封他爲太平王，加開府儀同三司、上柱國、錄軍國重事、中書右丞相、監修國史、知樞密院事；賜黃金五百兩、白銀二千五百兩、鈔一萬錠、錦緞二千匹、土地五百頃，以及其他許多奇珍異物，使之集大權、豪富於一身，好不風光！

上都方面容不得大都政權的存在，連續派遣重兵進攻大都，企圖把元文宗、燕鐵木兒等一舉消滅。就在元文宗即位後的第四天，王禪領兵攻破居庸關，大都告警。元文宗準備親征。燕鐵木兒說：「陛下出，民心必驚，凡翦寇之事，應責臣去辦，願陛下亟還宮以來安黎庶。」

於是，燕鐵木兒引兵抗擊王禪，擊傷王禪部下驍將阿剌帖木兒和忽都帖木兒，迫使王禪退兵。燕鐵木兒又分兵三路，張開兩翼包抄王禪，親手殺死敵軍七人。入夜，燕鐵木兒派撒敦等率精銳騎兵突襲王禪軍營，上都軍不戰自亂，自相攻殺，死傷無數，倉皇潰逃。燕鐵木兒乘勝追擊，斬首數千級，招降萬餘人。燕鐵木兒在戰鬥中，親臨前線，身先士卒，既當統帥，又當戰士，表現非常英勇。

事後，元文宗關心地說：「丞相每戰親冒矢石，萬一有什麼不測，其若宗社何！今後，你只要站在高處督戰，檢查將士是否用命以定賞罰，就可以了。」

燕鐵木兒回答說：「臣身先士卒，是爲諸將樹立榜樣，敢有不努力殺敵的，可以軍法從事。如果委託別人，萬一失利，後悔就來不及了。」

這一戰役，直把王禪打得丟盔擐甲，單騎亡命。上都軍被迫退去。

此後，上都方面又派兵馬，相繼攻擊古北口、通州（今北京通縣）、良鄉（今北京房山東南）、盧溝橋（今北京西南）等地，但每次都被燕鐵木兒、撒敦、唐其勢等打敗，望風而逃。駙馬孛羅帖木兒，平章蒙古答失，牙失帖木兒，院使撒兒計濫等，還被生擒活捉，獻俘闕下，斬首示眾。蒙古萬戶哈剌那懷則率部萬人，投降了燕鐵木兒。

大都的民眾歡呼燕鐵木兒的勝利。燕鐵木兒謙遜地說：「此皆天子威靈，吾何爲焉？」元文宗欣賞燕鐵木兒的忠勇，賜宴興聖殿，又賜黃金印、龍衣、金腰帶等，表現了對他的絕對信任。

上都方面軍事上的屢屢受挫，重新引發了內部的矛盾。天歷元年（西元一三二八年）十月，忠於大都方面的齊王月魯帖木兒、東路蒙古元帥不花帖木兒，率軍圍攻上都。丞相倒刺沙捧著天順帝的玉璽，肉袒出降。梁王王禪畏罪遁逃，遼王脫脫被殺死，幼主天順帝阿剌吉八不知所終。

月魯帖木兒把倒剌沙押送大都。元文宗接受皇帝玉璽，意味著天下一統，兩個皇帝、兩個政權並存的局面宣告結束。

元文宗爲了表彰燕鐵木兒所建立的功勛，加他以答剌罕的稱號。「答剌罕」，原爲突厥語，意爲「自在」，享有種種特權，如九次犯罪不罰，自由選擇墓地，免除各種賦稅等等。而且這一稱號可以世襲，蔭及子孫。燕鐵木兒獲此稱號，實是一種至高無上的榮耀。

天下既定，燕鐵木兒掌握著所有的軍政大權。元文宗記著即位時所說的話：「兄長一旦到來，我就讓位給他。」爲此，他派侍御史撒迪到漠北去迎接兄長和世㻋，勸其登基即位。和世㻋也不客氣，果眞在和林（今蒙古鄂爾渾河上游東岸）登上了皇帝的寶座，是爲元明宗。天歷二年（一三二九）三月，自動下臺的元文宗，命燕鐵木兒攜帶皇帝玉璽，到和林迎接元明宗回大都。元明宗同元文宗一樣，照舊拜燕鐵木兒開府儀同三司、上柱國、錄軍國重事、中書右丞相、監修國史、大都督、領龍翊親軍都指揮使事、答剌罕、太平王，加拜太師。

這時，元明宗犯了一個致命的錯誤。他在給燕鐵木兒封官封爵的同時，又迫不及待地削弱他的權力：知樞密院事的職務改由伯帖木兒擔任。他不和燕鐵木兒商量，又擅自決定立行樞密院，由火沙領行樞密院事。這引起了燕鐵木兒的不快和不安。更甚者，元明宗在一次宴會上，還旁敲側擊，大講什麼諸王、百官「違法越禮，一聽舉劾」，「儻違朕意，必罰無赦」。這在燕鐵木兒聽來，無疑是警告自己：不許為所欲為，否則有你好看的！由此，燕鐵木兒對元明宗產生了怨恨。

燕鐵木兒陪同元明宗離開和林，前往大都。元文宗以皇太子身分謁見元明宗，住於王忽察都（今河北張家口西北）的行宮。在那裡，突然發生了一件怪事：年僅二十九歲的元明宗莫名其妙地暴死了。

顯然，這是燕鐵木兒做的手腳，況且得到元文宗默許的。

燕鐵木兒從與元明宗短暫的交往中，發現元明宗遠不如元文宗那樣寵信自己。這個皇帝剛登大位，就削奪了自己知樞密院事之職，時間長了，說不定其他職銜也有可能被罷去。元文宗從皇帝到皇太子，也覺得很不是滋味，後悔禮讓兄長這步棋走錯了。共同的利害關係使元文宗與燕鐵木兒緊密結合在一起，從而製造了一起以臣弒君的案件。

元明宗剛死，燕鐵木兒就衝入行宮，把皇帝玉璽搶到手，然後簇擁著元文宗，直奔大都。幾天以後，元文宗在大都重新即帝位，發布一道欲蓋彌彰的詔令，聲稱自己當皇帝是「天命所在，誠不可違」。元文宗爲了表彰燕鐵木兒的「大勛勞」，加封他祖上幾代爲王，獨尊他爲丞相，並刻石立碑，說：「燕鐵木兒勛勞唯舊，忠勇多謀，奮大義以成功，致治平於期月，宜專獨運，以重秉鈞。」規定：「凡號令、刑名、選法、錢糧、造作，一切中書政務，悉聽總裁。諸王、公主、駙馬、近侍人員，大小諸衙門官員人等，敢有隔越聞奏，以違制論。」

元文宗的高度恩寵，使燕鐵木兒的權勢達到了登峰造極的程度。

燕鐵木兒大權在握，慫恿元文宗殺害了元明宗皇后八不沙，流放了元明宗長子妥權帖睦爾，立自己的兒子阿剌忒納答剌爲皇太子，意在斷絕元明宗兒孫復辟的可能。

燕鐵木兒的專斷和凶狠，激起了知樞密院事闊徹伯、脫脫木兒等人的反對。闊徹伯、脫脫木兒密謀刺殺燕鐵木兒，不想計謀洩露，共有十人被處死。

燕鐵木兒又升官了，兼奎章閣大學士，領奎章閣學士院事，受賜無數。不久，皇太子阿剌忒納答剌病死，元文宗受到了沉重的打擊。至順三年（西元一三三二年），元文宗臥病於上都，彌留之際，忽然良心發現，叮囑趕快接回流放的元明宗長子妥權帖睦爾，一再交代，務要立妥權帖睦爾爲帝。

這個意見完全不合燕鐵木兒的心思。元文宗死後，燕鐵木兒主張立元文宗另一個兒子燕帖古思爲帝。但是，元文宗皇后卜答失里謹記丈夫的遺囑，執意要把皇位歸於妥權帖睦爾。

燕鐵木兒考慮，妥懽帖睦爾已經十三歲，即位後很難駕馭和控制。所以，他置卜答失里的意見於不顧，一言敲定，立元明宗次子懿璘質班爲帝，就是元寧宗。元寧宗當時只有七歲，不懂世事，絲毫不影響燕鐵木兒的地位。誰知元寧宗短命，即位五十五天就染病身亡。燕鐵木兒再次提出要立燕帖古思。卜答失里皇后通過占卜，發現立燕帖古思是「凶兆」，「大不利」。因此，她說：「天位至重，吾子尚幼，明宗長子妥懽帖睦爾在廣西，今十三歲矣，理當立之。」燕鐵木兒實在不想立元明宗長子爲帝，但此外再無合適人選，沒有辦法，只得派人前往廣西迎接妥懽帖睦爾。

妥懽帖睦爾一行抵達大都郊外良鄉，燕鐵木兒親自帶領儀仗隊前往迎接。他與妥懽帖睦爾並馬而行，舉鞭指畫，說這說那。可是妥懽帖睦爾自始至終，沒有同這位丞相說一句話。這使燕鐵木兒做賊心虛，以爲妥懽帖睦爾記著王忽察都發生的事情，不會原諒他這個殺父的仇人。燕鐵木兒因此故意拖延，遲遲不安排妥懽帖睦爾登基事宜，使之不能當上皇帝。

燕鐵木兒獨秉大權，挾震主之威，驕奢淫逸，肆意無忌。史載，他舉行一次宴會，要殺掉十三匹馬，規格超過皇帝。他娶泰定帝也孫鐵木耳的皇后爲夫人，先後尙宗室之女四十人，美女佳麗，充塞後房，有些妻妾，他竟然不認識，更叫不上她們的名字。一天，大臣趙世炎家宴請朝官，男女列坐，名曰「鴛鴦會」。燕鐵木兒指著一位姿色艷麗的女人，問道：「她是誰？」

趙世炎告訴他說：「她是太師的夫人呀！怎麼？太師難道不認識？」

燕鐵木兒張口結舌，其荒淫腐朽，於此可見一斑。燕鐵木兒長期偎紅倚翠，縱欲宣淫，身體日見羸弱，以致溺血，不治而死。

燕鐵木兒死後，妥懽帖睦爾終於即帝位，就是元順帝。兩年後，元順帝立燕鐵木兒的女兒伯牙吾氏爲皇后，追封已死的岳父爲德王，謚忠武。燕鐵木兒若九泉有知，或許會對此有所感慨吧！

燕鐵木兒的弟弟撒敦在元順帝時官左丞相、開府儀同三司、上柱國、錄軍國重事、答剌罕、榮王、太傅，顯赫一時。燕鐵木兒的兒子唐其勢也官中書左丞相，位居右丞相伯顏之下。對此，唐其勢氣憤不平，說：「天下本是我家的天下，伯顏是何等樣人，竟敢位居我之上？」他蠢蠢欲動，與叔父答里勾結，密謀發動兵變，奪取伯顏的權力。事敗被擒，就地伏誅。

唐其勢的弟弟塔剌海受到株連，逃避追捕，走投無路，跑進皇宮，藏到皇后伯牙吾氏的座位下面。伯牙吾氏用衣服遮蔽弟弟，企圖掩護他躲過劫難。伯顏將他搜出，當著皇后的面結束了他的性命，鮮血濺了皇后一身。伯顏恨恨地說：「豈有兄弟爲逆，而皇后窩藏罪犯的？」索性把皇后也綁了。

伯牙吾氏衝著元順帝大聲呼喊說：「陛下救我！」

元順帝說：「你兄弟爲逆，豈能相救邪？」

伯顏將伯牙吾氏驅逐出皇宮，繼將她鴆殺。至此，燕鐵木兒外戚基本上被斬盡殺絕了。

燕鐵木兒歷事元朝武宗、仁宗、英宗、泰定帝、文宗、明宗、寧宗、順帝八個皇帝，忠誠於元武宗和元文宗，秉權用事二十餘年，權勢達於頂點。在統漢階級內部爭權奪利的角逐中，他親此疏彼，完全是出於自己利害關係的考慮，甚至不惜殺了元明宗，迫害元明宗之子。然而，正是受他迫害的妥權帖睦爾，在他死後卻成了他的女婿。事情就是這樣的滑稽！他的兄弟、兒子居功自傲，死於非命，實屬罪有應得。大凡功高震主、權重懾主的外戚，一般都沒有好下場，這幾乎是封建社會的一條法則。

明太祖親家徐達

開國元勛，循理謹度

西元一三六八年，當過農民當過和尚的朱元璋稱帝，建立明朝，定都應天府（今江蘇南京），建元洪武，他就是明太祖。史稱：「明太祖立國，家法嚴。……后妃居宮中，不預一髮之政，外戚循理謹度，無敢恃寵以病民，漢、唐以來所不及。」

說明明朝的外戚相對而言，是比較安分的。

明太祖的外戚有陳公和馬公，均有姓無名。陳公是明太祖的外祖父，維揚（今江蘇揚州）人，早卒，洪武二年（西元一三六九年）追封爲揚王。明太祖爲了宣揚君權「神授」，命翰林學士宋濂寫一篇祭文刻於石碑上，胡說陳公能呼風喚雨，遇難不死，「精誠上通於天……是宜慶鍾聖女，誕育皇上，以爲億萬年無疆之基，於乎盛哉！」陳公活了九十九歲，生有兩個女兒，次女就是明太祖的生母。馬公是明太祖的岳父，宿州（今安徽宿縣）人。元末，馬公殺了人逃命，投奔好友郭子興，把女兒馬秀英託付給郭子興夫婦。郭子興參加紅巾軍反元，朱元璋在其麾下效力，娶馬秀英為妻。馬秀英後來成為皇后，即孝慈高皇后。馬公早死，洪武二年被追封為徐王。

明太祖的外戚，真正值得大書特書的是開國元勛徐達。徐達長女「幼貞靜，好讀書，稱女諸生」。明太祖主動攀親，說：「朕與卿，布衣交也。古君臣相契者，率為婚姻。卿有令女，其以朕子（朱）棣配焉。」朱棣後來即帝位，就是明成祖，徐達長女成為皇后。不僅如此，徐達的另兩個女兒，又分別嫁明太祖第十三子代王朱桂、第二十二子安王朱楹，俱封王妃。因此說，徐達與明太祖有著三重姻親的親家關係，這在中國外戚史上是不多見的。

徐達，字天德，濠州（今安徽鳳陽）人。世代務農，家境貧寒。他與朱元璋是同鄉，從小結為好友。後來，朱元璋在郭子興部下當了將軍，二十二歲的徐達棄農投軍，因為剛毅武勇，很快成了朱元璋的得力助手，官任鎮撫。

郭子興心胸狹窄，嫉賢妒能，一次與副帥孫德崖發生火拼。郭子興抓了孫德崖，孫德崖的部下則抓了朱元璋。經過交涉，雙方同意交換被抓人員，但誰也不肯首先放人。在僵局無法打破的情況下，徐達主動要求代替朱元璋，去到孫德崖軍中充當人質，事件平息後獲歸。不久，郭子興病死，朱元璋繼其職，成為這支紅巾軍的首領。

朱元璋雄才大略，嚮往建立帝業，委徐達以重任。徐達奉命，拔采石（今安徽馬鞍山長江東岸），取太平（今安徽當塗），與另一名將常遇春一起，號稱「軍鋒冠」。接著，徐達沿江東下，攻克集慶（今江蘇南京），升任大將；又率諸軍東取鎮江（今江蘇鎮江），「號令明肅，城中宴然」，升任淮興翼統軍元帥。

朱元璋改集慶為應天府，坐鎮指揮。其時，東南地區有張士誠、陳友諒兩股勢力，可與朱元璋相抗衡。

盤踞於太湖流域的張士誠自稱周王，容不得朱元璋的軍隊進入自己的勢力範圍，遂據常州（今江蘇常州），揮師進攻鎮江。徐達以逸待勞，一舉大敗張士誠，乘勝進圍常州。張士誠氣急敗壞，派兵增援常州。徐達設伏兵，再次大敗張士誠，俘獲張士誠部下兩員大將。次年，徐達攻陷常州，以功升任僉樞密院事。進而，徐達遣前鋒將領趙德勝攻克常熟（今江蘇常熟），活捉張士誠弟弟張士德，並攻佔了宜興（今江蘇宜興）。這樣，徐達就在應天府的東部構築起一條弧形防線，堵死了張士誠西犯的道路。

徐達在東線節節取勝，盤踞於長江中游的陳友諒趁機進襲安慶（今安徽安慶），連陷樅陽（今安徽樅陽）、池州（今安徽貴池）。西線形勢緊張。朱元璋忙把徐達調回，守衛應天府。徐達主動出擊，大敗陳友諒的前鋒趙普勝，收復了池州。徐達因此升任奉國上將軍、同知樞密院事。接著，徐達與常遇春一起，在九華山（今安徽青陽境）下設伏兵，大敗陳友諒，斬首萬人，生擒三千人。

西元一三六〇年，陳友諒率十萬舟師東下，攻佔太平；殺徐壽輝，自稱漢王；並約會張士誠，從東西兩個方向夾攻應天府。在危急時刻，徐達沉著冷靜，設伏兵於應天府南門外，待陳友諒接近時，伏兵齊出，諸將力戰，生俘七千餘人，奪取船艦數百艘。陳友諒打了敗仗，倉皇逃回江州（今江西九江）。次年，朱元璋爲了徹底解除西線的威脅，率兵親征陳友諒。徐達一馬當先，攻取江州。陳友諒敗走武昌（今湖北武漢武昌）。徐達窮追不捨，屯兵漢陽沌口（今湖北武漢漢陽西南），有力地遏止了陳友諒的活動。這時，徐達進任中書右丞。

在經過短暫的對峙以後，朱元璋與陳友諒在鄱陽湖展開決戰。陳友諒軍號稱六十萬，兵勢很盛。徐達身先諸將，英勇奮戰，敗其前鋒，殺敵一千五百人，奪取一艘巨艦，大獲全勝。朱元璋知道陳友諒滅亡在即，同時顧慮東線的張士誠偷襲後方，乃命徐達火速回師，守衛應天府。他滿懷信心地說：「吾以徐達留守，緩急可百全也。」

徐達回至應天府，盡職盡責，嚴陣以待，迫使張士誠不敢輕舉妄動。這樣，朱元璋得以在鄱陽湖全力對付陳友諒，橫掃敵軍，終於把陳友諒擊斃，西線戰事取得了決定性的勝利。

西元一三六四年，朱元璋自稱吳王，封徐達爲左相國。從此，徐達出將入相，從軍事和政治兩個方面，忠心輔佐朱元璋，創建了蓋世的功業。

陳友諒滅亡，朱元璋轉向對付張士誠。徐達被任命爲總兵官，與常遇春一起率兵東征，先後攻克泰州（今江蘇泰州）、高郵（今江蘇高郵）、淮安（今江蘇淮安）等地，翦除了張士誠的羽翼。期間，元軍侵犯徐州（今江蘇徐州），徐達予以迎頭痛擊，俘擄、斬首萬餘人，淮南淮北悉平。此舉意義重大，爲朱元璋日後東控齊魯，北進中原打開了寬廣的通道。

徐達班師。朱元璋召開會議，商討徹底消滅張士誠的大計。張士誠早在西元一三五七就歸順了元朝，一三六三年又自立爲吳王，具有一定的實力。因此，右相國李善長提出，消滅張士誠，宜緩不宜急。而徐達則堅定地說：「張士誠驕橫苛薄，大將李伯升之輩暴殄奢侈，用事者黃敬天、蔡彥文、葉德新等，皆迂闊書生，不知大計。臣奉主上威德，率精銳之師，聲罪致討，三吳（今江蘇、浙江一帶）之地，計日可定。」

朱元璋同意徐達的意見，拜他爲大將軍，常遇春爲副將軍，率舟師二十萬進攻湖州（今浙江吳興），討伐張士誠。張士誠分兵三路迎戰徐達。徐達亦分兵三路針鋒相對。經過激烈交鋒，張士誠屢戰屢敗，徐達奪得了湖州，又奪得了吳江（今江蘇吳江）。徐達乘勝包圍了張士誠的大本營平江（今江蘇蘇州），沿城外築起長圍，把張士誠困在城內，水洩不通。又在城外架起木塔，木塔上置放火炮，居高臨下，轟擊城內守軍。

徐達遣使請示朱元璋作戰事宜。朱元璋手書敕諭，說：「將軍謀勇絕倫，故能遏亂略，削群雄。今事必稟命，此將軍之忠，吾甚嘉之。然將在外，君不御。軍中緩急，將軍其便宜行之，吾不中制。」

這等於把作戰的全權交給了徐達。徐達於是下令，向平江發起總攻，一舉攻陷，生擒活捉了張士誠，俘擄二十五萬人。徐達進入平江，號令全軍：「掠民財者死，毀居民者死，離營二十里者死。」軍紀嚴明，人心安定。

張士誠被押送應天府，自縊而死。徐達班師，朱元璋親御戟門論功行賞，封徐達爲信國公，遷右丞相。

朱元璋在東南地區站穩了腳跟，轉而把視線移向北方，意欲奪取元朝的天下。西元一三六七年，他任命徐達爲征討大將軍，常遇春爲副將軍，率步騎二十五萬人北伐中原。他明確地宣布說：「命將出師，必在得人，師有紀律，戰勝攻取，得爲將之體者，無如大將軍徐達。當百萬之眾，勇敢先登，摧鋒陷陣，所向披靡，無如副將軍常遇春。」在朱元璋的心目中，徐達、常遇春如同左膀右臂，大小戰事必任命他們二人爲正、副統帥。徐達長於謀略，嚴於律軍，在許多方面更勝過常遇春。

徐達、常遇春受命，根據既定的「先取山東，撤其屏蔽，旋師河南，斷其羽翼，拔潼關而守之，然後進兵元都（今北京）」的戰略方針，迅速向北推進，攻佔了山東。西元一三六八年正月，朱元璋在應天府即皇帝位，正式建立了明朝，是爲明太祖。徐達以「首功」任右丞相，兼太子少傅。

徐達、常遇春在前線作戰，又連克河南，陷潼關，進至陝西，鋒芒所向，勢如破竹。明太祖駕幸汴梁（今河南開封），置酒慰勞徐達等人，且謀「進兵元都」之事。徐達說：「我大軍平齊魯，掃河洛……元朝聲援已絕，今乘勢直搗元都，可不戰有也。」

明太祖大喜，說：「好！」於是，徐達揮師北上，以橫掃千軍如捲席之勢，迅速攻下德州（今山東德州）、長蘆（今河北滄州）、直沽（今天津）、通州（今北京通縣）。元順帝妥權帖睦爾見大勢已去，帶著后妃、太子倉皇逃離大都（今北京）。徐達陳兵齊化門，塡壕登城，順利地進入大都。元將帖木兒不花、慶童、迭兒必失等人不降，被斬殺，其餘不戮一人。徐達命封府庫，保管圖書和財寶，禁止士兵侵害百姓，使得吏民安居，市不易肆。

捷報飛送明太祖。明太祖笑逐顏開，又連聲叫好，命改大都為北平府。這標誌著元朝的統治瀕臨覆滅了。

此後，徐達奉命統領明軍，西定甘陝，北撫塞外，掃蕩元朝殘餘勢力，又建立了赫赫功勛。洪武二年（西元一三六九年），徐達凱旋。明太祖親至龍江迎勞，下詔大封功臣，徐達名列首位，為開國輔運推誠宣力武臣，特進光祿大夫、太傅、中書右丞相參軍國事，改封魏國公，歲祿五千石，賜予世券。是年，徐達只有三十九歲。

明太祖稱譽徐達為「開國功臣第一」，這是千眞萬確的。徐達一生東征西討，南伐北戰，所向披靡，「廓江漢，清淮楚，電掃西浙，席捲中原，聲威所震，直連塞外，其間降王縛將，不可勝數」。他深通為將之道，具有良好的個人品德。一方面，他與明太祖建立有親密的私人關係，常以布衣兄弟相稱，而他愈加恭愼，時刻不忘臣子的身分；另一方面，他言簡慮精，令出不二，善撫士卒，與之同甘共苦，士卒無不感恩效死。因此，上下左右，人們都擁戴徐達，使之能夠得心應手，充分發揮自己的軍事才幹。

徐達還注重學習，延禮儒生；注重軍紀，無擾百姓；忠直無私，痛恨奸邪。明太祖一度信用丞相胡惟庸。此人心地詭詐，熱衷於玩弄權術，有意結交徐達，遭到拒絕，轉而賄賂徐達家的看門人福壽，要他謀害主人。福壽不為私利所動，揭發了胡惟庸的陰謀。徐達深疾其奸，多次向明太祖進言，指出胡惟庸不宜為相。後來，胡惟庸的罪行敗露，被罷職處死，證明徐達的預見是完全正確的。因此，明太祖更加敬重徐達，稱他為「徐兄」，稱讚說：「受命而出，成功而旋，不矜不伐，婦女無所受，財寶無所取，中正無疵，昭明乎日月，大將軍一人而已。」正因爲如此，明太祖才主動攀親，與徐達結爲兒女親家。

洪武十七年（西元一三八四年），徐達在北平府患了疽病。明太祖把他接回應天府治療，無效。次年二月，徐達病逝，終年五十四歲。明太祖非常悲痛，輟朝臨喪祭奠，追封徐達爲中山王，謚武寧，贈三世王爵；又賜葬鍾山之北，御製神道碑文，配享太廟，畫像於功臣廟，供人瞻仰。《明史》評價徐達說：「持重有謀，功高不伐，自古名世之佐無以過之。」這個評價，徐達受之無愧。

徐達有四個兒子：徐輝祖、徐添福、徐膺緒、徐增壽。其中，徐輝祖和徐增壽有點故事。

徐輝祖承襲父爵，洪武末年領中軍都督府。明太祖死後，皇太孫朱允炆繼承帝位，稱建文帝。徐輝祖任太子太傅。明太祖第四子燕王朱棣起兵，爭奪侄兒的皇位，徐輝祖堅定地站在建文帝一邊，力戰妹夫朱棣。朱棣攻陷應天府，徐輝祖獨守父祠，書寫明太祖賜給徐達的不死券。朱棣大怒，命削其爵，囚禁於私第。永樂五年（西元一四〇七年），徐輝祖病死。

徐增壽的志向與徐輝祖正好相反，在朱棣與建文帝的鬥爭中，堅定地站在朱棣一邊，多次向朱棣傳送情報，報告朝廷虛實。朱棣兵臨應天府，建文帝召徐增壽訓話，親手將他殺死。朱棣即帝位後，追封徐增壽爲武陽侯，謚忠湣，後改封定國公。

徐輝祖、徐增壽兄弟二人，同爲徐達之子，卻走了不同的道路。這，或許就是通常所說的人各有志吧。

明宣宗妻兄孫繼宗

明朝外戚典兵第一人

明成祖朱棣當了二十二年皇帝，死後由兒子朱高熾繼位，是爲明仁宗。明仁宗在位不到一年病死，皇太子朱瞻基上臺，是爲明宣宗。明宣宗后妃眾多，其中孝恭皇后孫氏最受寵愛。自然，孫皇后的父兄成爲明宣宗最重要的外戚。

孫氏，鄒平（今山東鄒平）人，幼有美色。其父孫忠，原任永城（今河南永城）的主簿，官小位賤。明仁宗誠孝皇后的生母彭城伯夫人也是永城人，熟知孫氏的美貌在永城頗有名氣。她每次入宮，總要在女兒跟前談及孫氏的姿色。誠孝皇后受其影響，召孫氏入宮，視爲己女。孫氏長大，誠孝皇后做主，讓她嫁給皇太子朱瞻基。不過，朱瞻基已有嫡妻胡氏，立爲妃，孫氏只能委屈地當嬪。西元一四二五年，朱瞻基當了皇帝，胡妃升爲皇后，孫嬪升爲貴妃。孫忠沾女兒的光，升任中軍都督僉事。

明宣宗偏愛孫貴妃。宣德三年（西元一四二八年），他強行廢了胡皇后，改立孫貴妃爲皇后。孫忠由此晉爵，封會昌伯。明宣宗對於這個岳父是很尊寵的。孫忠曾歸故里，明宣宗作詩賜之，還派宦官陪行。孫忠回京，明宣宗與孫皇后親臨其府第慰勞，還多次召孫忠妻子董夫人入宮，賞賜不絕。孫忠有五個兒子，其中長子孫繼宗較有作爲。宣德初年，授府軍前衛指揮使，改錦衣衛。

明宣宗年逾三十，尚無子嗣。孫皇后極有心計，私下取宮人所生嬰兒爲自己的兒子，加以撫養。這個兒子便是朱祁鎭。西元一四三五年，明宣宗死，朱祁鎭得以繼位，是爲明英宗。孫皇后升爲皇太后，孫氏外戚變得更加顯赫起來。

孫忠過生日，孫太后和明英宗派出使者，賜宴其家。當時宦官王振專權，陷害國子祭酒李時勉，引起孫忠的不滿。孫忠向著李時勉說話，由孫太后轉達明英宗。明英宗立刻下達詔令，李時勉無罪釋放。孫忠家奴放高利貸，規利數倍，民不堪受。官府逮捕家奴，罰以戍邊，但不敢追究孫忠的責任。孫忠作爲明宣宗的外祖父，一生沒幹什麼壞事，於八十五歲死去，贈會昌侯，謚康靖。

正統十四年（西元一四四九年），發生了著名的「土木堡之變」。明英宗受宦官王振的蠱惑，「北狩」時被蒙古瓦剌軍俘擄，其弟朱祁鈺趁機由監國而即帝位，是爲明代宗。孫繼宗承襲父爵，進都指揮僉事。不久，瓦剌軍又放回明英宗，明代宗視之爲太上皇，將他幽禁於南宮。明英宗對於弟弟奪了自己的皇位耿耿於懷，加上廢立皇太子問題，兄弟間的關係勢若水火。

天順元年（西元一四五七年），明英宗的親信徐有貞、石亨、曹吉祥等人勇奪南宮宮門，發動政變，迎接明英宗復位。這次政變，史稱「奪門之變」，得到了孫太后的支持，孫繼宗兄弟也積極參與。事後，明英宗大封「奪門功臣」，孫繼宗加號奉天翊衛推誠宣力武臣，特進光祿大夫、柱國，准予身免二死，子免一死，世襲侯爵。孫繼宗的弟弟孫顯宗、孫紹宗、孫續宗、孫純宗等，皆官都指揮僉事，改錦衣衛。

儘管如此，孫繼宗仍不滿足，提出要求說：「臣與弟顯宗，率子、婿、家奴四十三人預奪門功，乞加恩命。」

明英宗不便拒絕舅舅的要求，又提拔孫顯宗爲指揮同知，孫繼宗兒子孫璉授錦衣衛指揮使，女婿武宗授都指揮僉事，其他授官者還有十七人。

明朝早有規定：外戚不預政。特別規定：外戚不得典兵。可是，明英宗考慮，讓徐有貞、石亨、曹吉祥等人掌握兵權，實在不能讓人放心。所以，他破例任命舅舅孫繼宗督五軍營戎務兼後軍都督府事。這樣一來，孫繼宗就成了明朝外戚典兵的第一人。

孫繼宗典兵，權勢日重。不久，又有人出面，爲他的弟弟孫紹宗求取更高的官職。明英宗感到不快，悄悄對勛臣李賢說：「孫氏一門，長封侯，次皆顯秩，子孫二十人悉得官，足矣。」並回憶起當初封賞孫氏兄弟子孫時，孫太后說過的話：「何功於國，濫授此秩，物盛必衰，一旦有罪，吾不能庇矣。」

李賢老於世故，一方面稽首稱頌孫太后的盛德，另一方面又從容進言，說：「祖宗以來，外戚不典軍政。」含蓄地批評了皇帝。明英宗為自己辯解說：「當初內侍奏言，認為掌管京營軍非皇舅不可，對此，太后至今還後悔呢！」

李賢見皇帝無意改變成命，只好說：「倖幸淳謹，但後此不得為故事耳。」此言也就是「下不為例」的意思。明英宗說：「行！」

李賢稱孫繼宗等「淳謹」，純粹是恭維之詞。其實，孫繼宗、孫紹宗並不「淳謹」，侵官地，立私莊，貪婪地掠取財富，引起官民的強烈反對。事情逐漸被揭露出來，有人主張懲治孫氏兄弟。但明英宗袒護舅舅，只命他們把所佔的田地交還官府了事。

後來，「奪門功臣」之一石亨犯了謀逆大罪，死於獄中。明英宗想趁機「盡革奪門功臣」，先後罷黜冒功得官者四千多人。孫繼宗、孫顯宗、武宗等被迫提出辭職。但明英宗格外開恩，僅革其家人授官者七人，其餘不問。對此，孫繼宗感激涕零，決心效忠於外甥，用實際行動證明自己是當之無愧的功臣。

宦官曹吉祥、曹欽父子又發動兵變。孫繼宗會同懷寧侯孫鏜等，平息兵變，立了大功，因此進位太保。這以後，他曾以疾病為由，請求解除兵柄，辭去太保，未獲批准。看來，明英宗對於舅舅掌握兵權是絕對信任的。

天順八年（西元一四六四年），明英宗病死，皇太子朱見深繼位，是為明憲宗。孫繼宗作舅爺，繼續支持明憲宗，建議精選壯勇士兵十二萬人，分設奮武、耀武、練武、顯武、敢勇、果勇、鼓勇、效勇、立威、申威、揚威、振威等十二營，置官統領，坐營團練。明憲宗同意這個建議，並任命孫繼宗爲提督十二營兼督五軍營，使其權力更加大了。此外，孫繼宗又知經筵事，監修《英宗實錄》，其地位在勛臣李賢之上，朝有大議，必他爲首。成化三年（西元一四六七年），《英宗實錄》修成，孫繼宗官加太傅，一生仕途達於頂峰。

隨著歲月的流逝，孫繼宗年事漸高，體力、精力、能力大不如前。成化十年（西元一四七四年），兵科給事中章鎰上疏明憲宗，說：「孫繼宗久司兵柄，尸位固寵，亟宜退罷，以全始終。」孫繼宗恰也自覺，上疏懇辭所任官職。明憲宗爲了照顧舅爺的身體，也就不客氣，解除了他的軍職，但仍命爲後府事，知經筵，預議大政。

孫繼宗與父親孫忠一樣，也活了八十五歲，死後贈郯國公，謚榮襄。章鎰說他「久司兵柄，尸位固寵」，恐怕有點過分。從實而論，孫繼宗典兵期間，還是爲朝廷出了一些力的。

明憲宗妻兄妻弟

貪婪無厭，為世人所不齒

明英宗朱祁鎮兩次共當了二十二年皇帝，於西元一四六四年病死。其子朱見深繼位，是爲明憲宗。明憲宗的母族和妻族外戚，多是貪婪無厭、結黨營私的利祿之徒，爲世人所不齒。

明憲宗的生母周氏，即明英宗妃，謚曰孝肅太后。周氏的父親叫周能，昌平（今北京昌平）人。明英宗復辟後，他官錦衣衛千戶，賜賚（賚，讀作賴，賞賜）甚渥。不久，周能去世，其子周壽、周彧享受榮華富貴，窮奢極欲。明憲宗登基後，生母被尊爲皇太后，周壽、周彧就是國舅，飛黃騰達。周壽先擢左府都督同知，封慶雲伯，年俸千石。後進侯爵，子弟同日授錦衣官者七人。明孝宗朱祐樘時，周壽又加太保、太傅。周彧也由長寧伯加封太保，還想晉升侯爵。史稱：「兄弟並爲侯伯，位三公，前此未有也。」周氏兄弟政治上的暴發，可以說是開了明朝外戚無功而顯貴之先河。

周壽、周彧到底有什麼能耐呢？一個字：貪。貪土地，貪錢財，貪得無厭，貪贓枉法。據史籍記載，周壽因爲是周太后的弟弟、明憲宗的舅舅，所以「頗恣横」。他與周彧一起，以各種手段，巧立名目，敲詐勒索，強行佔領平民的土地，其數目分別達到五千四百餘頃和一千九百餘頃，美其名曰「莊田」。儘管如此，他們仍不滿足，還要不停地兼併更多的土地，建立更多的田莊，以牟取巨利。

面對王公、勛戚愈演愈烈的土地兼併風潮，百姓激烈反對，朝臣紛紛上疏奏言，要求「痛革時弊」。明憲宗不得不下禁令，說：「自今乞請皆不許。」可是這個禁令對於周氏兄弟說來，根本不起作用。周壽冒禁乞通州（今北京通縣）田六十二頃，周彧乞武強（今河北武強）、武邑（今河北武邑）田六百餘頃。明憲宗「不得已與之」，滿足了貪婪者的胃口。

此例一開，立即引起連鎖反應，「自是勛戚斂尤者接踵矣」。明孝宗朱祐樘時，周壽又欲得寶坻（今天津寶坻）田七百餘頃，詭稱以私財相易。戶部嫌他貪求無厭，執意不給。誰知明孝宗祖護外戚，竟許之。據統計，周壽、周彧兄弟恃寵倚勢，吞佔民田，共有八千餘頃，等於剝奪了當時數萬戶農民的恆產！

明英宗舅舅孫繼宗的女婿張延齡，封建昌侯，也是個吞佔民田的高手。在寶砥縣，周壽、周彧佔地與張延齡佔地接壤，兩家爲了寸地之利，相互傾軋，明爭暗鬥，鬧得不可開交。矛盾激化，訴諸官司，沒有結果。於是雙方鼓動家奴，聚爲毆鬥，大打出手，交章上聞，喧動京城。

尙書屠滽會同九卿上疏，指出周、張兩家「以瑣事忿爭，喧傳都邑，失戚里之觀瞻，損朝廷之威重」，勛戚的家奴「多者以百數，大乖舊制，其間多市井無賴，冒名罔利，利歸群小，怨叢一身，非計之得」，希望皇帝「綸音戒諭，俾各修舊好」，併「揭榜禁戒，裁定勛戚家人，不得濫收」。屠滽等大臣的意見，明孝宗雖然「嘉納之」，但未見採取任何行動，限制外戚的胡作非爲。

明憲宗的妻族外戚最霸道的是萬氏。當明憲宗原先爲太子的時候，周太后爲他安排了一個保姆兼管家，即萬氏。萬氏生性放蕩，以色相千方百計地勾引太子，從而使乳臭未乾的太子神魂顚倒，不能自制。明憲宗十六歲時即帝位，立吳氏爲皇后，同時封萬氏爲貴妃。這年，萬氏已三十五歲，幾乎可做明憲宗的母親。萬貴妃機敏老練，善迎帝意，極受恩寵。吳皇后只立一個月，就被她吹風進讒，廢居冷宮。從此，她完全控制了明憲宗，使之百依百順，言聽計從。

萬貴妃的父親萬貴，歷官錦衣衛指揮使，爲人還算謹飭，每次受皇帝賞賜時，不以爲喜，反以爲憂，說：「我不過是個落魄的小吏，蒙受皇恩，躋身於外戚，兒孫皆得官。福過眾生，未知所終矣。」又說：「我家德不勝福，何以堪之？」然而萬貴的兒子萬喜、萬通、萬達等就不一樣了，依仗姐姐得寵，以國舅身分自居，結黨營私，驕橫不法，專門幹傷天害理的勾當。

萬喜兄弟原先爲錦衣衛指揮使。成化十四年（西元一四七八年），萬喜升都指揮同知，萬通任指揮使，萬達任指揮僉事。兄弟三人均在錦衣衛供職，充當朝廷特務，專門負責偵察和鎮壓各級官吏及黎民百姓。尤其是那個萬通，自幼貧賤，略通經商，驟貴以後，除了本職外，還勾結宦官韋興、梁芳等人，造奇設巧，牟取暴利。韋興、梁芳掌管內庫，萬通與之狼狽爲奸，大量盜用國庫，中飽私囊，鯨呑錢財，「每進一物，輒出內庫償，輦金錢絡繹不絕」。他們串通一氣，投萬貴妃所好，「日進美珠珍寶」，以悅其意。這樣一來，外戚、宦官，加上萬貴妃，組成一個官盜集團，「侵盜庫金以數十萬計」，簡直讓人難以想像。

成化二十年（西元一四八四年），天下水旱頻仍，時歲大饑，人民流離，道饉相望。朝臣要求取用內庫錢財，救濟災民。誰知打開內庫一看，根本沒有什麼値錢的東西，珍寶異玩被萬通、韋興、梁芳等竊用殆盡。朝野嘩然，天人共怨。刑部員外郎林俊等人上疏說：「數年之間，祖宗百餘年之府藏殆盡。奸人作惡，禍國殃民，不懲治不足以平民憤。」

一向袒護萬通、韋興、梁芳的明憲宗，在視察了內庫以後，也不得不說：「後世之人將罪汝等矣！」

萬貴妃、萬通、韋興、梁芳爲了長久地恃寵營私，進而設計謀害皇太子朱祐樘。謀害未果，又設計了一套易儲計劃。恰逢泰山地震，他們的陰謀沒有得逞。

萬通的妻子王氏，經常自由出入宮禁。大學士萬安卑劣無恥，自稱與萬通「同宗」，巴結王氏，進而拜倒在萬貴妃的石榴裙下，自稱「子侄」。王氏的一個小妹，據說早年嫁了一個叫做萬編修的人，而這個萬編修正是萬安，王氏的小妹正是他的小妾。這樣一來，萬安與萬貴妃、萬通不僅是族屬關係，而且還是姻親關係。其中眞假虛實，很難確定。不過有一點是肯定的：閹臣萬安、外戚萬通，爲了各自的利益，必然要互相拉攏投靠，攀援交結。只有這樣，他們才能立足於朝廷，享受潑天的榮華富貴。

萬通爲惡一生，於成化年間後期死去。明憲宗「眷萬氏不已」，提拔萬喜爲都督同知，萬達爲指揮同知。萬通的庶子二歲、養子四歲，俱授官職。成化二十三年（西元一四八七年），萬貴妃一命嗚呼，萬氏外戚失去了靠山。九月，明憲宗又駕崩，萬氏外戚的厄運隨之到來。

明孝宗登基後，早對萬氏外戚恨得咬牙切齒的朝臣們群起而攻之，要求清算其罪行。明孝宗難違眾意，下令罷免萬喜、萬達等人的官爵，追回以往所賜的所有財物。萬通兄弟的父親萬貴生前說過：「官所賜，皆著籍。他日復宣索，汝曹將重得罪。」此話不幸而言中了。

明孝宗妻弟張鶴齡、張延齡

怙勢枉法，禍國殃民

明朝的外戚，握有軍權者爲數不多，然而隨著政治上的暴發，經濟上貪婪無厭，怙勢枉法，草菅人命，一個勝過一個。明孝宗朱祐樘的妻弟張鶴齡、張延齡，比起前朝的周壽、周彧、萬通、萬喜、萬達來，有過之而無不及。

明孝宗的皇后張氏，其父張巒，其母稱金夫人。張巒起自諸生，是個老實的讀書人，當了皇帝的岳父後，封壽寧伯，進爵爲侯。他雖然貴盛，但比較謹慎，能禮敬士大夫，沒發現有什麼惡跡。金夫人與丈夫大不相同，能言善辯，撒野耍潑，厲害得不得了。至於張巒的兒子張鶴齡、張延齡，無德無才，驕橫無度，依仗是皇帝的小舅子，做盡了壞事。

張巒進爵爲侯後便死去，追贈昌國公。張鶴齡襲封壽寧侯，張延齡也封建昌伯，滿門勛貴。明孝宗「優禮外家」，專門爲張皇后立了家廟，豪華壯麗，歷時數年方才完工。張氏兄弟「並驕肆，縱家奴奪民田廬，篡獄囚，數犯法」。他們最大的本事，就是不擇手段地侵呑民田，一侵吞就是一、二千頃。當地百姓奮起保衛家園，維護田產。張氏兄弟唆使家奴，大打出手，竟「毆民至死」，造成民怨沸騰。明孝宗派員調查，巡撫高銓、侍郎許進等都認爲張氏兄弟貪婪，奪田理虧。可是明孝宗偏向外戚，讓張氏兄弟退還民田，另外賞賜給他們三倍的土地，以作「補償」。

張鶴齡、張延齡有恃無恐，又與周氏外戚爭地，鼓動家奴，持刀弄棒，毆打格鬥，京城震駭。明孝宗派人調解，解決的辦法是搜刮更多的民田供兩家瓜分：張氏兄弟新佔地二千頃，周氏兄弟新佔地八百頃。

此外，張鶴齡、張延齡還肆意敗壞鹽法，侵擾商賈，謀取暴利。致使朝廷大量稅收變成黃金、白銀、珠寶，源源不斷地流入張家私邸。

張鶴齡、張延齡政治上享有諸多特權，注籍宮禁，自由出入皇宮，甚至與皇帝同席對飲，平起平坐。一次，張氏兄弟陪明孝宗飲酒。明孝宗中途如廁，張鶴齡乘著酒興，公然把皇冠戴在自己頭上，搖頭擺腦，裝出一副天下之尊的模樣。宦官何鼎喝斥張鶴齡不得僭越無禮，他才迫不得已地卸下皇冠，若無其事。又一次，張鶴齡竄進內宮，鬼頭鬼腦地窺視後宮妃嬪的隱私，又被何鼎發現。何鼎大喝一聲，他眼尖腿快，一溜煙地跑了。

事後，何鼎報告明孝宗說：「張鶴齡和張延齡大不敬，無人臣禮。」

張皇后得知此事，惡人先告狀，反誣何鼎不忠不義。明孝宗稀里糊塗，竟把何鼎下錦衣衛獄。朝臣紛紛上書，聲稱何鼎忠直無罪。明孝宗左右爲難，不好果斷。張皇后爲了維護張家的利益，暗中唆使太監李廣，杖殺了何鼎。一時輿論大嘩。明孝宗知道何鼎無辜致死，以「賜祭，勒其文於碑」了事。

張鶴齡、張延齡驕橫無忌，其門客家奴也狗仗主勢，橫行京師，就連朝廷衙門也敢直出直入，爲所欲爲。揚州府同知葉元一次赴京城辦事，得罪了張氏兄弟。張氏兄弟遂指使家奴衝進吏部，抓住葉元，毒打一頓，以洩私憤。御史胡獻爲人耿直，上疏譴責張鶴齡挾嫌報復，迫害異己。張鶴齡倒打一耙，反告胡獻種種莫須有的罪名。明孝宗當然聽信小舅子的話，把胡獻下於大獄。

張鶴齡、張延齡怙寵弄權，殘害忠良，激起許多朝臣的義憤。弘治十八年（西元一五〇五年），戶部主事李夢陽斷然上疏，指斥張氏兄弟「招納無賴，罔利賊民，勢如翼虎」，以致「中外側目而視，切齒而談」。這個上疏如同捅了馬蜂窩，張氏外戚氣急敗壞，尋求對策。金夫人窮凶極惡，抓住李夢陽疏中「陛下厚張氏」一句話大做文章，說是「訕母后，罪當斬」，死皮賴臉要皇帝處死李夢陽。明孝宗無奈，只得把李夢陽下錦衣衛獄。

朝臣們紛起營救李夢陽。大學士劉健巧妙地解釋說：「李夢陽所說的張氏指張鶴齡兄弟，並不是皇后。」又說：「所謂張氏，就是張家的意思。」大學士謝遷也進言說：「李夢陽赤心爲國耳。」鑒於此，李夢陽終於無罪獲釋，引起「中外歡呼」。

張氏兄弟依仗外戚身分驕恣放縱，實在過分。明孝宗一次趁與張鶴齡單獨在一起的時侯，曾對他敲過警鐘，具體說了些什麼，無人知曉。唯見張鶴齡卸掉帽子，趴在地上叩頭。

自此以後，他的氣焰稍有收斂。

明武宗朱厚照時，張皇后升爲皇太后，張鶴齡進位太傅，張氏外戚顯貴如故。

正德十六年（西元一五二一年），明武宗病死，無子繼位，皇位出現空缺。張太后及張鶴齡命宦官谷大用、張永等與朝臣商議，立了明孝宗弟弟朱祐杬的長子朱厚熜爲皇帝，就是明世宗。明世宗即位之初，感激張太后，尊她爲「聖母」；優寵張鶴齡，封他爲昌國公。明世宗的地位鞏固以後，立刻翻臉不認人，把「聖母」的尊號封給自己的生母，而改封張太后爲「伯母」。「聖母」與「伯母」一字之差，表現了明世宗對於張太后的寡恩少義，也標誌著張氏外戚走上了下坡路。

嘉靖十二年（西元一五三三年），明世宗以「多殺無辜，僭肆不法」的罪名，逮捕張延齡下獄，免官奪爵，論罪當死。張鶴齡亦受牽連，被革去昌國公的爵號，謫爲南京錦衣衛指揮同知。張太后出面爲兩個弟弟求情，明世宗拒而不見。因此，昔日公侯，如今一個進了死囚牢，一個成了普通官吏，威風和體面一掃而光。

張延齡未及施刑，又查明他有好幾起殺人案件。明武宗時，張延齡家奴曹鼎的父親曹祖舉報，張延齡與曹鼎等曾圖謀不軌，企圖造反。明武宗把曹祖下獄，準備詳加審訊。可是曹祖突然暴死於獄中，顯然是張延齡做了手腳，殺人滅口。指揮司聰欠張延齡五百文錢，張延齡多次催逼，司聰無力償還。司聰走投無路，便與好友董至商量，搬出曹祖暴死於獄中的事，威脅張延齡。張延齡害怕事情敗露，立即逮捕了司聰，秘密殺害。同時抓了司聰的兒子司升，逼他焚毀父親屍體。

此外，張延齡還以私恨殺害過婦婢和僧人，偷買第宅，擅造園池，僭侈逾制等等。數罪併發，按理說張延齡該死定了。

可是，偏有大學士張孚敬出來替張延齡說話，幫他減輕罪責。張孚敬說：「張延齡不過是個守財奴，怎麼會造反呢？如果判他死罪，恐怕要傷皇太后的心。」

明世宗生氣地說：「你只怕傷皇伯母的心，怎不考慮祖宗成法，傷太祖、孝宗的心呢？」

張孚敬又說：「張延齡如以謀逆罪處治，依法應當誅族。那麼，張太后是張家人，陛下拿她怎麼辦呢？」

明武宗一時語塞：是啊！該如何處治皇伯母呢？總不能把她也殺了吧？

事情被拖了下來，張延齡一時未被處死。張延齡雖是死囚，但因是皇親國戚，又有人幫他說話，所以在獄中自由自在，吃喝玩樂，日子過得滿快活。然而牢獄生活畢竟單調乏味，張延齡不耐煩，竟在一張紙上寫了「君道不明賞罰」幾個字，發洩怨憤。

同牢囚犯劉東山抓住機會，告發了張延齡，說他「賄賂邊官為外援，招匿國仇為內黨」。劉東山同時串通一個叫劉琦的人，告發張延齡盜竊宮禁內帑，枝枝蔓蔓，牽連數百人。又有班期、于雲鶴二人，告發張氏兄弟「挾左道祝詛」，把張太后也牽扯了進去。

明世宗面對這真真假假的告發，小題大做，假戲真做，命逮捕張鶴齡，押回京師審訊。張太后穿著罪人衣服，替弟弟求情，無濟於事。張鶴齡心驚膽戰，行至途中，竟被嚇死。嘉靖二十年（西元一五四一年），張太后亦死。死囚牢裡的張延齡失掉了最後的保護傘。五年以後，明世宗終於下令，把張延齡斬於西市。這時，張延齡已在獄中度過整整十三年了！

張鶴齡、張延齡歷明孝宗、明武宗、明世宗三朝，恃寵枉法，呼風喚雨，驕縱淫逸，禍國殃民，最後終被繩之以法，結束了不光彩的人生。多行不義必自斃。這就是他們給予世人的警示。

明神宗妻兄鄭國泰

懷禍藏奸，亂臣賊子

西元一五七二年，年方十歲的朱翊鈞當了皇帝，是爲明神宗。明神宗在位四十九年，時間之長創明朝皇帝之最。

明神宗的生母李氏，史稱孝定太后，教子極嚴。李太后的父親李偉，也就是明神宗的外祖父，明穆宗朱載坖（坖，讀作厚）時任官都督同知，明神宗即位後封武清伯，再進武清侯。李太后約束外戚比較嚴厲，即使父親有了過失，她也敢「切責之」。因此，李偉一貫小心謹畏，頗有賢聲。萬曆十一年（西元一五八三年），李偉病死，贈安國公，諡莊簡。李偉的兒子李文全襲父爵，很快去世，又由孫子李銘誠嗣侯。李銘誠後來與大宦官魏忠賢混到一起，玷污了李氏外戚的好名聲。

明神宗的皇后王氏，正位中宮四十二年，沒有生育，無寵。其父王偉因是皇帝岳父，官授都督，封永年伯。王偉的兒子王棟、王俊，閣臣提議授二人爲錦衣衛正千戶。明神宗嫌官位太低，經大學士張居正進言，改授爲錦衣衛指揮僉事。

明神宗的李氏、王氏外戚在政治上沒有形成氣候，事蹟平淡。鄭氏外戚則遠非李氏、王氏外戚可比，興風作浪，攪擾朝政，不斷製造事端，鬧得天翻地覆。

明神宗登基不久，就封了一個大美人爲貴妃，而且長期專寵，眷愛日深。這個貴妃姓鄭，其父鄭承憲，其兄鄭國泰及同宗鄭承恩等，作爲皇親國戚，榮祿並進。史載：「貴妃有寵，鄭氏父子、宗族並驕恣，帝悉不問。」這便是當時情況的寫照。

明神宗生活荒淫，在眾多的后妃之外，又偷雞摸狗，私幸一個姓王的宮女，生了長子朱常洛。因爲王宮女身分低賤，所以明神宗根本不關心他們母子二人。直到李太后出面干涉，明神宗才極不情願地封朱常洛生母爲恭妃。

明神宗第二個兒子朱常漵早殤，接著鄭貴妃爲他生了第三個兒子朱常洵。明神宗寵愛鄭貴妃，愛屋及烏，這個朱常洵自然成爲他的心肝寶貝，其地位。待遇遠在朱常洛之上。

鄭承憲累官至都督同知，鄭國泰授都指揮使，父子官差一等。給事中張希皐認爲皇帝「優厚妃家」，反對授鄭國泰高官。明神宗充耳不聞，照授不誤。

鄭貴妃狡黠多詐，野心很大，一方面垂涎皇后寶座，一方面決意使親生兒子朱常洵成爲皇太子，以使鄭氏外戚世代榮華，子孫相蔭。她憑藉自己寵冠後宮的優勢，千方百計地討取明神宗的歡心，要他立朱常洵爲太子。明神宗口頭表示同意，並親書一紙作保證，「賜妃爲符契」。

這件事很快流傳開來，人人都知道鄭貴妃有「立己子之謀」，於是朝野嘩然，大臣們爭言立儲事，「章奏累數千百」。因爲明神宗沒有皇后親生的嫡子，所以大臣們根據「無嫡立長」的傳統觀念，一致主張立即立皇長子朱常洛爲太子。鄭貴妃及父親鄭承憲、哥哥鄭國泰一看勢頭不對，只好採取緩兵之計，反對立即立太子，以爲日後立朱常洵爭取時間。鬥爭尖銳而複雜，明神宗當然站在鄭氏外戚一邊，先以各種理由進行搪塞，後來乾脆把所有的章奏扣壓，「概置不問」。

明神宗和鄭氏外戚的態度，激起大臣們更加強烈的反對。御史陳登雲等上疏，指出鄭氏外戚「懷禍藏奸，窺覬儲貳」，他們阻撓立太子，實是爲了立皇三子爲太子。

鄭氏外戚感到眾怒難犯，於是改變策略，也假意進言，同意建儲。鄭國泰上疏請立太子，鄭承恩亦上疏說儲位不宜久虛。這使明神宗感到難堪，受到兩面夾擊。他認爲有必要懲罰一下出爾反爾的鄭氏外戚，詔令奪鄭國泰俸祿，斥鄭承恩爲民。這時，鄭承憲已死，故避免了懲罰。

其實，鄭氏外戚進言建儲是假，反對建儲是眞，他們的眞正願望是要立朱常洵爲太子。明神宗一面採用廷杖、削籍、外調、貶謫等手段，處罰那些「頑固派」；一面許諾於萬曆十九年（西元一五九一年）宣布太子人選。朝臣於是建議對皇長子進行「豫教」，即委派專職老師教育朱長洛，並建東宮，讓未來的太子居住。鄭國泰、鄭承恩等則建議對所有的皇子進行「豫教」，不同意先建東宮，進而提出「皇子並封王」的主張，反對突出朱常洛一人的地位。明神宗當然是站在鄭氏外戚一邊的，因此朱常洛並沒能在萬曆十九年成為太子。

明神宗言而無信，鄭氏外戚飛揚跋扈，激起了朝臣的憤怒。萬曆二十四年（西元一五九六年），全椒知縣樊玉衡上疏指出，太子遲遲不能夠立，過錯在於鄭貴妃和鄭氏外戚的阻撓，天下人無不怨恨。他最後責問皇帝說：「陛下將何以託貴妃於天下哉？」

這些話深深刺中了明神宗及鄭氏外戚的要害。他們惱羞成怒，準備大開殺戒。不久爆發了所謂的「妖書」案，鄭氏外戚借機大做文章，打擊殘害異己。

原來，刑部侍郎呂坤年編寫過一本《閨範圖說》，用圖畫文字形式，介紹歷史上賢明的女人。鄭貴妃讀後，在原書基礎上增加了十二個女人的「圖說」並作「序」，讓鄭承恩重新刻印。最露骨的是，鄭貴妃公然把自己也劃入賢明女人之列，成為新增加的十二個女人中的第一人。顯然，她是在為自己樹碑立傳，以為進位中宮、廢長奪嫡製造輿論。明眼人一眼就看清了鄭貴妃及鄭氏外戚的陰謀，給事中戴玉衡憤然上疏，予以揭露。這時，又有人為《閨範圖說》寫了一個「跋」，叫做「憂危竑（竑，讀作洪）議」，一針見血地指出：《閨範圖說》的出籠，是為了「媚鄭貴妃」，暗示她要入主後宮；同時開列了一張鄭氏集團名單，其中包括鄭承恩、鄭國泰、呂坤、張養蒙、魏允貞等。「憂危竑議」是一篇匿名「跋」，不知誰是作者。但鄭氏集團認定它是「妖書」，作者必是堅決反對鄭氏外戚的樊玉衡和戴士衡。於是，他們慫恿、蠱惑明神宗，逮捕「二衡」，分別處以流放，旨在「殺一儆百」。由此，「廷臣益忿鄭氏」，鬥爭愈演愈烈。

萬曆二十八年（西元一六〇〇年），朱常洛滿十八歲，已過冠婚年齡。朝臣們再次鼓譟，強烈要求皇帝冊立太子，然後爲之完婚。鄭國泰等節外生枝，提出應該先完婚，後冊立，而且朱常洵的婚禮要與朱常洛的婚禮一道舉行。朝臣們氣憤至極，王士昌，朱國祚等糾劾鄭國泰「顚倒其詞，與明旨有背，恐釀無窮之禍」。明神宗迫於壓力，再也找不出任何理由反對朝臣們的意見，只得於萬曆三十年（西元一六〇二年）冊立朱常洛爲太子。爲了照顧鄭氏外戚的臉面，同時立朱常洵爲福王。曠日持久的建儲鬥爭總算有了結果。

鄭貴妃及鄭氏外戚不甘心失敗，精心策劃更加陰險和毒辣的陰謀。萬曆四十三年（西元一六一五年）發生了駭人聽聞的「梃擊案」：一個莽漢手持木棍，趁著深夜闖進東宮，企圖殺害太子朱常洛。幸虧侍衛及時發現，將莽漢抓獲。

明神宗聞訊，非常震驚，命嚴加審訊，弄清原由。御史劉廷元初審報告，莽漢供名張差，是個流浪漢，語無倫次，近似瘋癲。刑部郎中胡士相等二審報告，莽漢是個賣柴的，到北京申怨告狀，受不相識的二人指點，用棍棒代替訴狀，「誤入東宮」。

初審和二審表明，莽漢闖入東宮，屬於個人犯罪，似乎沒有背景。但許多朝臣認爲事情不那麼簡單，懷疑是鄭貴妃與鄭國泰「謀危太子」。於是又進行第三次審訊，並用饑餓法迫使莽漢供出實情。莽漢饑渴難耐，這才交代：他小名叫張五兒，父母雙亡，獨自在京城流浪；經馬三舅、李外父二人介紹，他與一個太監見面，太監指使他私闖東宮，見人不問情由，舉棍打死最好；事成之後，太監負責救他，給他錢物，並給他幾畝地種。

擔任第三次審訊的御史王之寀（寀，讀作采）感到案件複雜而又嚴重，建議皇帝進行朝審或由三法司會審。明神宗深覺棘手，不知怎麼辦才好。這時，朝野上下一片沸騰，眾口一詞，指斥「奸戚」是「梃擊案」的幕後主謀。鄭國泰慌了手腳，糾集黨羽負隅頑抗，一面上疏「自明」，聲稱自己與案件無關；一面攻擊王之寀「言謬」，反對朝審或會審。私下則收買官員，並造假證，說莽漢是「瘋子」，所言不足為信。

事情無法了結，明神宗只好同意會審。會審的結果使人大吃一驚。莽漢供認，他名叫張差，馬三舅叫馬三道，李外父叫李守才，那個不知名的太監叫龐保，太監劉成家是他們活動的據點。龐保、劉成已經供養了他三年，賞給他許多財寶，並交代一項任務——進宮棒殺小爺。「小爺」，即太子朱常洛。龐保、劉成二人，是鄭貴妃親信為重用的內侍，亦是鄭國泰家中的常客。

這樣一來，謎底揭開，真相大白。原來「梃擊案」是一起嚴密策劃、蓄謀已久的政治案件，幕後主謀便是鄭貴妃和鄭國泰。他們企圖謀殺朱常洛，從而由朱常洵取而代之。

朝臣們義憤填膺，慷慨陳詞，要求嚴厲懲治「梃擊案」主謀。主事陸大受、給事中何士晉尤為激烈，指名道姓地斥責鄭國泰，說：「今形見勢逼，業已至此，所謂亂臣賊子，人人得而誅之。」

鄭國泰見形勢不妙，只得請求鄭貴妃承擔責任。鄭貴妃又驚又怕，幾次在明神宗跟前哭泣哀求，用虛假的眼淚換取關照和同情。明神宗給她出了個主意，要她「自求太子」。鄭貴妃別無他路可走，只好低聲下氣去見自己一心要殺害的太子朱常洛，又是磕頭，又是哭訴，丟人現眼，一副可憐相。懦弱的朱常洛倒也寬宏大度，原諒了仇家，請求父皇「速具獄，毋株連」。於是，一場天大的「梃擊案」，僅以斬張差於市，斃龐保、劉成於內廷，而宣告結束。

此後，鄭國泰官都督，病死，其子鄭養性襲職。明熹宗朱由校天啓年間，光祿少卿高攀龍、御史陳必謙等，追論鄭國泰的罪過，並揭露鄭養性勾結白蓮教謀亂的罪行。明熹宗詔令鄭養性遷出北京，去外地居住。大宦官魏忠賢又把他召還京師，引爲知己。鄭養性和鄭承恩的結局不可考，那個鄭貴妃直到明思宗朱由檢崇禎三年（西元一六三〇年）才死去。

明思宗表弟劉文炳

甘願為明王朝殉葬的犧牲品

西元一六二七年，明熹宗朱由校死，無子，其同父異母弟朱由檢繼位，是爲明思宗，又稱崇禎皇帝。他在位期間，爆發了李自成領導的波瀾壯闊的農民大起義。崇禎十七年（西元一六四四年），農民起義軍攻佔北京，明思宗自縊於煤山（今北京景山），明朝滅亡。外戚劉文炳及其親屬中的許多人，追隨明思宗，或投井，或自縊，甘願爲明王朝殉葬，充當了可悲的犧牲品。

劉文炳，字淇筠，祖籍海州（今江蘇連雲港），後遷宛平（今北京豐台）。他的祖父劉應元，娶徐氏，生一女兒。劉女入宮，成爲明光宗朱常洛的嬪御，生了兒子朱由檢。不知什麼原因，明光宗非常不喜歡劉女，以致她很快失寵，卻被趕出宮去。她又悲又憤，不久病死，葬於京郊西山。明思宗即位以後，懷念生母，尊她爲孝純皇太后。這時，劉應元已死，劉應元的兒子劉效祖封新樂伯。劉效祖是孝純皇太后的弟弟，所生兒子叫劉文炳。所以，劉文炳與明思宗，實際上是姑舅表兄弟關係。

明思宗對於生母及劉氏外戚是相當恩寵的。崇禎八年（西元一六三五年），劉效祖去世，劉文炳嗣爵。是年，劉文炳的祖母徐氏七十大壽。明思宗在國庫空虛的情況下，還賜予劉家寶鈔、白金、綢緞等物，並對內侍說：「太夫人年老，猶耳聰目明，能吃能喝。假如朕的母親太后還活著，爲老人家祝壽，不知多高興呢！」說罷，愴然泣下。

次年，劉文炳進爵新樂侯，死去的劉應元、劉效祖亦贈爵號。明思宗思念生母，專門讓人繪了劉太后的畫像，供奉於宮中。可是那幅畫像，有人說像，有人說不像。明思宗心中不悅，轉而派人到劉文炳府第，由徐太夫人口述，繪像以進。人們看了，驚喜地說：「很像！」明思宗歡喜，恭敬地迎像入宮，供奉於奉慈殿，朝夕進食如生。於是又追贈劉應元爲瀛國公，封徐太夫爲瀛國太夫人；提拔劉文炳爲少傅，劉文炳的叔叔劉繼祖、弟弟劉文燿、劉文照等，俱升官爲爵。他這樣做，固然是爲了表明自己是個孝子，同時也是爲了利用劉氏外戚。當時，風雲變幻，兵荒馬亂，國事艱難，他除了依靠外戚、太監外，還能依靠誰呢？

劉文炳的母親杜氏爲人賢慧，常對劉文炳兄弟說：「我們劉家沒有什麼功德，僅因爲太后的緣故，才受如此大恩。所以，我們全家人應當盡忠報天子。」

杜氏說的是實話。因爲沒有劉太后，劉家絕不會躋身於顯赫的戚畹之列，也絕不會享受榮華富貴。因此，「盡忠報天子」，就成了劉文炳及全家人的生活信條和行爲準則，矢志不渝，忠貞無二。特別是劉文炳，謹厚孝廉，知恩圖報，除了傾心效力於皇室外，別無任何奢望。當李自成農民起義軍幾經曲折、重新振起以後，曾經揮師東進，直搗鳳陽（今安徽鳳陽），焚燒皇陵，光燭百里，威震四方。明思宗嚇得心驚肉跳，指派劉文炳視察鳳陽祖陵，密諭凡有大事，立即上報。劉文炳視察歸來，彙報了瞭解到的一些情況，奏稱：應天府巡撫張國維、副使史可法「忠正有方略，宜久任」。明思宗聽了表弟的話，重用張國維、史可法二人，讓其統領兵馬，殘酷鎮壓農民起義軍。其中，史可法鎮壓農民起義軍很有一手，升任南京兵部尙書。李自成滅明後，史可法在南京擁立福王朱由崧，建立南明政權。在守衛揚州（今江蘇揚州）期間，頑強抗擊清軍，城破被執，不屈被殺，成爲著名的民族英雄。

劉文炳缺少力挽狂瀾、安邦治國的才略，所能做到的只是出一點謀劃，延長明朝滅亡的時日而已。他的朋友不多，只與太學生申湛然、布衣黃尼麓、駙馬都尉鞏永固等友善。他們幾人志同道合，經常在一起談論什麼「忠義」，抗擊所謂「流賊」，決心爲朝廷守衛京城。當李自成攻佔西安（今陝西西安），建立大順政權，揮戈北上，將犯北京的時候，劉文炳面對「無地非兵，無民非賊，刀劍多於牛犢，阡陌決爲戰場」的情況，知勢不支，慷慨泣下，沉痛地對鞏永固說：「國事至此，我與公等受國恩，當以死報。」「當以死報」，這就是劉文炳當時的心態。

崇禎十七年（西元一六四四年）正月，李自成農民起義軍以排山倒海之勢進兵北京。明朝廷亂成一片，有的主張守，有的主張走。明思宗六神無主，召來劉文炳和鞏永固，詢問國事。劉文炳主張守，並建議早建藩封，讓永王朱慈炯、定王朱慈炤回到封國去，以安人心。

明思宗採納其建議，但因國庫空竭、內帑缺乏，二王沒有走成。

三月初，李自成農民起義軍重重包圍了北京，連營紮寨，綿延數百里。明思宗無兵可派，只得命文武勛戚分守京城。劉氏外戚中的劉繼祖、劉文燿、劉文照分別守禦東安門、永定門、崇文門。劉文炳沒有擔任具體任務，隨時準備接受皇帝的宣召或派遣。

三月十六日，農民起義軍進攻西直門，形勢緊急。黃尼麓驚惶失措，踉蹌闖入劉文炳家，說：「賊將陷城，君宜自作打算。」

劉文炳母親杜氏顯得冷靜沉著，命家人準備好柴草和繩索，一旦城陷，便焚宅自盡。她還把兩個女兒接回家中，說：「吾母女同死此。」並與兒子商量，把徐太夫人安置到申湛然家。

三月十八日，明思宗派太監宣召劉文炳、鞏永固入宮議事。劉文炳知道此去凶多吉少，乃對母親說：「有詔召兒，兒不能事母了。」

杜氏撫摸著兒子的脊背說：「太夫人既然安置好，我與你妻你妹死在一起，還有何憾？」

劉文炳去見明思宗。農民起義軍已經攻陷外城。明思宗問劉文炳和鞏永固說：「二卿家的家丁，能巷戰否？」

劉文炳回答說：「寡不敵眾，難以對敵。」

明思宗愕然無語。鞏永固說：「臣等已積柴草於府第，當合門焚死，以報皇上。」

明思宗說：「朕志決矣。朕不以守社稷，朕能死社稷。」

劉文炳和鞏永國非常傷感，涕泣發誓，一定效死國家和皇上。隨後，二人馳至崇文門。須臾，農民起義軍蜂擁入城。劉文炳、鞏永固射殺多名起義軍後，馳歸自家府第。

三月十九日，是明王朝日曆上的最後一頁。李自成農民起義軍浩浩蕩蕩，從各個方向向皇宮推進。明思宗焦頭爛額，走投無路，在煤山的一株老槐樹上自縊身亡。

劉文炳府中，劉文照正與母親用飯。家人急匆匆地進來報告說：「城陷矣！」

劉文照大驚失色，飯碗掉落地上，兩眼直楞楞地盯著母親。杜氏帶著女兒、兒媳及劉文照登樓自縊。可是劉文照不想死，掙脫套在脖子上的環扣，藉口留侍徐太夫人，逃之夭夭。

家人放火焚燒樓房。劉文炳歸來時已烈火熊熊，母親、妹妹、妻女皆死。

申湛然、黃尼麓前來報告說，鞏永固也已焚了府第，自刎而死。劉文炳決定投井，以身殉國。忽然，他又想起什麼，說：「我穿軍服而死，不可見皇帝。」

申湛然於是摘下自己的帽子，給劉文炳戴上。然後，劉文炳縱身一跳，投井亡命。

劉文炳的叔叔劉繼祖也投了井，其妻妾三人亦焚死。

劉文燿歸來，見家破人亡，放聲大哭，說：「文燿未死，以君與母在。今至此，何生爲！」他找來一塊木板，放於井旁，在木板上寫了一句話：「左都督劉文燿同兄文炳畢命報國處。」寫罷，也投井而死。

這一天，劉文炳家自盡喪身者共四十二人。用封建道德來衡量，算得上是「滿門忠烈」了。

「爾曹身與名俱滅，不廢江河萬古流。」劉氏外戚甘願爲明王朝殉葬，與明思宗等同歸於盡，絲毫不能阻擋歷史的車輪滾滾前進。李自成在一片鼓樂聲中登上了紫金城的太和殿，坐上了明思宗曾經坐過的龍椅，發號施令，至尊至貴。李自成及起義軍將士被勝利沖昏了頭腦，以致又引發了一系列新的故事。

清太祖妻兄、女婿
不甘臣服，兵戎相見

清朝的締造者愛新覺羅努爾哈赤是個英雄人物。他在二十五歲時，以十三副鎧甲起兵，經過三十多年的征戰，基本上統一了女眞族各部。西元一六一六年，他在赫圖阿拉城（今遼寧新賓）稱汗（汗，讀作寒，可汗的簡稱，古代突厥、回紇、蒙古等族最高統治者的稱謂），建國號爲金，史稱後金。二十年後，他的兒子皇太極改後金爲淸，努爾哈赤就是清太祖。

努爾哈赤后妃眾多，外戚也多，其中最出名的是妻兄納林布祿。納林布祿的父親叫楊吉砮（砮，讀作努），祖先是蒙古人，姓土默特氏，後遷移至葉赫河（今遼寧開原北）畔，因號葉赫，成爲葉赫部的酋長。努爾哈赤年輕起兵的時候，曾到過葉赫部。楊吉砮慧眼識人，認定努爾哈赤絕非等閒人物，日後必有大作爲，因而當面提親，說：「我有一個小女兒，等她長大，當嫁你爲妻。」

努爾哈赤說：「酋長既欲締結姻盟，何不把長女現在就嫁給我？」

楊吉砮說：「我雖有長女，但恐怕配不上你。幼女端莊穩重，配你才是天生的一對。」

努爾哈赤表示同意，當時就留下了聘禮。

幾年以後，楊吉砮被明軍殺害，其子納林布祿繼爲酋長。納林布祿非常狂悖，一心想報父仇，可是力量不濟，難能如願。西元一五八八年，他遵從亡父的遺命，把十四歲的妹妹葉赫納剌氏送至努爾哈赤住地完婚。這樣，納林布祿就成了努爾哈赤的妻兄。

葉赫納剌氏年輕美貌，莊敬聰慧，很受努爾哈赤的寵幸。特別是她很快生了兒子皇太極，努爾哈赤更是非常欣喜。當時，努爾哈赤、納林布祿都是酋長，地位相當，只是努爾哈赤佔領的地盤比納林布祿要大得多。納林布祿不甘心處於弱者的地位，一次派人向努爾哈赤提出，要其贈送一部分土地給葉赫部。努爾哈赤一口回絕，說：「笑話！土地又不比牛馬，怎可贈送？」

來人吃了閉門羹，趕緊回去覆命。納林布祿見妹夫「無情無義」，大怒，又派圖爾德等爲特使，威脅努爾哈赤說：「我們酋長說了，他要你贈送一部分土地，你竟然不同意。假如咱們兩部舉兵相攻，我們能攻入你們轄境，你們怎能攻入我們轄境呢？」

努爾哈赤聽了這話，肺都要氣炸了，抽出佩刀，「嚓」地一聲，砍下几案的一角，厲聲說：「葉赫諸舅，什麼時候領過兵，打過仗，還配同我作戰嗎？我視攻入你們轄境如入無人之境，即使白天不去，夜間也可去，看你們能把我怎樣？」接著，他嘲笑納林布祿說：「他的父親被明軍殺害，連屍骨都收不回去，還說什麼大話？」努爾哈赤為了表示對大舅子的蔑視，還專門把自己所說的話寫在一張紙上，讓圖爾德捎給納林布祿。

納林布祿狂傲自大，立即聯合其他各部，號稱「九姓之師」，共三萬人，圍攻努爾哈赤。努爾哈赤出兵迎戰，先在廟堂祭祀，說：「我與葉赫部無釁，葉赫部來攻，還糾集諸部，爲暴於無辜，天其鑒之！」又說：「願敵盡垂首，我軍奮揚，人不遺鞭，馬無顛躓（躓，讀作質，被絆倒），唯天其助我！」

當時，努爾哈赤士兵數量不多，但人人驍勇善戰，戰鬥力很強。經過交鋒，納林布祿大敗，其侄兒布寨陣亡。「九姓之師」是臨時湊合起來的烏合之眾，各懷私心，被迫退去。

西元一六〇三年，葉赫納剌氏患了重病，一心想見見生母。努爾哈赤派人到葉赫部接他的岳母。誰知納林布祿不通人情，不許母親前往，只派僕人南太去探視妹妹的病情。努爾哈赤非常生氣，斥責南太說：「你主子葉赫諸舅，無故掠我村寨，又糾合九姓之師攻我。現在國妃（指葉赫納剌氏）病篤，欲與母訣，竟然不許，他還是人嗎？回去告訴你的主子，他這樣做，等於是自絕於我！」九月，葉赫納剌氏病亡。努爾哈赤痛悼不已，逾月不吃酒肉。第二年，他懷著滿腔仇恨，攻打葉赫部，克二城，取七寨，俘擄二千餘人，勝利回師。

其後幾年間，努爾哈赤不斷地進攻葉赫部。納林布祿只有招架之功，沒有還手之力。後來，納林布祿死了，其弟金台石繼爲酋長。金台石的兒子德爾格勒也已長大成人，並能領兵打仗了。

努爾哈赤稱汗建國。金台石、德爾格勒頗不服氣，一再發兵騷擾。天命四年（西元一六一九年），努爾哈赤忍無可忍，親率大軍進攻金台石，將其重重包圍，勸令投降。金台石起初相當頑強，說：「我堂堂大丈夫，絕非明軍可比，豈肯束手就降？寧願戰死算了！」於是交戰，金台石根本不是努爾哈赤的對手，城陷兵散，百姓盡降，德爾格勒被俘。金台石最後帶著妻子、幼子逃到一座高臺上，與妹夫努爾哈赤講起價錢來。

金台石首先提出，要見見皇太極，然後投降。皇太極是努爾哈赤的第八個兒子，葉赫納剌氏親生，也就是金台石的外甥。努爾哈赤召來皇太極。金台石卻說：「我從未見過外甥的面，眼前這個人是眞是假，怎麼分辨？」

努爾哈赤的部下說：「你看平常人中有皇太極這麼奇偉嗎？對了，不妨叫你兒子德爾格勒的保姆來辨認一下，因爲德爾格勒和皇太極都吃過她的奶。」

金台石大聲斥道：「何必叫保姆！看你們的意思是想誘我走下高臺，殺我不是？我知道，城門既被你們攻破，縱然再戰，我也不能取勝。這個地方是我祖上創業之所在，我生在這裡，長在這裡，今天死在這裡，總可以吧？」

皇太極力勸舅舅投降。金台石提出要見兒子德爾格勒。努樂哈赤滿足他的要求，把德爾格勒帶至臺下面。

金台石見了外甥和兒子，還是不肯投降。皇太極沉不住氣了，向前就要捆縛德爾格勒。德爾格勒頗有一股英雄氣概，說：「我今年三十六歲了，死就死，殺就殺，何必捆縛？」

努爾哈赤專門置辦酒食，命皇太極與德爾格勒同桌進膳。他叮囑皇太極說：「德爾格勒是你的表兄，應該很好地招待他。」

這時，高臺一帶的情況發生了變化。金台石還是不肯投降，不過同意自己的妻子帶著幼子先下高臺，至於下一步，看看情勢發展再說。努爾哈赤可不願麼僵侍著，下令進攻高臺。金台石則在高臺上放起火來，烈焰騰騰，不一會兒，便把所有的屋宇燒成灰燼。

努爾哈赤的士兵上臺搜索，沒有發現金台石，以爲他被燒死了。其實，金台石並沒有死，而是藏在一個無人知曉的地方。待努爾哈赤的軍隊撤退以後，他又悄悄地鑽了出來，準備到很遠的邊地落腳謀生，以便東山再起。可是努爾哈赤的軍隊遍布各地，很快將金台石抓獲。努爾哈赤意識到這個大舅子，終究是個隱患和禍害，於是果斷地下令把他縊殺了。

努爾哈赤的外戚還有一人比較出名，就是他的女婿布占泰。布占泰是烏剌部酋長滿泰的弟弟。當葉赫部納林布祿糾集「九姓之師」攻打努爾哈赤時，滿泰是其中的一師。滿泰被打敗，布占泰被俘擄。布占泰大喊大叫，說：「請別殺害，願意自贖。」士兵把他捆縛起來，去見努爾哈赤。他自報姓名，懇求饒命。努爾哈赤爲了拉攏烏剌部，便放了他。後來，滿泰死，布占泰繼爲酋長。布占泰爲了討好努爾哈赤，特把自己的侄女即滿泰的女兒烏剌納剌氏獻給努爾哈赤。烏剌納剌氏當時只有十二歲，後受寵幸，封爲大妃。努爾哈赤的兒子阿濟格、多爾袞、多鐸三人都是她親生。

布占泰荒淫好色，在娶了葉赫部和蒙古部兩個妻子後，又要努爾哈赤把兩個侄女嫁他爲妻。努爾哈赤不便拒絕，滿足了他的要求。可是布占泰反覆無常，忽而與努爾哈赤結盟，忽兒又背盟毀約，以兵相攻，使得努爾哈赤很傷腦筋。西元一六〇八年，布占泰又派人向努爾哈赤請罪，說：「我幾次背盟，獲罪於君父，若更以女子妻我，撫我如子，我永賴以生矣。」

努爾哈赤聽信了他的花言巧語，又把自己第四女穆庫什嫁給了他。這樣，努爾哈赤與布占泰就結成了翁婿關係。儘管如此，布占泰還是原先的老樣子，今天歸附，明天反叛，說話從不算數。西元一六一二年，布占泰再次背盟，率兵侵襲努爾哈赤的轄地，還惡作劇地用箭射妻子穆庫什，以爲笑樂。

努爾哈赤再不能容忍女婿出爾反爾的惡行，親率大軍攻伐布占泰。這一仗打了近半年時間，結果烏剌兵大敗，死者佔十分之六七。布占泰單人匹馬，逃奔葉赫部避難。七年後，努爾哈赤平定葉赫部，這時布占泰已經死去。努爾哈赤非常後悔：爲什麼要將女兒嫁給這樣一個反覆無常的小人呢？

清世祖岳父佟圖賴、鄂碩

輔佐創業，建立功績

西元一六四三年，清太宗愛新覺羅皇太極猝然中風，不治駕崩。他的第九個兒子愛新覺羅福臨繼位，是爲清世祖。清世祖登基時年僅六歲，由其叔父多爾袞攝政。次年，清世祖把國都遷至北京，因此他是清朝入關後的第一個皇帝。

清世祖的外戚首推蒙古科爾沁部博爾濟吉特氏。清太宗的后妃中，有三人姓博爾濟吉特氏，即孝端文皇后、孝莊文皇后、敏惠恭和元妃。清世祖就是孝莊文皇后所生。清世祖成人後所立的第一個皇后，恰恰又是孝莊文皇后的侄女，即其兄吳克善的女兒。史稱「科爾沁以歷朝外戚，荷國恩獨厚」，這話是不錯的。可是，清世祖對博爾濟吉特皇后並不喜歡，立後三年就把她廢了。所以吳克善家族成員也就沒有留下什麼事蹟。

清世祖有過許多岳父，其中有名氣的是孝康章皇后佟佳氏的父親佟圖賴和孝獻皇后棟鄂氏的父親鄂碩。

佟圖賴，初名盛年，漢軍鑲黃旗人。清太宗時，他多次參加攻擊東北明軍的戰鬥，建立了一系列的功勛。崇德七年（西元一六四二年），官授正藍旗固山額眞。「固山額眞」即一旗長官的意思，管理一旗的戶口、生育、教養、訓練等事宜。這時，他積極主張攻取燕京（今北京）。清太宗開導他說：「關外未定，何能攻克山海關？」

清世祖即位，入關，遷都北京。佟圖賴隨清軍南下山東、山西、河南，招降明軍，攻克了許多府、州、縣。繼移師江南，打了不少勝仗，晉升爲二等梅勒章京（副都統），受賜蟒服，以及黃金三十兩和白銀一千五百兩。順治五年（西元一六四八年），升任定南將軍。

這時，佟圖賴的女兒佟佳氏被清世祖納入宮中爲妃，漸受寵幸。佟圖賴作爲皇帝的岳父，隨鄭親王濟爾哈朗（清太祖努爾哈赤之弟）在湖廣一帶作戰，指揮有方，屢建戰功。順治八年（西元一六五一年），師還，清世祖親自設宴加以勞問，封他爲禮部侍郎，又復調爲正藍旗固山額眞。順治十一年（西元一六五四年），佟佳氏喜生貴子，取名玄燁，就是日後的清聖祖康熙皇帝。兩年後，佟圖賴激流勇退，請求退職。清世祖體諒岳父身體有病，命加太子太保，准予致仕。又過兩年，佟圖賴病死於家中，死後贈少保，謚勤襄。《清史稿》評價說：「戮力佐創業，績亦偉矣！」表明佟圖賴在清朝創業的過程中，是有很大功績的。

鄂碩，滿洲正白旗人，其經歷與佟圖賴大體相似。清太宗時，他多次參加攻擊東北明軍的戰鬥，一次因未親臨前線，受到清太宗的斥責。從那以後，他作戰非常勇敢，屢破明軍，奪旗斬將，俘獲馬匹，建立了不少戰功。順治初年，鄂碩入關，隨豫親王多鐸（清太宗皇太極之弟）追襲李自成，直至陝西境，隨後移師南征，在攻陷蘇州（今江蘇蘇州）、杭州（今浙江杭州）、湖州（今浙江吳興）等戰役中，身先士卒，衝鋒陷陣，曾奪得明戰艦二十五艘，活捉明總兵一人。順治六年（西元一六四九年），鄂碩升爲鑲白旗滿洲梅勒額眞。順治十三年（西元一六五六年），升爲內大臣。同年，他的女兒棟鄂氏被清世祖納爲妃，相繼封貴妃、皇貴妃，寵冠後宮。鄂碩作爲皇帝的岳父，且有戰功，被封爲三等伯。可惜他只享受了一年皇親國戚的待遇便死去，死後贈三等侯，謚剛毅。

鄂碩的哥哥叫羅碩，入關以後官授甲刺額眞。順治六年（西元一六四九年），姜瓖反叛朝廷。羅碩參加平叛的戰鬥，屢戰屢勝。順治八年（西元一六五一年），羅碩升爲工部侍郎。可是次年因從征湖南失利，不僅被奪了官，而且還被降了爵。他的侄女棟鄂氏受到清世祖恩寵後，他跟著沾光，又被授爲大理寺卿。直到清聖祖康熙四年（西元一六六五年）才死去。

清世祖兄弟十一人，姐妹十四人，兄弟姐妹方面的姻親很多。其中，最有名望的要數圖海和吳三桂。福臨的第十、十四妹，分別嫁給圖海的兒子輝塞和吳三桂的兒子吳應熊，所以圖海、吳三桂也算是皇親國戚了。

圖海，字麟洲，馬佳氏，滿洲正黃旗人。他曾當過清世祖的侍讀，對於清世祖從來是畢恭畢敬，言聽計從，因此受到賞識。清世祖即位後，他漸漸升遷爲弘文院大學士、議政大臣。順治八年（西元一六五一年），輝塞與清世祖的妹妹結婚，圖海更加榮寵，幾年後加太子太保，攝刑部尚書事。不久，他處理一件鬥毆案偏袒一方，犯了欺罔罪，被削職。順治十八年（西元一六六一年），清世祖臨死時還記著圖海，遺命予以起用。所以清聖祖玄燁即位後，立即任命他為正黃旗滿洲都統。李自成的部將郝搖旗、劉體純、李來亨等不甘失敗，在湖北一帶聚集力量，準備東山再起。清聖祖以圖海為定西將軍，率兵鎮壓，獲得勝利。

康熙六年（西元一六六七年），圖海復為弘文院大學士。三年後改任中和殿大學士，兼禮部尚書。康熙十四年（西元一六七五年），察哈爾頭目布林尼發動叛亂，朝廷震驚。清聖祖果斷地以信郡王鄂扎為撫遠大將軍，圖海副之，率兵討伐布林尼。當時平定「三藩」的戰事正緊，朝廷派不什麼兵員。圖海便請徵召八旗精壯家奴，組成一支「敢死隊」，晝夜兼程，趕赴察哈爾。他鼓動家奴們說：「察哈爾是元朝的後裔，珍寶多極了，破之富且倍！」家奴們受其鼓動，奮勇爭先，以一當百，戰戰皆捷。很快，叛亂被平定，布林尼被殺死，解除了清朝的後顧之憂。師還之日，清聖祖親到南苑勞問，嘉獎圖海。

康熙十五年（西元一六七六年），陝西提督王輔臣發動叛亂，回應吳三桂。圖海以撫遠大將軍身分領兵討伐，使王輔臣兵敗投降。秦地略定，他進爵為三等公。此後，他留鎮陝、甘一帶，掃蕩回應吳三桂的各股勢力，為清朝廷立下了汗馬功勞。康熙二十年（一六八一），圖海患了重病。清聖祖將他召還北京。當年，圖海死，謚文襄。

吳三桂，字長伯，高郵（今江蘇高郵）人，原籍遼東（今遼寧東部）。明朝末年，他任遼東總兵，統兵號稱五十萬，駐防山海關，對於當時局勢起著決定性的作用。李自成農民起義軍攻陷北京，明思宗崇禎皇帝自殺，標誌著明朝滅亡。

李自成勸吳三桂投降大順政權，但因劉宗敏強佔了吳三桂的愛妾陳圓圓，致使其「衝冠一怒爲紅顏」，反而無恥地投降了清軍，並引狼入室，合力進攻李自成。李自成節節敗退，吳三桂成了清朝的平西王，並爲前驅，追襲李自成，殘酷地鎭壓了陝西、四川等地的農民起義軍。

清世祖賞識並要利用吳三桂，遂與之聯姻，把自己的第十四妹嫁給吳三桂之子吳應熊爲妻，封妹夫爲和碩額駙，加少保兼太子太保。吳三桂搖身一變，成了皇親國戚，爲清朝廷效力更加死心塌地。

吳三桂繼爲平西大將軍，進攻南明雲貴地區，殺了南明永曆帝朱由榔。清世祖駕崩，清聖祖繼位，吳應熊就是清聖祖的姑父。吳三桂進爲親王，鎭守雲南，兼轄貴州，手握重兵，形成割據勢力，與廣東的尙可喜、福建的耿精忠，並稱「三藩」。

清聖祖對於「三藩」早有警覺，只是由於忙於其他重要事情，顧不上處理「三藩」問題。他爲了穩住吳三桂，於康熙六年（西元一六六七年）任命吳應熊爲少傅兼太子太傅，並命他到雲南探望父親，隨後返回京師。吳應熊實是吳三桂安插在京城的密探，他的任務就是利用皇親的身分，刺探和搜集朝廷情況，隨時報告吳三桂。康熙十二年（西元一六七三年），清聖祖騰出手來，決定削藩。他說：「吳三桂蓄異志已久，撤亦反，不撤亦反。不若及今先發，猶可制也。」

清聖祖命吳三桂移駐山海關外。吳三桂拒絕服從聖命，舉兵叛亂，自號周王、天下都招討兵馬大元帥，稱次年爲「周王元年」。清聖祖在派兵征討的同時，逮捕了吳應熊及其子吳世霖，殺之。吳三桂不僅自己反叛，還策動尚可喜、耿精忠等一起反叛，一時間，整個江南幾乎成了叛軍的天下。

清聖祖發動平叛戰爭，毫不手軟，收復了很多地方。康熙十七年（西元一六七八年），六十七歲的吳三桂居然做起皇帝來，改元昭武，定都衡州（今湖南衡陽）。他只當了五個月的皇帝，就病死，其孫吳世璠繼位。吳世璠勉強苦撐了三年，被清軍追殺，乃自盡。清聖祖痛恨吳三桂一家人，命支解吳三桂屍骸，傳示天下，並把吳世璠的頭顱懸於街市示眾。

清世祖的岳父和妹夫中，除吳應熊外，其他人都忠實於清朝廷，輔佐創業，建立功績。《清史稿》評價佟圖賴說：「戮力佐創業，績亦偉矣。」這個評價也適用於鄂碩、圖海等人。至於吳應熊，他和清世祖妹妹的結合，完全是政治聯姻。假如吳應熊不是吳三桂的兒子，那麼，清世祖是絕不會把妹妹嫁給他的。吳應熊成爲皇家女婿，內心向著父親，充當吳三桂的密探，全在情理之中。

清聖祖岳父噶布剌、遏必隆、佟國維

官高爵顯，養尊處優

西元一六六一年正月，清世祖愛新覺羅福臨突然不知去向，有人說是駕崩了，有人說是出家了，留下遺詔立八歲的兒子愛新覺羅玄燁爲皇太子，要皇太子在服喪二十七天後繼位，由索尼、蘇克薩哈、遏必隆、鰲拜四大臣輔政。玄燁登基，他就是歷史上著名的清聖祖康熙皇帝。

清聖祖先後立過三個皇后：孝誠仁皇后赫舍里氏、孝昭仁皇后鈕祜祿氏、孝懿仁皇后佟佳氏。她們的父親分別叫做噶布剌、遏必隆和佟國維，均爲清聖祖的岳父。這三人官高爵顯，有功有過，最能反映清朝外戚的特徵。

噶布剌，是輔政大臣索尼的長子。他作爲清聖祖的岳父，領侍衛內大臣，安分守己，從不做越軌之事。康熙十三年（西元一六七四年），孝誠仁皇后赫舍里氏病故，清聖祖「推恩所生」，授噶布剌一等公，准予世襲。

噶布剌的弟弟叫索額圖，先任保和殿大學士，加太子太傅，進爲內大臣、議政大臣。此人貪婪權勢，朋比徇私，清聖祖曾親書「節制謹度」四字，予以告誡。但是他不知收斂，一度被奪官，後又任侍衛內大臣。索額圖重新被起用以後，與皇太子允礽關係密切。允礽乃孝誠仁皇后鈕祜祿氏所生，急於早日登位，不忠不孝，咎戾多端。清聖祖非常傷心，兩立兩廢皇太子。康熙四十五年（西元一七〇六年），索額圖受到牽連，被捕囚於宗人府。清聖祖下旨斥責說：「你身爲大學士，以貪惡革退，後復起用，罔知愧悔。……你乃怙過不悛，結黨妄行，議論國事。……你所行事，任舉一端，無不當誅。朕念你原係大臣，心有不忍，姑貸你一死。」此後不久，索額圖死於幽所。

遏必隆，滿洲鑲黃旗人。清世祖時，他進爵爲一等公，授議政大臣，擢領侍衛內大臣，累加少傅兼太子太傅。清聖祖初即位，遏必隆作爲四大輔臣之一，屈服於鰲拜的權勢，充當老好人。鰲拜獨斷專恣，假託聖旨，誅戮大臣。遏必隆知其惡，卻緘默不加勸阻，也不劾奏，聽之任之。康熙八年（西元一六六九年），清聖祖親政後，果斷地處死鰲拜，同時把遏必隆逮捕下獄。有人上疏，說遏必隆犯了十二條大罪，當處死。清聖祖寬宏大量，赦免其死罪，奪官削爵。康熙十二年（西元一六七三年），遏必隆病重，清聖祖還親臨其府第慰問。同年，遏必隆死，謚恪僖。康熙十六年（一六七七），遏必隆的女兒鈕祜祿氏被冊立爲皇后，一年後去世。清聖祖「推恩所生」，降旨准予遏必隆的兒子立家廟，並賜御書榜額。

佟國維，就是佟圖賴的兒子。其姐是清世祖孝康章皇后，也就是清聖祖的生母。他與清聖祖是舅甥關係，康熙十六年（西元一六七七年），他的女兒佟佳氏又被清聖祖納爲貴妃，於是他又成了清聖祖的岳父。早在清世祖時，佟國維就任一等侍衛。康熙九年（西元一六七〇年），授內大臣。吳三桂反叛朝廷，其子吳應熊在京師蠢蠢欲動，約以紅帽爲號，謀反回應。佟國維發覺其謀，奉命率侍衛三十人，逮捕了吳應熊及其心腹，送刑部誅之。康熙二十年（西元一六八一年），佟佳氏進爲皇貴妃。次年，他授領侍衛內大臣、議政大臣。康熙二十八年（西元一六八九年），佟佳氏病重，被清聖祖冊立爲皇后，冊立的第二天就去世。佟國維蒙受皇恩，進爵爲一等公。此後，佟國維連續幾次從征噶爾丹，因貽誤戰機、行動遲緩受到斥責，並被罷去議政大臣的職務。康熙四十三年（西元一七〇四年），以年老體弱被解任。

其時，清聖祖正爲皇太子之事煩惱，以致鬱怒成疾。允礽第一次被廢以後，佟國維出於好心，勸清聖祖早日作出決斷。清聖祖命眾大臣推舉皇太子人選，包括佟國維在內的許多人推舉了皇八子允禩。清聖祖對此非常惱火，一天專門召見佟國維，問道：「你已解任，事情與你無關。而你先於眾人陳奏，這是什麼意思？」

佟國維辯解說：「臣雖解任，蒙皇上命爲國舅，遵從皇上旨意，推薦皇太子人選，這有什麼不可呢？」

後來，清聖祖重新立允礽爲皇太子，又召見佟國維，說：「你乃國舅，又爲大臣，應當知道朕廢立皇太子的苦心。上次你口出大言，激烈陳奏，大臣們聽了你的話，都很恐懼，遂欲立允禩爲皇太子，不知你用心何在？」

佟國維挨了外甥加女婿的指責，誠惶誠恐，伏地請罪。清聖祖當然不會殺他，勸諭一番了事。康熙五十八年（西元一七一九年），佟國維去世。清世宗胤禛時，贈太傅，謚端純。清世宗胤禛還手書「仁孝勤恪」四字，算是對佟國維的評價。

清聖祖還有一位岳父叫威武，烏雅氏，滿洲正黃旗人。他的女兒嫁清聖祖爲妃，於康熙十七年（西元一六七八年）生子胤禛，因而被封爲德嬪、德妃。威武官護軍參領。胤禛即位，是爲清世宗，尊生母爲皇太后，即孝恭仁皇后。威武及其祖父布根、父親額森，三代均被封爲一等公。

清聖祖共有三十五個兒子、二十個女兒，兒女親家之多居清朝皇帝之最。他的女婿中最知名的是策稜，博爾濟吉特氏，蒙古喀爾喀部人。康熙四十五年（西元一七〇六年），策稜娶了清聖祖第十個女兒和碩純慤公主，授和碩額駙。他長期生長在漠北，熟知那裡的山川地理形勢。爲了抗禦準噶爾部對喀爾喀部的侵略，他銳自磨厲，訓練猛士千餘人，作爲帳下親兵。雍正元年（西元一七二三年），清世宗即策稜的妻兄，封策稜眾多羅郡王，繼授副將軍，准其使用等級最高的正黃旗纛。

雍正五年（西元一七二七年），策稜奉命與俄羅斯使臣薩瓦在邊境立石定界，事畢，策稜忘乎所以，陳兵鳴炮慶賀，犯了大清條律，罪當削爵。但清世宗原諒了這個妹夫，改爲罰俸而已。其後，策稜參加征伐準噶爾的戰爭，衝鋒陷陣，斬其驍將，非常勇敢。因此，清世宗封他為和碩親王、爾喀大扎薩克（執政），賜銀萬兩。雍正十年（西元一七三二年），他在幼子被俘的情況下，英勇地攻擊準噶爾部，「如風雨至，斬萬餘級，谷中屍體滿，獲牲畜、器械無算」。清世宗收到捷報，欣喜萬分，賜策稜「超勇」的美號，並賜黃帶，說：「此次軍功，非尋常勞績可比，隨從兵弁，著從優加倍議敘。」事後，清世宗又進封策稜為固倫額駙。這時，他的妻子和碩純慤公主已死，被追贈為固倫長公主。清高宗弘曆時，策稜駐守邊疆，防禦準噶爾部南侵，威振一時。乾隆十五年（西元一七五〇年），策稜病故。清高宗親臨其在北京的府第祭奠，命配享太廟，謚曰襄，並御製輓詩，緬懷策稜的功績。

清世宗舅父、妻兄

功高震主，致獲死罪

清聖祖愛新覺羅玄燁活了六十九歲，於西元一七二二年駕崩。他的兒子爲爭奪皇位進行激烈的鬥爭和殊死的拼搏，最後由第四子愛新覺羅胤禛登上皇帝寶座，是爲清世宗，即雍正皇帝。清世宗爲什麼能取得勝利呢？一個重要的原因是由於舅父隆科多和妻兄年羹堯的大力支持。

隆科多，是清聖祖岳父佟國維的兒子，孝懿仁皇后佟佳氏的弟弟，清世宗把他叫舅舅。清聖祖時，隆科多以一等侍衛起家，歷任鑾儀衛鑾儀使、鑲白旗漢軍副都統、正藍旗蒙古副都統。康熙五十年（西元一七一一年），升任提督九門步軍統領，掌握了京師綠營禁軍的統轄權。康熙五十九年（西元一七二〇年），加授理藩院尚書。

這時，清聖祖的兒子們爲爭奪皇位進入最後衝刺階段。允礽已經兩立兩廢，不再是皇太子。其餘兒子中三人最有實力：皇四子胤禛、皇八子允禩和皇十四子允禵（禵，讀作題）。

胤禎得到皇十三子允祥的支持，相對處於劣勢。允禩與皇九子允禟和皇十子允䄉結成同黨，志在必得。皇十四子允禵是新崛起的力量，掌握著軍權。隆科多原先偏向於允禩，繼而偏向於允禵。胤禎為了奪取勝利，有意拉攏隆科多，使舅舅的立場發生變化，堅決地站到了自己的一邊。這成為胤禎最後奪得皇位的關鍵。

清聖祖晚年對允禩的認識比較清楚，基本上將他排除在嗣君之外。清聖祖倒是非常器重允禵，種種跡象表明，他想讓老十四來繼承皇位。

允禵是胤禎的嫡胞兄弟。康熙五十七年（西元一七一八年），清聖祖任命允禵為撫遠大將軍，征討策妄阿剌布坦。行前，清聖祖御太和殿親自授印，准許允禵用正黃旗纛。他的用心不言而諭，希望允禵通過征戰建功立業，提高威信，以為繼承皇位奠定基礎。允禵轉戰甘肅、青海、新疆、西藏一帶，軍功卓著，權勢顯赫。

因此，人們普遍認為，允禵接清聖祖的班是十拿九穩了。

康熙六十一年（西元一七二二年）十一月，清聖祖駕崩。清聖祖是怎樣安排接班人的？歷來有不同的說法。比較流行的一種說法是，清聖祖斷氣前親書遺囑，藏於乾清宮光明正大匾額的後面，遺囑上寫了這幾個字：「傳位十四子。」當時，守候在清聖祖跟前的只有隆科多一人。他為了效忠於外甥胤禎，竟擅自偷改了遺囑：把「十」字改作「于」字。於是，「傳位十四子」便成了「傳位于四子」，使胤禎輕而易舉地當上了皇帝。

清世宗登基後，盡力報答舅舅，命隆科多與馬齊、允禩、允祥四人同為總理事務大臣。

接著，隆科多又襲一等公，授吏部尚書。次年，加太保，兼領理藩院事。隆科多的兩個兒子岳興和玉柱，也都升官晉爵。

清聖祖的遺囑到底是怎樣寫的？隆科多到底有沒有偷改遺囑？史無定論，成了一個無法解開的謎。

清世宗同時升任另一人爲太保，那就是川陝總督年羹堯。年羹堯，字亮工，漢軍鑲黃旗人。其父年遐齡，曾授河南守御史，遷工部侍郎，出爲湖廣巡撫。年羹堯在清聖祖時由進士、檢討升爲內閣學士、四川巡撫、四川總督。康熙五十九年（西元一七二〇年），任定西將軍。次年任四川、陝西總督。由於年羹堯的妹妹早就成爲胤禛的妻子，而且他手中握有兵權，所以胤禛傾心與之交結，作爲自己奪權的後盾，同時也是對撫遠大將軍允禵的牽制。年羹堯聰敏精明，意識到胤禛奪權有望，未來的皇帝非他莫屬，所以也就死心塌地地爲其賣命。胤禛奪權成功，對年羹堯非常感激，一面封年羹堯之妹爲貴妃，一面命年羹堯取代允禵，管理大將軍印務，加太保。就是年羹堯的父親年遐齡，也加了尚書銜。不久，年羹堯正式成爲撫遠大將軍。

隆科多和年羹堯因爲幫助清世宗奪取了皇位，所以深得寵信，官運亨通，權勢薰灼。這使清世宗感到極大的不安，因爲功高震主，實爲專制制度之大忌。當初，清世宗奪權的時候，需要舅舅和妻兄的支持與幫助；一旦統治地位鞏固以後，他倆則是多餘的了。而且，隆科多和年羹堯居功自傲，貪贓枉法，幹了許多壞事。這叫清世宗抓住了把柄，得以借題發揮，大做文章。

雍正三年（西元一七二五年），清世宗以「暴貪誣陷」、「怠玩昏憒」爲由，削奪了年羹堯撫遠大將軍的職務，改授杭州將軍，進而罷免了他的全部官爵，逮捕至京師問罪。年羹堯的妹妹這時患了重病，很快死去。議政大臣、三法司、九卿會鞫的結果，列出年羹堯大逆、欺罔、僭越、狂悖、專擅、忌刻、殘忍、貪黷、侵蝕等罪，共九十二款，當大辟（砍頭），親屬緣坐。清世宗假惺惺地說：「年羹堯謀逆雖實，但事蹟未著，朕念其青海之功，不忍加極刑。」於是改「大辟」爲「自裁」。年羹堯無奈，結束了不怎麼不光彩的一生。

清世宗在懲治年羹堯的同時，也對隆科多下了手。雍正三年（西元一七二五年），清世宗以「欺罔貪婪」、「諸事欺隱」爲由，解除了隆科多步軍統領、太保的職務，命他到邊疆負責修城墾地。次年，查得隆科多接受了年羹堯等人的大量賄賂，罷其尚書之職，罰他到黑龍江勘議清朝與俄羅斯的邊界。雍正五年（西元一七二七年），又查得隆科多許多罪狀，如身藏匕首、自比諸葛亮、妄奏「諸王心變」等。清世宗罷免了他的全部官爵，命召還京師，會鞫定罪。會鞫的結果，列出大不敬、紊亂朝政、黨奸、不法、貪婪等罪，共四十一款，當斬。清世宗還是假惺惺地說：「隆科多罪不容誅，……今以罪誅，朕心有所不忍，可免其正法，於暢春園外造屋三間，永遠禁錮。」第二年，隆科多憂死於禁所。他的兩個兒子一個被奪官，一個被流放黑龍江。

清世宗的岳父除年遐齡外，還有費揚古與凌柱等。

費揚古，姓烏剌納剌氏，滿洲正黃旗人。官正一品步軍統領。他的女兒在清聖祖時，就被胤禛納爲嫡福晉。胤禛即帝位，冊立她爲皇后。她是清世宗在位期間冊立的唯一的皇后。其時，費揚古已死，清世宗「推恩所生」，追封他爲一等侯。雍正十三年（西元一七三五年），清世宗的兒子弘曆登基，追封他爲一等公，其子五格襲一等公，世襲罔替。

凌柱，姓鈕祜祿氏，滿洲鑲黃旗人，官四品典儀。他的女兒十三歲的時候，就被胤禛納爲妃，號「格格」。康熙五十年（西元一七一一年），格格生子弘曆，就是後來的清高宗乾隆皇帝。凌柱並沒有活到外孫當皇帝的那一天。弘曆即位後，追封外公爲一等承恩公，謚良榮。

清高宗親家和珅

中國歷史上最大的貪污犯

清高宗愛新覺羅弘曆，一稱乾隆皇帝，是一位有作爲的皇帝。《清史稿》稱譽說：「運際郅隆，勵精圖治，開疆拓宇，四征不庭，揆文奮武，於斯爲盛。……自三代以後，未嘗有也。」足見其在中國歷史上的重要地位。

清高宗后妃眾多，但眞正被冊立爲皇后的僅有富察氏和烏剌納剌氏二人。前者莫名其妙地死去，後者又莫名其妙地被廢。二人的死和廢都帶有神秘的色彩，眞實的原因鮮莫人知。

富察氏的父親叫李榮保，滿洲鑲黃旗人，官察哈爾總管。他在清世宗胤禛時就已去世。乾隆二年（西元一七三七年），清高宗立富察氏爲皇后時，追封這位岳父爲一等承恩公，謚莊慤。

烏剌納剌氏的父親叫那爾布，當過佐領。隨著烏剌納剌氏的被廢，那爾布什麼爵位也沒有得到，無聲無息地消失了。

清高宗另有一個貴妃魏佳氏，因生了清仁宗顒琰，死後被追冊為孝儀純皇后。魏佳氏的父親叫清泰，滿洲鑲黃旗人，官內管領。他死得較早，外孫顒琰即位後追封他為一等承恩公。

清高宗的岳父們事蹟平平，他的幾個親家倒値得大書特書。清高宗共有十個女兒，其中第四、九、十女分別嫁福隆安、札蘭泰、豐紳殷德，三個女婿的父親分別是傅恆、兆惠和和珅。他們曾是清朝政壇上的重要人物。

傅恆，字春和，富察氏，滿洲鑲黃旗人。他是李榮保的兒子，富察氏的弟弟，也就是清高宗的小舅子。傅恆開始任侍衛，擢為戶部侍郎、戶部尚書。乾隆十三年（西元一七四八年），富察氏莫名其妙的喪命，傅恆負責辦理喪事，表現勤恪，因而官加太子太保，兼領吏部，尋授保和殿大學士。繼暫管川陝總督，經略軍務，前往四川征伐叛亂的土司。中途被召還京師，封一等忠勇公。乾隆十九年（西元一七五四年），傅恆率兵征伐準噶爾，師克伊犁（今新疆伊犁），因功畫像於紫光閣。

清高宗還寫詩稱讚他可比漢朝的蕭何。乾隆二十五年（西元一七六〇年），清高宗把第四女和嘉公主嫁傅恆的兒子福隆安為妻，兩家親上加親，關係更加密切。

乾隆三十三年（西元一七六八年），將軍明瑞征緬甸敗績。傅恆受命經略，前往督師。清高宗御太和殿賜敕。這次督師非常辛苦，氣候炎熱，瘴疫流行，清軍三萬餘人，最後只剩一萬餘人，傅恆也病倒了。緬甸酋長書乞罷兵。傅恆轉報清高宗，並附上自己的信，說：

「用兵之始，眾以爲難。臣執意請行，負委任，請從重治罪。」清高宗通情達理，並不怪罪於親家，詔令班師。乾隆三十四年（西元一七六九年），傅恆回到北京，不久就病死了。清高宗親臨其第酹酒祭奠，葬禮視同宗室鎮國公，謚文忠。

清高宗爲什麼這樣看重傅恆呢？一方面，因爲傅恆直軍機處二十三年，極其勤愼；另一方面，因爲傅恆的妻子孫佳氏姿色美貌，性格溫良，清高宗引爲知己，二人長期私通。清高宗如此對待傅恆，在很大程度上是做樣子給孫佳氏看的。

傅恆的兒子福隆安因娶了金枝玉葉，先授和碩額駙、御前侍衛，後擢兵部尚書、工部尚書，襲一等忠勇公。乾隆四十九年（一七八四）死，謚勤恪。

兆惠，字和甫，烏雅氏，滿洲正黃旗人，算起來應是清聖祖孝恭仁皇后的族孫。他起初任刑部侍郎、戶部侍郎，後任定邊將軍，長期駐新疆，與準噶爾、厄魯特等部作戰。乾隆二十二年（西元一七五七年），因作戰英勇，封一等武毅伯，授戶部尚書、鑲白旗漢軍都統、領侍衛內大臣。再攻回部酋長布拉呢敦、霍集佔，被圍三個月，軍中糧盡，士兵煮鞍革而食。後在援軍的配合下，擊斃霍集佔，生擒布拉呢敦。乾隆二十五年（西元一七六〇年），兆惠班師。清高宗贈予他宗室公品級爵位，並賞銀幣、鞍轡，畫像於紫光閣。此後，兆惠任協辦大學士，兼領刑部，從事於勘察水道、興修水利等事項。乾隆二十九年（一七六四）去世。清高宗親臨其喪，贈太保，謚文襄。八年後，清高宗懷念這位功臣，把第九女和恪公主嫁兆惠的兒子札蘭泰爲妻。

和珅，字致齋，鈕祜祿氏，滿洲正紅旗人。他自幼家貧，讀書不多，人極機靈。乾隆三十四年（西元一七六九年）當了三等輕車都尉，尋授三等侍衛。一天，他侍奉清高宗坐轎，清高宗正閱奏章，得知四川農民造反，憤然嘆道：「虎兕出於柙，龜玉毀於櫝中，是誰之過與？」意思是說，老虎犀牛從檻裡跑出來，龜甲美玉在匣子裡毀壞了，這是誰的過錯呢？言外之意是說責任在監守者。

當時隨行的官員很多，可是誰也不解皇帝「玉言」的意思，一個個茫然相視，不知所措。和珅見是表現自己的好機會，趕忙上前應聲說：「聖上明鑒，守土的地方官是不能推卸責任的。」

清高宗見聽懂自己話的竟是一個三等侍衛，心中大喜，很快提拔他為御前侍衛，兼副都統。和珅從此扶搖直上，步步高升。授戶部侍郎，命為軍機大臣，兼內務府大臣、步軍統領，總理行營事。乾隆四十五年（西元一七八〇年），擢戶部尚書、議政大臣、御前大臣兼都統。清高宗還答應把最小的女兒和孝公主嫁和珅的兒子豐紳殷德。這樣，和珅就成了皇帝的親家，又授領侍衛內大臣，充《四庫全書》正總裁，兼理藩院尚書事，「寵任冠朝列矣」！

其後，和珅還被授於許多職銜，如欽差大臣、兼署兵部尚書、國史館正總裁、文淵閣提舉閣事、清字經館總裁、太子太保、吏部尚書、協辦大學士、文華殿大學士等等。因此，和珅在乾隆朝後期主宰朝政，擅作威權，歷時達二十餘年。

和珅秉政期間，貪污成風，賄賂公行，吏治十分腐朽，說和珅是中國歷史上的最大貪污犯，一點也不過分。

一次，兩廣總督孫士毅回京述職，覲見清高宗，在宮門前遇到和珅。孫士毅手拿一隻鼻煙壺，用一顆大如雀卵的明珠雕成，異常精緻。和珅見了，垂涎三尺，厚著臉皮說：「哇！這眞是稀世佳作，孫大人是否割愛……」

孫士毅看出和珅的貪心，急忙說：「昨已奏聞，這是進獻給皇上的。和大人喜歡，這……這怎麼辦呢？」

和珅臉色一沉，皮笑肉不笑地說：「我是跟你開玩笑呢！孫大人何必認眞？」說罷，扭頭而去。

幾天以後，和珅又碰見孫士毅，冷冷而又得意地說：「孫大人，昨日我也得到一隻鼻煙壺，但不知比你呈獻給皇上的那一隻如何啊？」

孫士毅近前一看，大吃一驚，原來那只鼻煙壺正是自己進獻給皇上的禮物。他挺納悶，心想難道皇上把鼻煙壺賜給和珅了嗎？事後一打聽，方知那鼻煙壺是和珅買通太監從宮中偷出來的。

皇宮裡的寶物，和珅都能弄到手，至於全國其他地方的奇珍異玩，就更不在話下了。據說當時皇宮中，陳列著一隻碧玉盤，徑長盈尺，乃稀世之寶，價値連城。清高宗的兒子七阿哥不小心將玉盤打碎了，嚇得要死，不知該怎麼辦才好。

有人告訴他可找和珅幫忙，天下事沒有和珅辦不成的。和珅起初故作爲難，第二天卻從家中拿來一隻同樣的玉盤，色澤更加精美。他家何來的玉盤呢？原來四方貢獻之物，必先經和珅過目，上等品送入和府，次等品才送進宮中。據估計，清高宗晚年的各地貢物，十分之九都進了和珅私囊了。

乾隆五十四年（西元一七八九年），豐紳殷德與和孝公主結婚，其花費之巨，排場之大，讓人難以想像。婚後，豐紳殷德累擢都統兼護軍統領、內務府大臣。父子二人同殿稱臣，狼狽爲奸，除貪污巨額錢財外，還萌生了篡奪皇位的野心。

和珅仿照宮殿式樣建造自家的府第，可以騎馬經過正大光明殿前，坐肩輿直入神武門，而且自比曹操、王莽。步軍統領巡捕營的士兵，在他私宅服役的就有千餘人。很多大臣揭露了和珅父子的狼子野心，可是清高宗稀里糊塗，從未嚴肅地加以過問，每次都被和珅的巧言令色、阿諛逢迎蒙混過關。

乾隆六十一年（西元一七九六年），清高宗年老厭政，禪位於兒子顒琰，退居爲太上皇。顒琰繼位，就是清仁宗嘉慶皇帝。嘉慶四年（西元一七九九年），清高宗去世。清仁宗立即將和珅逮捕下獄。經過會鞫，清仁宗宣布了和珅二十款大罪，抄沒家產。抄得「所藏珍珠手串二百餘，多於大內數倍，大珠大於御用冠頂」，「整塊大寶石不計其數，勝於大內」，「藏銀、衣服數逾千萬」，「夾牆藏金二萬六千餘兩，私庫藏金六千餘兩，地窖埋銀三百餘萬兩」。就連和府家奴劉全家中，也有金銀二十餘萬兩，並有大量的珍珠手串。和珅的家產總共折銀八萬萬兩，相當於當時朝廷二十年的稅銀收入！

眞相暴露，群情激憤，內外諸臣要求把和珅處以極刑。清仁宗考慮和珅曾任首輔，不忍加誅，乃賜自盡。和珅的兒子豐紳殷德一度被罷職，但後來又賜伯爵銜，於嘉慶十五年（西元一八一〇年）死。

和珅的巨額家產到哪裡去了？當然是被運入皇宮，全部充公。所謂「充公」，也就是被皇帝獨吞，佔爲己有。故而，當時社會上流傳兩句順口溜，說：「和珅跌倒，嘉慶吃飽。」這反映了封建統治階級多麼荒淫腐朽！

清穆宗岳父崇綺

仕途坎坷，自縊身亡

清高宗乾隆皇帝以後，歷仁宗嘉慶皇帝、宣宗道光皇帝、文宗咸豐皇帝，西元一八六一年，穆宗愛新覺羅載淳繼位，就是同治皇帝。清穆宗登基時年僅六歲，其生母葉赫那拉氏即慈禧太后，用陰謀手段竊取了權力，從而統治中國近半個世紀之久，給中國人民造成了深重的痛苦和災難。

清穆宗的外戚最重要的當然是慈禧太后家族的成員。慈禧太后的父親叫惠徵，滿洲鑲黃旗人，官安徽徽寧太池廣道。惠徵的祖父叫吉郎阿，當過戶部員外郎；父親叫景瑞，當過刑部員外郎。當清穆宗即位的時候，惠徵及其祖父、父親都死了，依照慣例，清穆宗在尊母親爲太后的同時，追封惠徵、吉郎阿、景瑞爲三等承恩公，分別謚端恪、端勤、莊勤。

慈禧太后的妹妹嫁清文宗的七弟奕譞（譞，讀作宣）生子載湉（湉，讀作恬）。

這樣，奕譞對於清穆宗來說，就既是叔父，又是姨父。奕譞在清文宗時封醇郡王，在清穆宗時加封親王，迭授都統、御前大臣、領侍衛內大臣，管神機營。他是慈禧太后的忠實支持者，在「祺祥政變」和兩宮垂簾聽政中，都堅定地站在慈禧太后一邊，爲她奪權和專權賣命，忠貞不二，肝腦塗地。

清穆宗在位十三年，因受慈禧太后嚴厲控制，心情鬱結，所以十九歲時便死去，無子。慈禧太后爲了長久地把持朝政，獨斷專行，一口指定由載湉繼承皇位，就是清德宗光緒皇帝，時年四歲。清德宗和清穆宗一樣，只是個傀儡皇帝而已，處處受慈禧太后制約，就連其生母也沒有得到任何封號。

慈禧太后另有兩個兄弟，一名照祥，一名桂祥。照祥當過護軍統領，死後謚恭愨。桂祥當過都統，其女兒也就是慈禧太后的侄女。光緒十四年（西元一八八八年），還是慈禧太后擅自作主，讓其嫁清德宗，於次年立爲皇后。桂祥因此冊封三等承恩公。

清穆宗的皇后阿魯特氏，是戶部尚書崇綺的女兒。崇綺，字文山，蒙古正藍旗人。其父賽尚河，曾任大學士。崇綺在清文宗時當過工部主事，後因其父一次出師無功，受到牽累，被削職。第二次鴉片戰爭期間，他守衛天津立了功，擢主事，嗣遷員外郎。同治三年（西元一八六四年），將軍都興阿認爲崇綺精通軍事，奏請讓他隨軍充當副手，兵部拒不同意。次年，崇綺參加科舉考試，一舉中了進士第一名，即狀元，被授爲修撰。清朝自開國以後，滿、蒙人考試漢文而成爲狀元的，只有崇綺一人，所以時人對他交口稱譽。

崇綺能文能武，受到朝廷的器重，先任侍講，出典河南鄉試，繼充日講起居注官。同治十一年（西元一八七二年），清穆宗該大婚了，慈安太后與慈禧太后爲選立皇后問題產生了矛盾，爭執不下。慈安太后主張立崇綺的女兒阿魯特氏，因爲此女長得眉清目秀，身材苗條，舉止端莊；而慈禧太后主張立員外郎鳳秀的女兒富察氏，理由是此女聰明賢慧，年齡比阿魯特氏小。兩宮太后意見不一，只得由清穆宗本人決斷。清穆宗在兩個秀女當中，選擇了更加妖艷和嫵媚的阿魯特氏爲皇后。這引起了慈禧太后的極度不快，她執意要清穆宗把富察氏封爲慧妃，才算了事。同時，崇綺還有個妹妹，也就是阿魯特氏的姑母，被清穆宗一併納爲妃。這樣，崇綺既是皇帝的岳父，又是皇帝的大舅子，因而倍受恩寵，被賜於三等承恩公，歷遷內閣學士、戶部侍郎和吏部侍郎。

阿魯特皇后姑侄婚後生活非常不幸。慈禧太后極力破壞二人同清穆宗的關係，甚至阻止他們夫妻之間見面。同治十三年（西元一八七四年）底，清穆宗病死。三個月後，阿魯特皇后爲表示對慈禧太后的抗議，亦呑金自盡，以致引起一場很大的風波。

女婿皇帝和女兒皇后相繼喪命，崇綺心裡很不是滋味。他畏懼慈禧太后的淫威，幾次稱病要求退職避禍。可是，慈禧太后就是不准。光緒二年（西元一八七六年），崇綺任會試副考官，補鑲黃旗漢軍副都統。此後，他兩次被言官彈劾，弄得聲名狼藉。光緒五年（西元一八七九年）出爲熱河都統，兩年後調任盛京將軍。光緒九年（西元一八八三年），他再次謝病，歸家靜養。旋授戶部尚書、吏部尚書，只出任很短時間，即又乞休。

崇綺乞休是很高明的一著棋。因爲慈禧太后主宰著朝政，隨便揑個什麼罪名，都可以置他於死地。他乞休以後，不理國事，倒也清閒自在，安安寧寧，一住就是十餘年。

這期間發生了一系列的大事，如中日甲午戰爭、戊戌變法、義和團運動等等。戊戌變法失敗後，慈禧太后將清德宗囚禁於瀛台，再次垂簾聽政。光緒二十六年（西元一九〇九年），慈禧太后因與清德宗矛盾激化，立了端親王載漪之子溥儁為大阿哥，準備隨時取代清德宗。這時，她忽然想起居家養病、老實本分的親家崇綺來，重新起用他為翰林院學士，充當溥儁的老師。

崇綺復出，贊成廢黜清德宗，因而深得慈禧太后的信任。不想國內有識之士猛烈抨擊慈禧太后的做法，外國列強也表示支持清德宗。慈禧太后見眾怒難犯，只得暫罷廢立之事。

義和團運動風起雲湧。朝廷十分之七八的權貴崇奉義和團，崇綺也不例外。慈禧太后出爾反爾，先利用義和團打擊外國列強，後又勾結外國列強鎮壓義和團。八國聯軍攻陷天津，進兵北京。慈禧太后帶著清德宗逃往西安（今陝西西安），任命崇綺為留京辦事大臣。北京陷落，崇綺的妻子瓜爾佳氏、兒子葆初，以及孫子、孫女等皆自殺。崇綺隨大學士榮祿敗退保定（今河北保定），居蓮池書院。這時的崇綺眼見山河破碎，國事日非，心情抑鬱，萬念俱灰。外國列強逼迫清朝廷懲治支持義和團的大臣，慈禧太后當然不會饒恕崇綺。崇綺徹底絕望，遂在蓮池書院自縊身亡。慈禧太后回北京後，下令崇綺入昭忠祠祭祀，謚文節。

崇綺仕途，充滿坎坷。他不算完人，但大節無虧，尤其是反對帝國主義列強的態度，是值得肯定的。

國家圖書館出版品預行編目資料

中國外戚事略／張雲風編著；-- 第一版.
-- 臺北市：大地, 2004〔民93〕
面；　公分-- （History；3）

ISBN 986-7480-10-4（平裝）

1. 外戚

573.517　　　　93011935

History 03

中國外戚事略

作　　者：張雲風
創 辦 人：姚宜瑛
發 行 人：吳錫清
主　　編：陳玟玟
美術編輯：黃雲華
出 版 者：大地出版社
社　　址：台北市內湖區內湖路2段103巷104號1樓
劃撥帳號：0019252－9（戶名：大地出版社）
電　　話：(02)2627－7749
傳　　真：(02)2627－0895
E-mail：vastplai@ms45.hinet.net
印 刷 者：普林特斯資訊有限公司
一版一刷：2004年8月
定　　價：300元